公路桥涵施工安全交底

寇凤岐　编著

中 国 铁 道 出 版 社

2 0 1 5 年·北　京

内 容 简 介

公路桥涵施工具有流动性强、临时设施多、施工条件艰苦、工人文化水平偏低等特点，安全风险高，安全管理难度大，而做好施工安全交底工作则是安全管理中非常重要的一环。本书从施工准备阶段、基础工程施工、墩台施工、上部结构施工、特殊桥型施工、附属工程施工、立交结构物施工、预应力工程施工、桥涵维修加固施工、特殊场所作业共十个方面列举了安全交底范例近 200 项。本书特别适合作为作业人员的安全指导用书，也适合于施工安全管理人员、施工技术人员等参考阅读。

图书在版编目(CIP)数据

公路桥涵施工安全交底/寇凤岐编著.—北京：中国铁道出版社，2015.7
ISBN 978-7-113-20640-6

Ⅰ.①公… Ⅱ.①寇… Ⅲ.①公路桥—桥涵工程—工程施工—安全技术 Ⅳ.①U448.145

中国版本图书馆 CIP 数据核字(2015)第 144959 号

书　　名：**公路桥涵施工安全交底**
作　　者：寇凤岐

策　　划：江新锡　曹艳芳
责任编辑：冯海燕　　**编辑部电话**：010-51873371
封面设计：郑春鹏
责任校对：王　杰
责任印制：郭向伟

出版发行：中国铁道出版社(100054，北京市西城区右安门西街 8 号)
网　　址：http://www.tdpress.com
印　　刷：北京尚品荣华印刷有限公司
版　　次：2015 年 7 月第 1 版　2015 年 7 月第 1 次印刷
开　　本：787 mm×1 092 mm　1/16　**印张**：23.75　**字数**：589 千
书　　号：ISBN 978-7-113-20640-6
定　　价：63.00 元

作 者 简 介

寇凤岐(1972—),男,高级工程师,就职于河北省衡水公路工程总公司,现任衡水公路工程总公司副总经理。曾先后在连徐高速公路D-1标、衡德高速公路HT标、阿深高速公路安阳段LM-2标、湖北随岳高速公路路面二标、国道106线衡水辖段大修工程、乌新高速公路12标、邢衡高速公路连接线等工程从事技术和管理工作。获得湖北随岳南高速公路指挥部优秀项目经理、衡水市交通运输局先进管理者、衡水市五四青年奖章等荣誉,荣立衡水市人事局三等功四次。在研和已验收科研课题5项,发表专业学术论文9篇。

前言

桥涵施工所使用的设备设施类别与型号繁多，设备的精良程度参差不齐；施工队伍人员流动频繁，施工人员文化水平普遍较低，对设备使用的熟练程度、操作经验深浅不一；施工人员长期露天作业，水上、陆地、高空交叉等作业，夏日酷暑、冬季严寒，江(海)面的潮汐涨落，大风与台风、暴雨与暴雪、大雾天气、阴霾天气，江(海)面的航行状况，加之施工人员个体安全防护不到位、工期紧迫程度等的影响，在桥梁施工中特别容易引发高处坠落、物体打击、起重伤害、触电、淹溺等安全事故。安全生产事故的发生不仅影响到施工进度，还对施工人员的生命安全、设备财产造成极大的伤害，甚至给社会带来不良的影响。"安全无小事，细节决定成败"。施工安全交底是架设在施工安全管理和施工作业这两大要点之间的桥梁。因此，在公路桥涵施工安全精细化管理过程中，做好安全交底工作是非常重要的一环。

全书共撰写包括近200项公路桥涵工程施工安全交底范例，每项范例包含三大块：主要危险源与危害因素、安全注意事项、重点强调事项。在撰写过程中，力求内容通俗易懂，图文并茂，可读性强，有些地方用典型事故案例来警示作业人员。

本书可作为施工作业人员的安全指导用书，同时适合于施工安全管理人员、施工技术人员等参考阅读，也可作为施工单位在安排安全生产工作前编写分部、分项工程交底的参考资料。施工单位在编写安全交底时，要根据分部、分项工程的工作内容、部位、作业环境以及天气情况编写，不可完全照搬照抄书中的内容。

在撰写过程中，得到了石家庄铁道大学陈队永、黄守刚、王宁、康拥政、王建西、吕希奎、孙海龙、温少芳、张慧丽和中铁二十二局集团第二工程有限公司秦飞、庹军、蔡建国、张继忠、张晓星、范士亮、李云飞、高建萍、刘学等人的大力支持。中国铁道出版社石家庄铁道大学发行分部赵春虎、于超、杨晓燕对本书撰写也提出了宝贵意见。在此一并表示感谢。

限于作者的水平和图片素材的选取局限性，书中错误和不妥之处在所难免，恳请广大读者批评指正。

作者

2015年3月

目　录

第一章　施工准备阶段安全交底

第一节　施工临时设施与设备安全交底

施工现场运输道路施工安全交底　　　　编号：

施工单位	
工程名称	
分部分项工程	
工　　种	

交底内容：

一、主要危险源与危害因素

1. 用电线路未加保护措施直接横跨机动车路面。

2. 在正在使用的道路上堆放施工材料或杂物。

二、安全注意事项

1. 搞好施工环境卫生，不得向运输道路上堆放杂物或丢掷垃圾，并要定时对道路进行清理。

2. 应在道路两旁设置围栏，禁止闲杂人员随意在车辆运输道路上走动。

3. 根据现场交通流量、路况和环境状况，在技术人员指导下于道路明显处设限速标志。

4. 沿沟槽铺设道路，路边与槽边的距离应不得小于 1.5 m，并设防护栏杆和安全标志，夜间和光线不好处须加设警示灯。

5. 道路边必须设置安全标志，夜间和光线不好处须加设指示灯。

6. 禁止人员或非机动车辆在大型运输车辆道路上行驶。

7. 穿越建(构)筑物处，应在建(构)筑物外设限高、限宽标志。

8. 禁止驾驶员酒后驾车。设置行车标志，禁止逆向行车。

9. 禁止运输车辆无故停车，不得已停车时，要设置警示标志或派专人示警。

10. 相隔一定距离要设置紧急停车道。

11. 禁止用电线路未加保护措施直接横跨机动车路面。

12. 行车时必须保持安全车速，保持车距，严禁逆行和强行超车。

13. 做好路面的排水工作，防止路面积水；同时要及时洒水，防止扬尘。

续上表

<table>
<tr><td colspan="6">重点强调：
1. 行车时必须保持安全车速，保持车距，严禁逆行和强行超车。
2. 做好路面的排水工作，防止路面积水；同时要及时洒水，防止扬尘。</td></tr>
<tr><td>审核人</td><td></td><td>交底人</td><td></td><td>接受交底负责人</td><td></td></tr>
<tr><td colspan="6">作业班组全体签名：</td></tr>
</table>

临时便桥施工安全交底　　编号：

施工单位	
工程名称	
分部分项工程	
工　　种	

交底内容：

一、主要危险源与危害因素

1. 用电设备漏电保护失效，接零接地失效。

2. 必须上下重叠作业时无隔离防护措施。

二、安全注意事项

1. 如需夜间施工，应保证照明良好，道路平顺畅通，灯光保证亮度充足均匀不闪烁，设置好运输线路安全信号标志，确保施工运输安全。

2. 施工用电线路必须由专业电工进行架设，严禁个人进行带电作业。

3. 在施工现场区出入口设置规范醒目的交通标志标牌。

4. 开挖基坑深度超过 1.5 m 时，应在技术人员指导下放坡或进行支撑，并设置人员上下专用坡道或爬梯；开挖深度超过 2 m 时，必须按规定在基坑边沿设置防护栏杆。

5. 基坑开挖作业中要随时注意土壁变动情况，发现裂纹或塌落迹象，要在技术人员指导下及时进行处理。

6. 施工作业场所所有可能坠落的物件，应一律先行撤除或加以固定。高处作业中所用的物料，均应堆放平稳，不妨碍通行和装卸。工具应随手放入工具袋；拆卸下的物件及余料和废料均应及时清理运走，不得随意乱置或向下丢弃。传递物件禁止抛掷。

7. 临时设施使用过程中，应经常检查、维护，发现损坏必须及时修理，保持临时设施完好、有效。

8. 便桥两侧必须设不低于 1.2 m 的防护杆，其底部设挡脚板。栏杆、挡脚板应安设牢固。

9. 材料堆放应规范，不得占用车道。

10. 便桥两端须设限载标志，并设专人值守，疏导交通。

11. 便桥搭设完成后应经验收，确认合格并形成验收文件后，方可使用。

12. 高处(2 m 及以上)作业无可靠立足点时，作业人员应挂设安全带。

13. 基坑开挖过程中，机械施工时，机械作业半径内严禁有其他工种的作业人员同时施工。

14. 高空作业时，不得将钢筋集中堆在模板和脚手架上，也不得把工具、钢箍、短钢筋随意放在脚手板上，以免滑落伤人。

15. 禁止使用漏电保护失效或接零接地失效的用电设备，防止发生触电或火灾事故。

续上表

重点强调： 1. 基坑开挖过程中，机械施工时，机械作业半径内严禁有其他工种的作业人员同时施工。 2. 高空作业时，不得将钢筋集中堆在模板和脚手架上，也不准把工具、钢箍、短钢筋随意放在脚手板上，以免滑落伤人。					
审核人		交底人		接受交底负责人	
作业班组全体签名：					

现场模板与钢筋加工场搭设安全交底

编号：

施工单位	
工程名称	
分部分项工程	
工　　种	

交底内容：

一、主要危险源与危害因素

1. 开挖较大空洞时，未设置盖板或挡脚板以及警告标志。

2. 悬空作业人员未系安全带。

二、安全注意事项

1. 施工区域内，道路旁均必须设置安全标志牌、危险警示牌。应禁止闲杂人等进入加工场区作业范围，进入加工场地的作业人员必须正确佩戴安全帽。

2. 开挖较大空洞时，必须设置盖板或挡脚板以及警告标志。

3. 加工机具时应设工作棚，工作棚应具防雨(雪)、防风功能。

4. 作业人员不得擅自离开工作岗位，严禁疲劳和酒后作业，严禁机械带故障作业。

5. 不得在加工场存放油、脂和棉丝等易燃品。含有木材等易燃物的模板加工场，应设置严禁吸烟等防火标志。

6. 加工场搭设完成，应经检查、验收，确认合格后，方可使用。

7. 正在施工的建筑物所有出入口，必须搭设防护棚，防护棚的宽度应大于出入口，防护棚的长度应根据建筑物的高度，分别为 5～10 m，应大于建筑物上的物体坠落半径。

8. 悬空作业人员应正确系好安全带，凡 2 m 及以上悬空作业，作业人员必须正确系符合要求的安全带。

9. 应对加工场采取不低于 2 m 的砖砌围墙或通透式围栏封闭，场地出入口设置牢固美观、开启方便的大门，并在大门一侧设置单位(场地)铭牌。

10. 地面必须硬化，立杆下方应垫厚 5 cm 以上木方。必须按规范要求在技术人员指导下设置纵横向支撑。支撑模板的立柱材质及间距必须符合要求。

11. 施工前，必须确保机械技术性能和安全装置良好后，方可投入使用。

重点强调：

1. 进场的施工机械，必须在确保技术性能和安全装置良好后，方可投入使用。

2. 施工人员不得擅自离开工作岗位，严禁疲劳和酒后作业，严禁机械带故障作业。

审核人		交底人		接受交底负责人	

作业班组全体签名：

混凝土搅拌站安全交底

编号：

施工单位	
工程名称	
分部分项工程	
工　　种	

交底内容：

一、主要危险源与危害因素

1. 拉铲被障碍物卡死时，强行起拉，用拉铲起吊重物。

2. 机械运转中进行维修、保养、润滑、紧固等作业，将手、脚放在闸门、搅拌鼓、螺旋管等附近。

3. 发生器械故障没有及时停止作业和维修。

二、安全注意事项

1. 搅拌机等机电设备应设工作棚，工作棚应具防雨(雪)、防风功能。

2. 禁止拉铲被障碍物卡死时强行起拉，不得用拉铲起吊重物。

3. 搅拌机等机械旁应设置机械操作规程牌。

4. 禁止在机械运转中进行维修、保养、润滑、紧固等作业，禁止将手、脚放在闸门、搅拌鼓、螺旋管等附近。

5. 搅拌站搭设完成，应经相关技术人员检查、验收，确认合格后，方可使用。

6. 搅拌站工作时，禁止人员在储料区内、提升斗下作业活动。

7. 电气控制柜必须由技术好的专职电工保管，其他人员不得擅自打开电气柜。

8. 确保提升斗和拉铲的钢丝绳安装、卷筒缠绕正确。限位开关应调整正确、安全可靠。

9. 确保提升斗的保险销可靠，如有人在提升斗下工作时，必须将提升斗用保险销锁住。

10. 发现钢丝绳经磨损和腐蚀，直径减少10%及以上时，必须报相关技术人员处理。

11. 发生器械故障时，必须及时停止作业，并报相关人员予以维修。

重点强调：

1. 发生器械故障时必须及时停止作业并报相关人员予以维修。

2. 确保所有保险安装妥当，停止作业时应确保所有开关在切断状态。

审核人		交底人		接受交底负责人	

作业班组全体签名：

锅炉使用安全交底

编号：

<table>
<tr><td>施工单位</td><td colspan="5"></td></tr>
<tr><td>工程名称</td><td colspan="5"></td></tr>
<tr><td>分部分项工程</td><td colspan="5"></td></tr>
<tr><td>工　　种</td><td colspan="5"></td></tr>
<tr><td colspan="6">交底内容：
一、主要危险源与危害因素
1. 锅炉点火前在炉膛内没有先通风去除可燃气体。
2. 人员进入锅炉内工作时，锅炉外没有人联系监视。
3. 锅炉烧干时加水。
二、安全注意事项
1. 锅炉安装后应经主管部门验收，确认合格并形成验收文件后，方可使用。
2. 司炉工必须经专业培训，考试合格，持证上岗。
3. 锅炉运行期间，应经常对其检查，确保安全。
4. 选择锅炉的位置时，应在技术人员指导下避开架空线路、陡坡、低洼积水等危险地区，并不得占压各种地下管线。
5. 在施工中应保持现场整洁，无用的废料应及时清理，堆放妥当，防止绊倒伤人。
6. 吊装烟囱时，应有专人指挥，禁止盲目吊装。
7. 锅炉元件损坏，炉体出现渗水开焊变形等情况时，应立即停炉。
8. 禁止液化气残留气没有排净时，对燃气过滤器进行清理。
9. 进行软化水箱清理时，要保证给氧充足，并设专人看守。
10. 锅炉房要有专人看守，禁止闲杂人等入内。
11. 锅炉点火前应在炉膛内通风去除可燃气体。
12. 进入锅炉内工作时，锅炉外必须有人联系监视。
13. 锅炉运行时，发现锅炉烧干，禁止突然加水。
14. 锅炉房附近要设置安全标志，禁止无关人员进入。
15. 看管锅炉的操作人员不得擅离岗位，防止遇到紧急情况不能及时发现，导致爆炸等危险事故。</td></tr>
<tr><td colspan="6">重点强调：
1. 锅炉房附近要设置安全标志，禁止无关人员进入操作，防止发生危险。
2. 看管锅炉的操作人员不得擅离岗位，防止遇到紧急情况不能及时发现，导致爆炸等危险事故。</td></tr>
<tr><td>审核人</td><td></td><td>交底人</td><td></td><td>接受交底
负责人</td><td></td></tr>
<tr><td colspan="6">作业班组全体签名：</td></tr>
</table>

施工现场设置临时油库安全交底

编号：

施工单位	
工程名称	
分部分项工程	
工　　种	

交底内容：

一、主要危险源与危害因素

1. 在储油区、作业区烧荒、烧纸、烧烤。

2. 在油库附近作业时，有带明火或者火花的行为。

3. 没有对泄漏的管线及时更换。

4. 通过油库的施工用电线破损。

二、安全注意事项

1. 施工前，应对现场进行清理，周围设立围栏，并设置明显的标志和警示牌。

2. 施工机具和施工材料进场，要求摆放整齐有序，不得堵塞消防通道和影响油库区作业、巡检等。

3. 标明施工机械车辆在油库内和施工现场的行驶路线和停放场地。

4. 禁止在储油区、作业区烧荒、烧纸、烧烤。

5. 用电线路架空时，不能采用裸线，装置内净空高度不得低于 2.5 m，穿越道路时净空高度不得低于 5.0 m，且要有可靠的保护措施，严禁在树上或脚手架上设临时用电线路。

6. 油库附近在可能受到机械伤害的区域的用电线路应设保护套管、盖板等保护措施。

7. 油库收发油作业期间，禁止用火。

8. 节假日原则上一律停止用火。

9. 带油带压容器和管线，一般不允许动火，确需动火时必须申请"用火作业证"。

10. 在油库附近作业时，禁止进行带有明火或者火花的行为。

11. 禁止发送清管器时不规范操作，阀门开关程序错误，避免憋压跑油、损坏管线等事故。

12. 运送物料的机动车辆必须配戴完好的阻火器，正确行驶，不能发生故障和车祸。

13. 要保持转动设备部位清洁，防止因摩擦引起杂物等燃烧。

14. 在易燃易爆场所应选用合格的防爆电器设备。

15. 安装电气线路，并应定期进行检查、维修、保养，保持其状态完好。

16. 使用青铜或镀铜工具，严禁用钢质工具敲打、撞击、抛掷。

17. 使用防爆型电器，如防爆手电，进罐入釜使用安全电压防爆灯。

18. 泄漏的管线应及时更换。

19. 发现通过油库的施工用电线破损时，应及时报相关技术人员更换。

20. 应在技术人员指导下，对油库做好防火、防雷等措施。

21. 油库附近要划出警戒区，安排警戒人员。

续上表

<table>
<tr><td colspan="6">重点强调：
1. 油库要做好防火、防雷等措施。
2. 油库附近要划出警戒区，安排警戒人员。</td></tr>
<tr><td>审核人</td><td></td><td>交底人</td><td></td><td>接受交底
负责人</td><td></td></tr>
<tr><td colspan="6">作业班组全体签名：</td></tr>
</table>

接地与防雷安全交底

编号：

施工单位	
工程名称	
分部分项工程	
工　　种	

交底内容：

一、主要危险源与危害因素

1. 雷雨天在高处进行焊接作业。

2. 使用用电机械时没有接地接零。

二、安全注意事项

1. 施工现场开挖基坑、沟槽的边缘与地下低压电缆沟外边缘之间的距离不得小于0.5 m。

2. 不得在外电架空线路下方搭设作业棚、生活设施，不得堆放构件、器具、材料和其他杂物。

3. 工程竣工后应及时拆除施工临时用电系统，拆除时应有技术人员指导。

4. 多雷及多雨季节，应在技术人员指导下在变配电装置上安装独立的防雷设置。

5. 严禁保护接零线与工作零线混接、混用。

6. 应使接地网尽量避开沟道。

7. 焊接时，应正确使用防护工具以免烫伤。

8. 保证电焊机外壳接地可靠，电焊把绝缘良好，做到一机、一闸、一保护。

9. 施工完毕或每天收工时，应做到工完、料尽、场地清。

10. 雷雨天禁止高处作业。

11. 在吊车、脚手架等其他一些机械设备上安装避雷装置时，应有技术人员指导。

12. 雷雨时应停止钢构件吊装作业，并应停止焊接工作。如遇特殊情况必须焊接时，应在技术人员指导下采取可靠的防雷措施。

13. 雷雨时，位于钢构架顶部的施工人员应迅速撤离现场。

14. 严禁雷雨天气时人员在钢结构屋顶表面行走。

15. 雷雨天气，在室外不宜使用手机、对讲机等各类通信工具。在室内不宜拨打或接听固定电话，尽量使用免提电话。

16. 雷雨天气施工，人员不要在室外肩扛钢管等金属材料或潮湿的木材走动。

17. 确保具有金属外壳的设备接地后再进行使用。

重点强调：

1. 雷雨天禁止高处作业。

2. 严禁保护接零线与工作零线混接、混用。

审核人		交底人		接受交底负责人	

作业班组全体签名：

变、配电设施安全交底

编号：

<table>
<tr><td>施工单位</td><td colspan="5"></td></tr>
<tr><td>工程名称</td><td colspan="5"></td></tr>
<tr><td>分部分项工程</td><td colspan="5"></td></tr>
<tr><td>工　　种</td><td colspan="5"></td></tr>
<tr><td colspan="6">交底内容：
一、主要危险源与危害因素
1. 在高压区作业时，作业人员未正确穿戴绝缘防护用品。
2. 雨天作业时，未与高压配电设施保持足够的安全距离。
二、安全注意事项
1. 现场变、配电高压设备，不论带电与否，严禁人员对其跨越遮拦。
2. 高压带电区域内工作时，必须与带电部分保持安全距离，并应有人监护。
3. 在高压区作业时，必须正确穿戴绝缘防护用品。
4. 雨天室外带电作业时，要正确穿戴绝缘防护用品。
5. 在工作前要确保电器设备的金属外壳接地接零良好。
6. 严禁用其他金属线代替电气设备所用的熔丝。
7. 严禁向变、配电设施处洒水。
8. 在高压变、配电设施处应设置警示牌，禁止无关人员靠近。
9. 发现用电线路破损时要及时报相关技术人员处理，不得擅自进行处理。
10. 断电修理设施时，要在配电箱处设立警示标志，并派专人看守。
11. 搬运配电柜时，应在地面垫木板用滚杆移动，并有专人统一指挥。用撬杠拨动时，应防止配电柜倾斜。
12. 在基础上调整柜体时，动作应协调一致，防止挤伤手脚。
13. 未得到批准禁止擅自送电调试。
14. 在高压区作业时，要听从指挥，严格按照技术人员要求进行。
15. 搬运柜体时，人员要穿防滑鞋，防止发生摔伤等事故。
16. 不得在高压区堆放构件、器具、材料和其他杂物。</td></tr>
<tr><td colspan="6">重点强调：
1. 雨天作业，必须与高压配电设施相隔足够的安全距离，并且作业人员要正确穿戴绝缘防护用品。
2. 在高压变、配电设施处应设置警示牌，禁止无关人员靠近。</td></tr>
<tr><td>审核人</td><td></td><td>交底人</td><td></td><td>接受交底负责人</td><td></td></tr>
<tr><td colspan="6">作业班组全体签名：</td></tr>
</table>

施工照明安全交底

编号：

施工单位	
工程名称	
分部分项工程	
工　　种	

交底内容：

一、主要危险源与危害因素

1. 2 m 及以上高空作业时作业人员没有正确系好安全带。

2. 电线破损未及时报相关技术人员处理。

二、安全注意事项

1. 用电作业人员必须持证上岗。

2. 安装室外照明灯具高处(2 m 及以上)作业时，作业人员应正确佩戴安全带。

3. 安全照明变压器不得放在高温、潮湿的地方，严禁放入沟槽、隧道、金属容器内使用。

4. 不得在有易燃物的场所使用碘钨灯等高热光源。

5. 作业前，必须确保安全照明变压器的铁心、二次绕组外壳可靠接地。

6. 外电架空线路下方不得搭设作业棚、生活设施，不得堆放构件、器具、材料和其他杂物。

7. 现场办公室、宿舍、工作棚内的照明线，除橡套软电缆和塑料护套线外，均应固定在绝缘子上，并应分开敷设。穿过墙壁时应套绝缘管。

8. 不得使照明电源线路接触潮湿地面，并不得接近热源和直接绑挂在金属构架上。

9. 夜间施工时，应使作业场地得到充分的照明，禁止摸黑作业。

10. 严禁将行灯变压器带进金属容器或金属管道内使用。

11. 放置易燃物时要与照明灯具保持一定的安全距离，当距离不够时，要在技术人员指导下采取隔热措施。

12. 禁止作业人员酒后上班作业。

13. 禁止使用破损、老化的临时电缆、电线。

14. 发现电线破损要及时报相关技术人员处理。

重点强调：

1. 禁止使用破损、老化的临时电缆、电线，导致人员伤亡、财产损失。

2. 夜间施工，要保证照明充分，禁止摸黑作业。

审核人		交底人		接受交底负责人	

作业班组全体签名：

第二节　用火安全与防火安全交底

临时建筑防火安全交底　　　　编号：

施工单位	
工程名称	
分部分项工程	
工　　种	

交底内容：

一、主要危险源与危害因素

1. 发生器械故障没有及时停止作业并维修。

2. 带电检查配电柜。

二、安全注意事项

1. 应在技术人员指导下在临时建筑之间设消防通道，消防通道的宽度不应小于3.5 m，净空高度不应小于4.0 m。

2. 作业人员应听从指挥，按时到岗，不得随意离开施工现场，严禁酒后作业。

3. 施工人员与施工机械交叉作业时，要和机械保持规定的安全距离。

4. 严禁从高处向下方抛扔或者从低处向高处投掷物料、工具。

5. 施工人员不得擅自动用施工机械、电气设备等与自身无关的任何设备、器具。

6. 各种材料应分类存放，易燃易爆和压缩可燃气容器等物品必须按技术人员要求存放在专用库房。

7. 参加施工作业的人员必须遵守安全生产纪律，进入施工现场必须戴好安全帽并佩带身份标识，在作业中遵守本岗位安全技术操作规程的有关规定，不得擅离及私自变换工作岗位。

8. 现场存放易燃材料的库房、木工加工场所、油漆配料房、防水和防腐作业场所，不得使用明露、高热、强光灯具。

9. 不使用老化电线、不合格熔丝，防止触电或者火灾的发生。

10. 应避免火种和高温热源靠近活动房，厨房灶具等高温部位应采取隔热防火措施。

11. 做好地面的排水工作，防止路面积水；同时要及时对路面进行洒水，防止扬尘。

12. 如需夜间施工，应保证照明良好，道路平顺畅通，灯光保证亮度充足均匀不闪烁，设置好运输线路安全信号标志，确保施工运输安全。

13. 临时设施使用过程中，应经常检查、维护，发现损坏必须及时修理，保持其完好、有效。

14. 开挖较大空洞时，应设置盖板或挡脚板以及警告标志。

15. 含有木材等易燃物的加工场，应设置严禁吸烟等防火标志。

16. 发生器械故障时应停止作业并及时维修。

17. 检查配电柜时禁止带电作业。

18. 夜间作业时要悬挂示警红灯。

续上表

<table>
<tr><td colspan="6">重点强调：
1. 夜间作业时要悬挂示警红灯。
2. 不使用老化电线，也不使用不合格熔丝。</td></tr>
<tr><td>审核人</td><td></td><td>交底人</td><td></td><td>接受交底
负责人</td><td></td></tr>
<tr><td colspan="6">作业班组全体签名：</td></tr>
</table>

用火安全交底

编号：

施工单位	
工程名称	
分部分项工程	
工　　种	

交底内容：

一、主要危险源与危害因素

1. 未对场地易燃易爆物品进行清理的情况下进行焊接作业

2. 对未经彻底清洗置换处理的化工容器进行焊接。

3. 用电作业结束后，未拉闸断电。

二、安全注意事项

1. 在材料库房、易燃材料堆放场、油库区设禁止烟火标志，严禁烟火。

2. 焊工必须实行持证上岗制度，应取得资质证书。

3. 装过易燃液体或气体的管道、容器，未经彻底清洗，严禁焊接（切割）。

4. 焊割作业地点周围 10 m 内的易燃、易爆物品必须清除，或者在技术人员指导下采取有效隔离措施。

5. 应在作业现场准备足够的消防器材。

6. 焊割作业完毕，必须检查现场，确认无遗留火种后，方可离开。

7. 严禁乱接乱拉电线，采取用电挂牌制度，尤其杜绝违章作业，防止事故的发生。

8. 应正确使用器具，电焊机电源线、闸盒要绝缘可靠，焊机外壳要有可靠的保护接地（零）。

9. 使用气瓶时，严禁抛掷或剧烈滚动气瓶。气瓶不得安放在可能产生火星的电源线下方或热力管线上方；不得安放在电焊操作的工作平台上，以防气瓶带电。

10. 焊工进入工作现场后，必须将焊接点周围 10 m 以内的易燃易爆物品排除或采取可靠的隔离措施后，方可进行作业。

11. 在禁火区操作，必须办理动火证，周围要划定界限，并有“动火区”字样的明显标志。

12. 在登高焊接作业时，为防止火花落下或飞散引起燃烧爆炸事故，可用钢板、石棉板等非可燃材料做挡火板，防止火花飞溅。

13. 在相对密闭的环境焊接时，要进行自然通风，必要时还应采取机械通风，稀释可燃气体，防止与空气聚集形成爆炸性混合气。

14. 氧气瓶与乙炔气瓶间隔距离不得小于 5 m，距离明火不得小于 10 m，且不得在烈日下曝晒。

15. 冬天使用气瓶时，若发现冻结现象，严禁使用明火烘烤或用金属敲击瓶阀。

续上表

<table>
<tr><td colspan="6">重点强调：
1. 严禁周围有易燃物品时进行焊接切割作业。
2. 冬天发现气瓶冻结，严禁使用明火烘烤或用金属敲击气瓶瓶阀。</td></tr>
<tr><td>审核人</td><td></td><td>交底人</td><td></td><td>接受交底
负责人</td><td></td></tr>
<tr><td colspan="6">作业班组全体签名：</td></tr>
</table>

消防安全交底

编号：

施工单位	
工程名称	
分部分项工程	
工　　种	

交底内容：

一、主要危险源与危害因素

1. 焊接场地未准备足够的消防器材。

2. 发现失效的消防器材时未报相关人员进行更换。

二、安全注意事项

1. 禁止私用电热棒、电炉等大功率电器。

2. 下班后，该关闭的电源必须关闭。

3. 应将消防栓设置在消防通道附近，设置位置和方法应在技术人员指导下进行。

4. 作业前应确保灭火器放在在明显和便于取用的地点，且不得影响安全疏散。

5. 作业前应先确保灭火器稳固，其铭牌必须朝外。

6. 不得把灭火器设置在潮湿和有腐蚀性的地点，必须设置时要采取保护措施，保护措施由技术人员确定。设置在室外的灭火器，应设防雨淋、防暴晒的设施。

7. 施工前必须确保要害部位配备的灭火器不得少于 4 具。

8. 禁火区内不准进行电焊、气焊，需使用的部位，必须先申请，获批准后才能使用，并且要明确专人监护。

9. 仓库、车间等易燃易爆场所应有明显禁火标志，严禁烟火。

10. 干粉灭火器使用步骤：(1)到火源处使用前要将瓶体颠倒几次，使筒内干粉松动；(2)然后除掉铅封；(3)拔掉保险销；(4)右手提着压把，左手握着喷管(没有喷管的可以用手端着瓶底)；(5)在距火焰 2 m 的地方，右手用力压下压把，左手拿着喷管左右摇摆，喷射干粉覆盖燃烧区，直至把火全部扑灭；(6)使用完毕后把保险销插好，放回原处。

11. 泡沫灭火器使用步骤：(1)一只手握着压把，一只手托着灭火器底部；(2)赶到火源处一只手捂住喷嘴，一只手执筒底边缘(过程中不要使灭火器过分倾斜或拿倒)；(3)把灭火器颠倒过来呈垂直状态，用劲上下晃动几下，然后放开喷嘴；(4)站在离火源 8 m 处灭火；(5)灭火后，把灭火器卧放在地上，喷嘴朝下。

12. 二氧化碳灭火器使用步骤：(1)在距火源 5 m 处拔掉保险销；(2)一只手握住喇叭筒根部的手柄，另一只手紧握启闭阀的压把；(3)灭火后插好保险销，将灭火器放回原处。注意：使用二氧化碳灭火器时，在室外使用的，应选择在上风方向喷射，不能直接用手抓住喇叭筒外壁或金属连线管，防止手被冻伤。在室内窄小空间使用的，灭火后操作者应迅速离开，以防窒息。

续上表

<table>
<tr><td colspan="6">重点强调：
1. 必须在易发生火险的作业场所设置足够的消防器材。
2. 必须安排专人定期对消防器材进行检查，不合格的要及时更换。</td></tr>
<tr><td>审核人</td><td></td><td>交底人</td><td></td><td>接受交底
负责人</td><td></td></tr>
<tr><td colspan="6">作业班组全体签名：</td></tr>
</table>

第三节　文明施工及环境保护安全交底

围挡搭设与使用安全交底　　编号：

施工单位	
工程名称	
分部分项工程	
工　　种	

交底内容：

一、主要危险源与危害因素

1. 同时安装多根立柱。

2. 夜间作业时照明不充分，出入口处未设防撞桶，施工人员未穿荧光服。

二、安全注意事项

1. 修筑围墙时，施工区、生活区围墙在市区一般不低于 2.5 m，在其他地方一般不低于 1.8 m。

2. 施工时，彩钢板围挡高度不宜超过 2.5 m，立柱间距不宜大于 3.6 m。

3. 在现场设置足够的标志，指示牌、警告牌设置位置和方法由技术人员确定。

4. 必须在施工前熟悉并掌握消防设备的性能及使用方法，熟悉消防设备的具体位置。

5. 临时用电线路的安装、维修、拆除，均由经过培训并取得上岗证的专业电工完成，非电工不准进行电工作业。

6. 应配备齐全安全防护用品(安全帽、绝缘手套、防护口罩等)，且人员必须正确佩戴，特殊工种按规定戴好防护用品。

7. 电焊机必须双线到位、接地良好，保证一机一闸、一漏一保，并远离水源。

8. 安装立柱时必须逐根施工，严禁同时多根施作，确定安装牢固后方可进行下一根立柱的施作。

9. 围挡板基座砌筑时严禁乱堆乱放和抛扔砖块，必须做到牢固、顺直，防止施工时脱落伤人。砖块码放到指定地点高度不得超过 1.6 m，宽度不小于 1.0 m。

10. 围挡板安装时，作业人员必须穿戴好绝缘防护用品，不得徒手或无面罩进行施作，围挡板的焊接点质量要求饱满、牢固，防止短时间内发生脱落。

11. 围挡材料装载时必须码放整齐、绑扎牢固，严禁超载和超出车厢外。

12. 围挡施作时，全线采用路锥和临时路栏进行封闭，进出口处设立减速、禁停标志和调流标志，地面喷导向箭头，围挡四角设安全警示灯，沿线每间隔 20 m 设立安全警示灯以防止意外事故发生。

13. 施工现场必须保持干净，禁止乱扔废弃钢筋头和绑丝，以防止出现扎脚等现象。

14. 围挡板安装时，禁止晃动、人员打闹，防止钢筋立柱变形和伤人。

15. 焊接和安装围挡时，不得将工具、焊条或短筋随意放在支架上；暂停施工或离开时，应检查支架上有无易滑落物品。

续上表

<table>
<tr><td colspan="6">16. 施工场地内材料堆放整齐，砂石料应经常洒水，及时覆盖防止扬尘发生。
17. 围挡墙内外保持整洁，禁止依靠围挡墙堆放物料、器具等。禁止用围挡墙做挡土、挡水墙或做宣传牌(含广告牌)、机械设备的等支撑体。
18. 夜间作业时必须有足够的照明设施，出入口处设立防撞桶，施工人员身穿荧光服，临时路栏上贴反光膜并派有专人负责指挥交通。</td></tr>
<tr><td colspan="6">重点强调：
1. 夜间作业时必须有足够的照明设施，出入口处设立防撞桶，施工人员身穿荧光服，临时路栏上贴反光膜并派有专人负责指挥交通。
2. 围挡板安装时，禁止晃动、人员打闹，以防止钢筋立柱变形和伤人事故发生。</td></tr>
<tr><td>审核人</td><td></td><td>交底人</td><td></td><td>接受交底负责人</td><td></td></tr>
<tr><td colspan="6">作业班组全体签名：</td></tr>
</table>

安全标志的设置与使用安全交底　　编号：

施工单位	
工程名称	
分部分项工程	
工　　种	

交底内容：

一、主要危险源与危害因素

1. 对用电设备维修时，未在配电箱处悬挂警示牌且无专人看护。

2. 未获批准，擅自将警示牌移走或拆除。

二、安全注意事项

1. 线路施工时在土方开挖的洞口四周设置警戒线，设置警示标志牌。

2. 在高压线路、高压电线杆、高压设备、雷击高危区、爆破物及有害危险气体和液体存放处等危险部位，设置明显的安全警示标志。

3. 夜间施工时，要设置警示灯。

4. 维修用电设备时，必须在配电箱处悬挂警示牌且派专人看护。

5. 安全警示标志要有专人管理，当作业条件变化或损坏时，应及时更换。

6. 安全警示标志设置后未经批准不得擅自移动或者拆除。

7. 施工作业人员在施工前必须注意该场所挂设的警示牌后才可按要求施工。

8. 有触电危险的作业场所应使用绝缘材料的警示牌。

9. 标志牌应设在与安全有关的醒目地方，并使大家看见后，有足够的时间来注意它所表示的内容。

10. 环境信息标志宜设在有关场所的入口处和醒目处，局部信息标志应设在所涉及的相应危险地点或设备(部件)附近的醒目处。

11. 标志牌的设置高度，应尽量与人眼视线高度一致。

12. 多个标志牌在一起设置时，应按照警告、禁止、指令、提示类型的顺序，先左后右先上后下排列。

13. 标志牌的固定方式分附着式、悬挂式和柱式三种。悬挂式和附着式应固定牢靠不倾斜，柱式的标志牌和支架应牢固地连接在一起。

14. 标志牌应设置在明亮的环境中。

15. 标志牌不应设在门、窗、架等可移动的物体上，以免这些物体位置移动后，看不见安全标志。

16. 安全标志牌每半年至少检查一次，如发现有破损、变形、褪色等不符合要求时应及时修整或更换。

17. 禁止在用电设备上使用金属等导电材质的警示牌。

18. 禁止在标志牌前堆置任何妨碍识读标志牌的障碍物。

续上表

重点强调： 1. 安全警示标志设置后，未经批准不得擅自移动或者拆除。 2. 禁止在标志牌前堆置任何妨碍识读标志牌的障碍物。					
审核人		交底人		接受交底负责人	
作业班组全体签名：					

生活设施安全交底

编号：

<table>
<tr><td>施工单位</td><td colspan="5"></td></tr>
<tr><td>工程名称</td><td colspan="5"></td></tr>
<tr><td>分部分项工程</td><td colspan="5"></td></tr>
<tr><td>工　　种</td><td colspan="5"></td></tr>
<tr><td colspan="6">交底内容：
一、主要危险源与危害因素
1. 在宿舍私自使用电暖气等大功率电器。
2. 随意私拉电线。
二、安全注意事项
1. 禁止在正在建设的建筑物内住宿、办公。
2. 禁止封闭、堵塞宿舍的出口。
3. 宿舍内个人物品应摆放整齐，保持卫生整洁。
4. 宿舍要配备必要数量的灭火器。
5. 禁止人员在食堂内住宿和放置施工料具、有毒有害物品等。
6. 未经允许，不得在宿舍、办公室使用电暖气、电炉子、电炒锅等大功率电器。
7. 禁止燃用散煤等污染性燃料。
8. 厕所应及时冲刷清理、喷洒药物消毒，无蚊蝇孳生。
9. 严禁私自乱拉乱接电线路，不得随意改变原有线路设置和设施等。
10. 严禁使用不合格插座。
11. 严禁在消防逃生通道堵塞杂物。
12. 严禁私自挪动消防设施。
13. 离开宿舍、办公室应锁好房门。
14. 禁止在电线上晾晒衣服等物品。
15. 2 m 及以上高处作业时，要正确系好安全带。</td></tr>
<tr><td colspan="6">重点强调：
1. 禁止在宿舍私自使用电暖气等大功率电器。
2. 禁止在正在建设的建筑物内住宿、办公。</td></tr>
<tr><td>审核人</td><td></td><td>交底人</td><td></td><td>接受交底
负责人</td><td></td></tr>
<tr><td colspan="6">作业班组全体签名：</td></tr>
</table>

污水垃圾处理与光污染控制安全交底　　编号：

<table>
<tr><td>施工单位</td><td colspan="5"></td></tr>
<tr><td>工程名称</td><td colspan="5"></td></tr>
<tr><td>分部分项工程</td><td colspan="5"></td></tr>
<tr><td>工　种</td><td colspan="5"></td></tr>
<tr><td colspan="6">交底内容：
一、主要危险源与危害因素
1. 随意向排水沟丢弃堆放垃圾。
2. 生活废水和施工废水随意泼洒。
二、安全注意事项
1. 施工现场清出的垃圾，要用容器或小推车运到指定垃圾堆放点。
2. 废水要排到指定污水池，不得乱倒乱流。
3. 实行钻孔灌注桩工艺施工的桩基工程，应当在技术人员指导下采取降尘或者硬地坪覆盖等防止泥浆漫溢的有效措施。
4. 施工中的泥浆，未经处理，不得直接排入城市排水系统和河流。
5. 建筑垃圾应集中、分类堆放，及时清运；生活垃圾应采用封闭式容器，日产日清。
6. 不得在施工现场熔融沥青和焚烧垃圾等有毒有害物质。
7. 运输流体、砂石等容易飞扬的建筑材料和建筑垃圾，应当密封、遮盖，不得沿途抛撒、遗漏。
8. 严禁将有害废弃物作土方回填。
9. 夜间室外照明应加设灯罩，透光方向集中在施工范围。
10. 电焊作业采取遮挡措施，避免电焊弧光外泄。
11. 对于化学品等有毒材料、油料的存储地，应做好隔水层，做好渗漏液收集和处理。处理前，应接受技术人员的技术交底。
12. 禁止随意向排水沟丢弃堆放垃圾。
13. 禁止将生活废水和施工废水随意泼洒。
14. 夜间施工使用的照明灯，要采取遮光措施，限制夜间照明光线溢出施工场地以外范围，不对周围住户造成影响。</td></tr>
<tr><td colspan="6">重点强调：
1. 夜间施工使用的照明灯，要采取遮光措施，限制夜间照明光线溢出施工场地以外范围，不对周围住户造成影响。
2. 禁止向排水沟中丢弃、堆放杂物。</td></tr>
<tr><td>审核人</td><td></td><td>交底人</td><td></td><td>接受交底
负责人</td><td></td></tr>
<tr><td colspan="6">作业班组全体签名：</td></tr>
</table>

第二章　基础工程施工安全交底

第一节　围堰施工安全交底

土石围堰施工安全交底

编号：

施工单位	
工程名称	
分部分项工程	
工　　种	

交底内容：

一、主要危险源与危害因素

1. 违章吊装作业。

2. 施工时，发现围堰变形、渗水等异常情况未立即上报并处理。

3. 地基承载力不足或不均匀沉降。

4. 模板、支(拱)架安装不牢靠。

5. 私自拆除模板、支(拱)架。

6. 基坑支护变形检查、处理不及时。

二、安全注意事项

1. 施工前，应在技术人员指导下对地基进行处理。

2. 开挖前必须做好排水工作，防止地表水、施工用水和生活用水渗入施工现场和冲刷边坡。

3. 围堰施工过程中，若围堰发生变形、渗水等异常情况，应在技术人员的指导下及时处理。

4. 应在技术人员指导下对围堰外侧迎水面做防冲刷处理。

5. 模板、支(拱)架要安装牢靠。

6. 人工开挖时，应自上而下逐层开挖，严禁采用掏洞操作方法。

7. 围堰填筑内侧坡脚与基坑开挖边缘的距离要符合规范要求。

8. 当河床横坡较大时，应在技术人员指导下，在围堰外侧打设防滑桩。

9. 严禁违章吊装作业。

10. 用挖掘机施工时，挖掘机的作业范围内，不得进行其他作业；且至少保留 0.3 m 厚不挖，由人工修挖至设计高程。

11. 采用吸泥船吹砂筑岛，作业区内严禁其他船舶和无关人员进入。人员不得在承载吸泥管道的浮筒上行走。

续上表

12. 钢筋笼卵(片)石围堰,钢筋笼下水时应打桩固牢。 13. 施工中,遇有流砂、涌砂或支撑变形等异常情况,应立即停止挖掘,且作业人员立即撤出。在切实采取安全加固措施后,方可继续开挖。 14. 施工过程中,发现基坑支撑结构发生变形,应立即向现场负责人报告。 15. 基底在地下水位线以下时,应该及时排水以利于施工。为防止边坡滑塌,中途不应停止抽水。为防止基坑排水回渗应该以胶管远引。 16. 基坑支撑拆除时,应在现场技术负责人的指导下进行。拆除支撑可配合回填土进行,由低处向上拆除,严禁人员站在正在拆除的支撑上操作。 17. 施工中,挖土、吊运、浇筑混凝土等作业,严禁碰撞支撑,并不得在支撑上放重物。 18. 在施工中随时检查开挖坡度,严禁超、欠挖。					
重点强调: 1. 开挖前必须做好排水工作,防止地表水、施工用水和生活用水渗入施工现场和冲刷边坡。 2. 人工开挖时,应自上而下逐层开挖,严禁采用掏洞操作方法。 3. 用挖掘机施工时,挖掘机的作业范围内,不得进行其他作业;且至少保留 0.3 m 厚不挖,由人工修挖至设计高程。 4. 施工中,挖土、吊运、浇筑混凝土等作业,严禁碰撞支撑,并不得在支撑上放重物。 5. 在施工中随时检查开挖坡度,严禁超、欠挖。					
审核人		交底人		接受交底负责人	
作业班组全体签名:					

钢板桩围堰施工安全交底　　编号：

施工单位	
工程名称	
分部分项工程	
工　　种	

交底内容：

一、主要危险源与危害因素

1. 违章吊装作业。

2. 钢板桩在运输、装卸过程出现撞伤、弯扭及锁口变形时，继续使用。

3. 施工平台及支撑系统搭设、连接不牢固。

4. 钢板桩的吊环未按技术人员要求焊接。

5. 吊起钢板桩未就位前，有人员在桩位附近停留。

二、安全注意事项

1. 吊桩时吊点位置不得低于桩顶以下 1/3 桩长处。

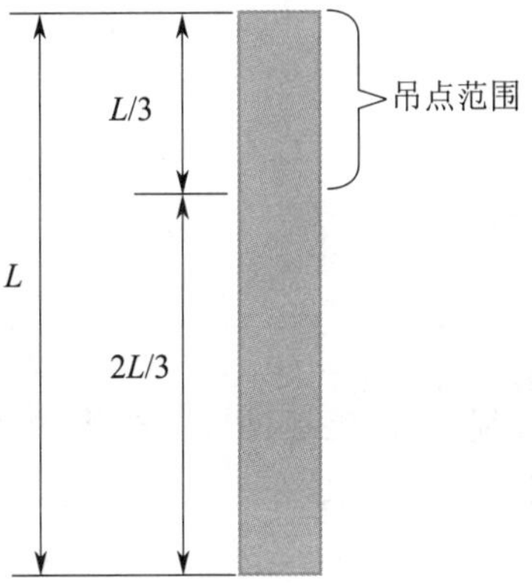

2. 工作平台及支撑系统搭设必须牢靠。

3. 严禁违章吊装作业。

4. 为防止钢板桩基坑开挖过程中漏水，在钢板桩插打之前应认真检查钢板桩，对存在缺口或者锁扣破损的钢板桩严禁使用，并且在钢板桩锁扣处涂抹凡士林，以起到防水作用。

5. 插打钢板桩时要严格控制垂直度，特别是第一根桩。

6. 钢板桩组拼插打，要按技术人员的要求设置横向夹板，确保组拼钢板桩刚度；严禁将吊具拴在钢板桩夹具上或捆在钢板桩上进行吊装。

7. 起吊钢板桩时，应拴好溜绳；吊起钢板桩未就位前，桩位附近不得站人。

8. 钢板桩吊环的直径和焊接长度要符合要求。施工时必须进行试吊，待技术人员确认可靠后，方可正式起吊。

9. 钢板桩插进锁口后，因锁口阻力不能插放到位而需桩锤压插时，应控制桩锤下落行程，防止桩锤随钢板桩突然下滑。

10. 拔桩设备应有超载限制器，严禁超载硬拔。

续上表

11. 桩帽(垫)与钢板桩连接牢固,初始阶段应轻打贯入,桩帽(垫)变形时,应及时更换。

12. 钢板桩顶层围檩不得一次性预先拆除,应拆除一组拔一组。

13. 拔桩前应拴好溜绳,拔桩作业、机械作业范围及桩位附近不得站人。

14. 定期检查履带吊机大臂的螺栓,以防松动掉落。

15. 氧气瓶、乙炔瓶安全距离(氧气瓶与乙炔瓶的距离)应大于 5 m,与明火距离(氧气瓶、乙炔瓶与明火的距离)应大于 10 m。

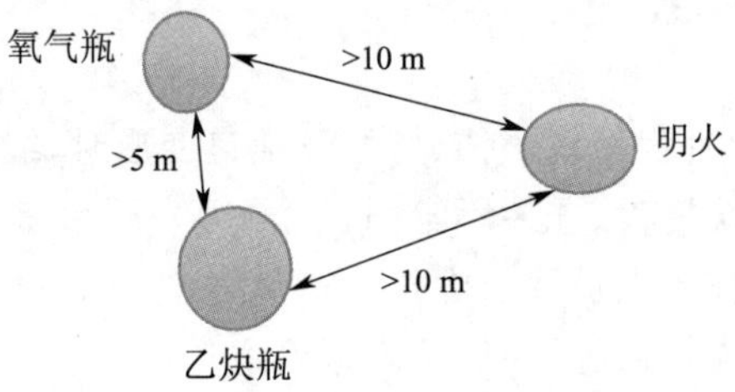

重点强调:

1. 起吊钢板桩时,应拴好溜绳;吊起钢板桩未就位前,桩位附近不得站人。

2. 为防止钢板桩基坑开挖过程中漏水,在钢板桩插打之前认真检查钢板桩质量,对存在缺口或者锁扣破损的钢板桩严禁使用,并且在钢板桩锁扣处涂抹凡士林,以起到防水作用。

3. 氧气瓶、乙炔瓶、明火之间的距离须符合规定。

审核人		交底人		接受交底负责人	

作业班组全体签名:

双壁钢围堰施工安全交底　　编号：

施工单位	
工程名称	
分部分项工程	
工　　种	

交底内容：

一、主要危险源与危害因素

1. 违章吊装作业。

2. 作业人员未按规定佩戴劳动防护用品。

3. 酒后作业。

4. 地下管线、地下构筑物等调查不明，盲目施工。

5. 双壁钢围堰搭接缝焊接不合格，漏水。

二、安全注意事项

1. 在壁板或隔板内焊接钢围堰时，应采用机械通风，舱内的空气温度不得超过 25℃，二氧化碳等有害气体的浓度含量不得超过 1.0%。

2. 严禁酒后作业。

3. 作业人员必须穿戴好劳动防护用品。

4. 严禁违章吊装作业。

5. 在浮船或浮箱上组装钢围堰时，四周应设置缆风绳，并下锚固定，在锚碇线路上应设浮标。

6. 当双壁钢围堰使用两台以上吊车或吊船起吊时，应先试吊，起吊时由专人统一指挥。

7. 双壁钢围堰在浮运前应在技术人员的指导下对定位船、导向船上的马口、系缆桩、复式滑车组、绞车、固定座、钢丝绳、连接设备、起吊塔架、水上供电、通信以及导向船压舱等进行全面检查，确认合格后，方可使用。

8. 要严格按照技术人员的要求对搭接缝进行焊接。

9. 双壁钢围堰接高下沉加载时，应对称均匀加载，采取缆风绳加固等措施，防止围堰倾斜。

10. 双壁钢围堰内取土下沉时，抓泥斗不得碰撞钢围堰侧壁。钢围堰落床尚未稳定前，应防止往来船舶、漂流物等碰撞导向船、浮标和锚索等。

11. 在水下工作时，潜水员要与现场指挥员及时有效地联系。

12. 非对称结构入水，应在技术人员指导下进行。

13. 沉船本身应进行水密性试验，确保注水、充气升降满足设计要求。沉船升降时，相应的管路、气路应及时随着船的升降进行。

14. 禁止在地下管线、地下构筑物、水文条件等调查不明的情况下，盲目施工。

续上表

<table>
<tr><td colspan="6">重点强调：
1. 禁止作业人员酒后作业。
2. 工作人员必须穿戴好劳动防护用品。
3. 水下作业时，潜水员必须与现场指挥员及时有效地沟通。</td></tr>
<tr><td>审核人</td><td></td><td>交底人</td><td></td><td>接受交底负责人</td><td></td></tr>
<tr><td colspan="6">作业班组全体签名：</td></tr>
</table>

吊箱围堰施工安全交底　　　　编号：

施工单位	
工程名称	
分部分项工程	
工　　种	

交底内容：

一、主要危险源与危害因素

1. 违章吊装作业。
2. 未及时清除影响吊箱的局部河床或其他障碍物。
3. 堵漏不及时。
4. 护筒没有准确就位。
5. 在浮吊吊装时，吊装范围内有人。
6. 吊箱下沉不均或倾斜。
7. 电气设备没有防雨防潮设施及安全可靠的保护装置。
8. 特殊工种操作人员（如电焊工、潜水员、吊装工等）未经专门培训上岗。

二、安全注意事项

1. 封底混凝土应采用多导管对称浇筑，厚度应均匀。抽水过程中应加强观测，若有异常，应及时处理。采用水密板封底时结构接缝应满足水密性要求，并采取措施防止吊箱上浮。
2. 在单壁钢吊箱内抽水时，应在技术人员的指导下及时设置内支撑，保证围堰结构的稳定。
3. 围堰内抽水：抽水前，应封堵钢吊箱连通水管；抽水过程中，应随时观察钢吊箱结构变形情况，如有异常，立即上报。
4. 装吊作业必须严格按照装吊操作规程施工。
5. 工作人员必须穿戴好劳动防护用品。
6. 所有脚手平台、上下楼梯均要安装稳妥可靠。
7. 各种施工机械设备在使用前均应详细检查、保养，在取得认可后，方可正式投入使用。
8. 不得用砂袋封堵钢吊箱与钢护筒之间间隙，应用封堵盖板堵漏。
9. 全部电器设备应装好防雨、防潮设施及安全可靠的保护装置。
10. 电焊工、吊装工、潜水工等特殊工种操作人员要经专门培训，持证上岗。
11. 封底后至承台完成时段内，禁止船舶冲撞、停靠围堰。
12. 风力超过6级，应停止水上装吊、运输等作业。

续上表

重点强调： 1. 在吊装吊箱时，吊装范围内严禁人员进入。 2. 电焊工、吊装工、潜水工等特殊工种操作人员要经专门培训，持证上岗。 3. 工作人员必须佩戴好安全帽，高空作业必须系好安全带，水上作业必须穿好救生衣。 4. 所有脚手平台、上下楼梯均要安装稳妥可靠。 5. 风力超过 6 级，水上装吊、运输等作业须停止。 6. 全部电器设备应装好防雨、防潮设施及安全可靠的保护装置。 7. 装吊作业必须严格按照装吊操作规程施工。 8. 潜水员务必要与现场指挥员及时有效沟通。					
审核人		交底人		接受交底 负责人	
作业班组全体签名：					

第二节　明挖基础施工安全交底

基坑放坡开挖安全交底　　　　编号：

施工单位	
工程名称	
分部分项工程	
工　　种	

交底内容：

一、主要危险源与危害因素

1. 基坑周围的地表水未及时清除。
2. 基坑周围未设置警示标志。
3. 基坑四周 1 m 范围内堆土堆料。
4. 基坑四周未设置临时围栏。
5. 掏挖。

6. 人机混合作业。
7. 机械行驶道路、施工区域地面不坚实，未采取安全措施，继续施工。
8. 开挖边坡土方时，未经允许切割坡脚。
9. 车辆未按规定路线行驶。
10. 挖掘机行走、自卸和施工时不注意上空电线。

二、安全注意事项

1. 基坑开挖对邻近建(构)筑物或临时设施有影响时，应在技术人员指导下，采取安全防护措施。
2. 应在技术人员的指导下，在基坑顶面四周开挖排水沟，防止地表水流入基坑。
3. 开挖放坡时严禁掏挖。
4. 机械行驶道路、施工区域地面应坚实，否则要在技术人员指导下进行处理。
5. 车辆要严格按照规定的开行路线行驶。严禁在陡坡上转弯。
6. 要按技术人员的要求开挖基坑。严禁采用局部开挖深坑，从底层向四周掏土的方法施工。

续上表

7. 基坑开挖到一定后，要按技术人员的要求，及时设置好防滑板。

8. 开挖边坡土方，严禁切割坡脚，以防导致边坡失稳；当山坡坡度陡于 1∶5(下图所示)，不得在挖土上侧堆土。

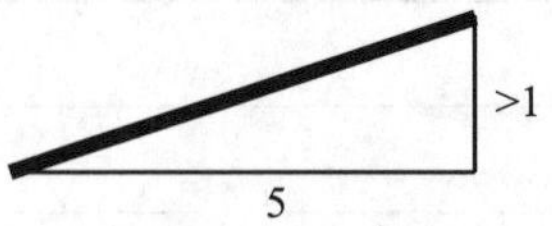

9. 采用垂直运输出土时，应每班检查吊斗绳索、挂钩、机具等是否完好牢固。装土或卸土后必须将斗门关好，斗门扣件要做好防脱措施。吊斗升降时，坑内作业人员应躲离吊斗升降移动范围以外。吊斗不使用时，应及时摘下，不得悬挂。

10. 在土石松动地层或在粉、细砂层中开挖基坑时，应先做好安全防护设施。

11. 多台挖掘机在同一工作面机械开挖，挖掘机间距应大于 10 m；多台挖掘机在不同台阶同时开挖时，上下台阶挖掘机前后应相距 30 m 以上，挖掘机离下部边坡要有一定的安全距离，以防止造成侧翻车事故。

12. 挖掘机不得在架空输电线路下工作；如在架空输电线路一侧工作时，垂直与水平距离分别不得小于规定值。

13. 用推土机回填时，铲刀不得超出坡沿，以防止倾覆。推土机陷车时，用钢丝绳缓缓拖出，不得用另一台推土机直接推出。

14. 开挖时注意保护测量控制定位桩、轴线桩、水准基桩，防止被开挖和运土机械设备碰撞、行驶破坏。

15. 当发现坑沿顶面出现裂缝、坑壁松塌或遇涌水、涌砂时，应立即停止施工并上报。

16. 机械施工区域禁止无关人员进入场地内。挖掘机工作回转半径内不得站人或进行其他作业。挖掘机、装载机卸土，应待整机停稳后进行，不得将铲斗从运输汽车室顶部越过；装土时人员不准停留在装土车上。

17. 下雨期间，要做好防滑措施。

18. 挖掘机行走、自卸和施工时注意避开上空电线。

重点强调：

1. 用推土机回填时，铲刀不得超出坡沿，以防止倾覆。推土机陷车时，用钢丝绳缓缓拖出，不得用另一台推土机直接推出。

2. 挖掘机不得在架空输电线路下工作；如在架空输电线路一侧工作时，垂直与水平距离应不小于规定值。

3. 开挖边坡土方，严禁切割坡脚，以防导致边坡失稳。

4. 禁止无关人员进入机械施工区域。挖掘机工作回转半径内不得站人或进行其他作业。

审核人		交底人		接受交底负责人	

作业班组全体签名：

基坑挡板护壁开挖安全交底　　编号：

施工单位	
工程名称	
分部分项工程	
工　　种	

交底内容：

一、主要危险源与危害因素

1. 在地基的工程地质情况调查不明的情况下，进行施工。

2. 未及时更换已变形的支撑。

3. 施工中撞击基坑支撑；在未设立新的支撑的情况下移除旧支撑。

二、安全注意事项

1. 当基坑边坡不能自稳并受地下水影响，或因条件限制不能放坡时，必须对坑壁进行支护加固后开挖。

2. 基坑每层开挖深度应根据地质情况确定，并应边挖边支。

3. 支撑结构应随时检查，发现变形及时加固或更换。支撑拆除时应自下而上，待下层支撑拆除并回填土后，再拆除上层支撑。

4. 施工中应注意防止硬碰撑木，在有可能碰撞的撑木部位，应加设垂直护板或采取其他有效措施。

5. 移换支撑时，应先设立新的支撑再移除旧支撑。

重点强调：

1. 机械开挖、吊斗出土和爆破作业，应有防护措施，不得碰撞、损坏支护结构。

2. 支撑拆除应在施工负责人的指导下严格按规范操作，避免突然卸载造成事故。

审核人		交底人		接受交底负责人	

作业班组全体签名：

基坑排桩支护开挖安全交底

编号：

<table>
<tr><td>施工单位</td><td colspan="5"></td></tr>
<tr><td>工程名称</td><td colspan="5"></td></tr>
<tr><td>分部分项工程</td><td colspan="5"></td></tr>
<tr><td>工　　种</td><td colspan="5"></td></tr>
<tr><td colspan="6">交底内容：
一、主要危险源与危害因素
1. 酒后作业。
2. 支撑安设不牢靠。
3. 钢板在运输、装卸过程中出现撞伤、弯扭及锁口变形时，继续使用。
4. 钻孔过程中，遇塌孔、缩孔等异常现象，仍继续进行钻孔作业。
二、安全注意事项
1. 当基坑边坡不能自稳并受地下水影响，或因条件限制不能放坡时，必须在技术人员的指导下对坑壁进行支护加固后开挖。
2. 禁止人员穿拖鞋、光脚或光膀子进入施工现场。
3. 钢支撑的连接必须牢固。
4. 严禁使用有撞伤、弯扭及锁扣变形的钢板进行施工。
5. 当地下水位高于基坑底面时，应先行降水或在排桩外围施工隔水帷幕后再开挖基坑。
6. 施工过程中，如遇不明埋设物立即停止施工并上报。严禁私自处理。
7. 桩机所有钢丝绳要检查保养，发现有断股情况，应及时调换，钻机运转时不得进行维修。
8. 在桩机安装、位移过程中，注意上部有无高压线路。
9. 总、分配电箱都应安装好漏电保护装置，各种配电箱、板均必须防雨，门锁齐全。
10. 混凝土灌注完毕后，空钻部分要立即回填，防止人、物坠落。
11. 雨期施工要做好防滑工作，包括车辆防止打滑的土体滑坡，钻机倾斜。
12. 电工、焊工、桩机操作人员，必须经过专门培训，熟知本工程安全技术操作规程，在操作中坚守工作岗位。
13. 在钻孔过程中，遇塌孔、缩孔等异常现象应停止钻进，及时上报。</td></tr>
<tr><td colspan="6">重点强调：
1. 混凝土灌注完毕后，空钻部分要立即回填，防止人、物坠落。
2. 施工人员不得随意操作机械及电气设备，严禁酒后作业。
3. 电工、焊工、桩机操作人员，必须经过专门培训，熟知本工程安全技术操作规程，在操作中坚守工作岗位。
4. 雨天施工应做好防滑工作，包括车辆防止打滑的土体滑坡，钻机倾斜。</td></tr>
<tr><td>审核人</td><td></td><td>交底人</td><td></td><td>接受交底
负责人</td><td></td></tr>
<tr><td colspan="6">作业班组全体签名：</td></tr>
</table>

基坑锚喷支护开挖安全交底

编号：

施工单位	
工程名称	
分部分项工程	
工　　种	

交底内容：

一、主要危险源与危害因素

1. 安放锚杆前未清孔。

2. 作业人员酒后作业。

3. 施工前未检查电源线路和用电设备。

4. 当喷射机出现断续运转时仍用其进行喷射作业。

二、安全注意事项

1. 当基坑边坡不能自稳并受地下水影响，或因条件限制不能放坡时，必须在技术人员指导下对坑壁进行支护加固后开挖。

2. 施工人员进入施工现场必须穿戴好劳保用品。

3. 施工前要检查电源线路及用电设备是否正常，待确定正后方可进行施工作业。

4. 喷射混凝土作业应由专人操作喷射设备。严禁喷射过程中碾压、踩踏管路。

5. 成孔后要先进行清空检查，再安放锚杆。

6. 在使用喷射机具工作中如发现绝缘损坏、电源线护套破裂、接地线脱落、插头、插座开裂、松动、接触不良及断续运转时，应立即停机修理。

7. 严禁将电源线放在水里或者潮湿的地方。

8. 喷射混凝土终凝 2 小时后，应进行湿润养护。

9. 喷射混凝土时，喷嘴不得面对有人方向，喷射机发生故障时，应先停风、水后再处理。

10. 空压机出气口处不得有人员工作。储气罐放置地点应通风，严禁日光暴晒和高温烘烤。

11. 空压机的输气管应避免急弯，打开送风阀前，必须事先通知工作地点的有关人员。

12. 要做好施工机具的保养、维护工作。

13. 施工期间应做好材料、电路、设备的防雨工作，在技术人员指导下做好混凝土面层的泄水孔。如有雨水或地下管道渗漏灌入混凝土面层内，应及时引流排出。

14. 作业人员严禁酒后上岗作业。

续上表

<table>
<tr><td colspan="6">重点强调：
1. 进入现场,必须戴好安全帽。
2. 严禁酒后上岗作业。
3. 操作电动工具人员,必须佩戴绝缘手套、穿绝缘鞋。
4. 严禁将电源线放在水里或者潮湿的地方。</td></tr>
<tr><td>审核人</td><td></td><td>交底人</td><td></td><td>接受交底负责人</td><td></td></tr>
<tr><td colspan="6">作业班组全体签名：</td></tr>
</table>

基坑降、排水作业安全交底　　编号：

施工单位	
工程名称	
分部分项工程	
工　　种	

交底内容：

一、主要危险源与危害因素

1. 人员攀爬基坑边坡。

2. 用水泵进行基坑排水时，未检查水泵和线路有无漏电现象。

3. 湿手扳合水泵开关。

4. 将土或其他物件放在支撑上。

5. 人员在支撑下行走或站立。

6. 清理基坑时，操作人员间距过于集中(操作人员之间距离小于 2 m)。

7. 基坑范围内有地表水，排除不及时。

8. 基坑降水过快。

二、安全注意事项

1. 在降、排水过程中，当出现大量涌砂、涌水、坑壁坍塌等情况时，应停止抽水，并在技术人员指导下采取相关的措施进行处理。

2. 基坑范围内有地表水时，要及时排除。

3. 严禁将土或其他物件放在支撑上。

4. 基坑中要在技术人员的指导下设排水井，不得扰动基坑边坡；水泵应安设稳固。

5. 基坑降排水应连续进行，工程结构施工至地下水位以上 0.5 m 时，方可停止降排水。

6. 在用水泵进行基坑排水时，应先检查水泵和线路有无漏电现象，确认安全后方可进行排水。

7. 严禁用湿手扳合水泵开关，以防触电。

8. 井点降水工作结束后所有留的井孔必须用砂砾或黏土填实。如井孔位于建筑物或构筑物基础以下，且设计对地基有特殊要求时，应在技术人员的指导下回填。

9. 若发现坑壁有渗漏情况，应及时上报，切记不要盲目注浆堵漏。

10. 基坑降水不宜过快，降水过程中应加强周边建筑物、管线和地表沉降的观测。土方开挖必须在水位监测人员指导下进行。

11. 在水深超过 1.2 m 的水域作业，必须选派熟悉水性的人员，并采取防止漏水的措施。

12. 清理基坑时，操作人员间距不得要过于集中(人员之间距离不得小于 2 m)。

13. 作业人员上下基坑时必须走上人马道，不得攀爬基坑边坡。

14. 进入施工现场的人员必须带好安全帽。

15. 严禁作业人员酒后上岗作业。

续上表

重点强调： 1. 在水深超过 1.2 m 的水域作业，必须选派熟悉水性的人员，并采取防止漏水的措施。 2. 基坑中要在技术人员的指导下设排水井，不得扰动基坑边坡；水泵应安设稳固。 3. 作业人员上下基坑时必须走上人马道，不得攀爬基坑边坡。 4. 严禁湿手扳合水泵开关。 5. 严禁作业人员酒后上岗作业。 6. 进入施工现场的人员必须戴好安全帽。					
审核人		交底人		接受交底负责人	
作业班组全体签名：					

岩层基底处理施工安全交底

编号：

<table>
<tr><td>施工单位</td><td colspan="5"></td></tr>
<tr><td>工程名称</td><td colspan="5"></td></tr>
<tr><td>分部分项工程</td><td colspan="5"></td></tr>
<tr><td>工　　种</td><td colspan="5"></td></tr>
<tr><td colspan="6">交底内容：
一、主要危险源与危害因素
1. 使用大锤时近距离有人。
2. 扶钎人员站在使用大锤者的正对面。
3. 风动工具带病使用。
4. 钎子插入风动工具后空打。
二、安全注意事项
1. 对风化岩层，应在挖至设计高程并满足地基承载力要求后尽快进行封闭，防止其继续风化。
2. 在未风化的平整岩层上，基础施工前应先将淤泥、苔藓及松动的石块清除干净，并凿出新鲜岩面。
3. 对坚硬的倾斜岩层，宜将岩层面凿平；倾斜度较大无法凿平时，则宜凿成多级台阶，台阶的宽度不宜小于0.3 m。
4. 使用大锤时，周围不得有人员站立或通行。锤击钢钎，使锤人应站在扶钎人的侧面，使锤者不得戴手套，锤柄端头应有防滑措施。
5. 使用风动工具，应遵守下列规定：
(1)各部管道接头必须紧固，不漏气。胶管不得缠绕打结，并不得用折弯风管的办法作断气之用，也不得将风管置于胯下。
(2)风管连接风包后要试送气，检查风管内有无杂物堵塞。送气时，要缓慢旋开阀门，不得猛开。
(3)风镐操作人员应与空压机司机紧密配合，及时送气或闭气。
(4)钎子插入风动工具后不得空打。</td></tr>
<tr><td colspan="6">重点强调：
1. 使用大锤时，周围不得有人员站立或通行。锤击钢钎，使锤人应站在扶钎人的侧面，使锤者不得戴手套，锤柄端头应有防滑措施。
2. 使用风动工具，务必确保风管性能良好，须注意钎子插入风动工具后不得空打。</td></tr>
<tr><td>审核人</td><td></td><td>交底人</td><td></td><td>接受交底
负责人</td><td></td></tr>
<tr><td colspan="6">作业班组全体签名：</td></tr>
</table>

多年冻土地基处理施工安全交底 编号：

施工单位	
工程名称	
分部分项工程	
工　　种	

交底内容：

一、主要危险源与危害因素

1. 基础不得直接与冻土接触。

2. 按保持冻结的原则设计的明挖基础，间歇施工但未采取任何保温措施。

二、安全注意事项

1. 基础不应置于季节性冻融土层（是否为季节性冻融土层，需由技术人员确定）上，并不得直接与冻土接触。

2. 基础的基底修筑于多年冻土层（即永冻土）上时，基底之上应设置隔温层或保温层材料，且铺筑宽度应在基础外缘加宽 1 m。

3. 按保持冻结的原则设计的明挖基础，对其进行施工时应注意：

(1)严禁地表水流入基坑。

(2)及时排除季节冻层内的地下水和冻土本身的融化水。

(3)必须搭设遮阳棚和防雨棚。

(4)施工前做好充分准备，组织快速施工。

(5)做好的基础应立即回填封闭，不宜间歇。必须间歇时，应以草袋、棉絮等加以覆盖，防止热量侵入。

4. 施工时，明水应在距坑顶 10 m 之外修排水沟。水沟中的水应引于远离坑顶排出并及时排除融化水。

重点强调：

1. 基础不得直接与冻土接触。

2. 按保持冻结的原则设计的明挖基础，对其进行施工时，须采取有效措施确保地表水不流入基坑；基础施工中必须间歇时，应以草袋、棉絮等加以覆盖。

审核人		交底人		接受交底负责人	

作业班组全体签名：

岩溶与坑洞地基处理施工安全交底　　编号：

<table>
<tr><td>施工单位</td><td colspan="5"></td></tr>
<tr><td>工程名称</td><td colspan="5"></td></tr>
<tr><td>分部分项工程</td><td colspan="5"></td></tr>
<tr><td>工　　种</td><td colspan="5"></td></tr>
<tr><td colspan="6">交底内容：
一、主要危险源与危害因素
1. 洞内有害气体和物质未排除前，作业人员进入。
2. 开钻前机身不平稳。
3. 注浆时人员离岗。
二、安全注意事项
1. 应核查洞穴的位置和分布情况，设置明显的警示标志和防护设施，防止人员、机械设备误入。
2. 施工前应探明洞内情况，洞内有害气体和物质未排除前禁止作业人员进入。
3. 对不稳定的洞穴应采取临时支撑等安全措施。
4. 对基础稳定有影响的岩溶水、地面水应先进行疏导、引排。
5. 对于需要注浆的溶洞，当地质钻孔发现岩溶较大，相临两孔可能连通时，注浆孔应跳孔施钻，不应全部钻孔完后再注浆，以免孔位串浆，增加难度及清孔工作量。溶洞较大且填充较少时，应先快速灌注中粗砂，再灌注水泥浆。开钻前必须保证机身平稳。采取措施确保注浆连续进行，不得中途中断。
6. 注浆的同时，应随时观测注浆压力和周边情况，发现异常应及时采取相应措施。</td></tr>
<tr><td colspan="6">重点强调：
1. 施工前应探明洞内情况，洞内有害气体和物质未排除前禁止作业人员进入。
2. 开钻前必须保证机身平稳。
3. 注浆的同时，一定要随时观测注浆压力和周边情况，发现异常应及时采取相应措施。</td></tr>
<tr><td>审核人</td><td></td><td>交底人</td><td></td><td>接受交底
负责人</td><td></td></tr>
<tr><td colspan="6">作业班组全体签名：</td></tr>
</table>

第三节　桩基础与承台施工安全交底

锤击沉桩施工安全交底　　编号：

施工单位	
工程名称	
分部分项工程	
工　　种	

交底内容：

一、主要危险源与危害因素

1. 管桩打好后，未盖好桩口。

2. 酒后作业。

3. 在进行锤击沉桩作业时，有行人进入施工现场。

4. 桩机作业中，一边作业一边检修保养。

二、安全注意事项

1. 打桩机的移动轨道应铺设平顺、轨距正确，轨道钉牢，钢轨端部应设止轮器。

2. 管桩打好后，应随即将桩口盖好。

3. 吊桩与运桩发生干扰时应停止运桩。

4. 接长钢筋混凝土管桩时，严禁把手或手指伸入桩头和法兰螺栓孔中。

5. 在沉桩过程中，遇地基沉陷、桩机倾斜、吊具损坏，应停止施工，并上报。

6. 打桩机移动时，机体应平稳，桩锤应放在机架的最低位置。采用滚杠滑移打桩机时，工作人员不得在打桩机架内操作。

7. 施工桩机顶部应设避雷针，大雨、雷电、大雾或6级以上大风时，应停止作业。

8. 作业前，必须检查桩机各部件，试运行各机构，确认正常后，方能作业。

9. 吊桩时应在桩上拴好溜绳，不得与桩锤或桩机碰撞。

10. 在起吊桩或桩锤时，作业人员不得在吊钩下或桩架龙门口停留。桩的吊点应在距桩顶1/3桩长范围内。

11. 套送桩时，应使送桩、桩锤和桩三者中心在同一轴线上。

12. 校正桩位应用撬杆拨正，不得用力过猛，不准用身体抵扛。

13. 间歇时间较长时，机锤应落到地面上，并用方木垫好。

14. 打桩机在工作时，严禁进行任何维修。严禁桩锤在悬挂状态下进行检查维修。

15. 为防止锤体吊离桩顶时发生倒桩事故，启动打桩前应拉开机械锁，使吊锤齿缩回重钩伸出后方可启动。

16. 锤击不得偏心，开始落距要小。如遇贯入度突然增大，桩身突然倾斜，位移或桩头、桩冒严重损坏，桩身断裂，桩锤严重回弹等情况，应停止锤击，经采取相应措施，排除险情和故障后，方可继续施工。

17. 严禁作业人员酒后上岗作业。

18. 施工现场，严禁无关人员进入。

续上表

<table>
<tr><td colspan="6">重点强调：
1. 吊桩时应在桩上拴好溜绳，不得与桩锤或桩机碰撞。
2. 在起吊桩或桩锤时，作业人员不得在吊钩下或桩架龙门口停留。
3. 接长钢筋混凝土管桩时，严禁把手或手指伸入桩头和法兰螺栓孔中。
4. 打桩机在工作时，严禁进行任何维修。严禁桩锤在悬挂状态下进行检查维修。
5. 采用滚杠滑移打桩机时，工作人员不得在打桩机架内操作。
6. 吊桩时必须先夹紧轨钳，正面吊桩时，桩与导杆中心线距离不得大于 4 m。
7. 吊桩与运桩发生干扰时应停止运桩。
8. 校正桩位应用撬杆拨正，不得用力过猛，不准用身体抵扛。
9. 严禁酒后作业。</td></tr>
<tr><td>审核人</td><td></td><td>交底人</td><td></td><td>接受交底
负责人</td><td></td></tr>
<tr><td colspan="6">作业班组全体签名：</td></tr>
</table>

振动沉桩施工安全交底

编号：

施工单位	
工程名称	
分部分项工程	
工　　种	

交底内容：

一、主要危险源与危害因素

1. 违章用电。

2. 焊点、焊缝不达标。

3. 沉管时加压超出规定范围(可能桩架会被抬起发生倾覆)。

4. 机械发生异响时，仍用其进行施工作业。

5. 桩机移动时，未预先放松电缆线及未注意周围障碍物。

6. 桩机作业前未调平。

二、安全注意事项

1. 振动打桩机与桩帽及桩的连接螺栓，应上满拧紧。每振动一次必须进行一次检查。若有松动，应予处理。

2. 沉管时加压不要超出规定范围，以免桩架被抬起发生倾覆。

3. 用起重机具悬吊振动锤沉桩时，其吊钩上方要设好防松脱的保护装置，并应控制吊钩下降速度与沉桩速度一致，保持桩身稳定。

4. 在沉桩过程中，遇有桩倾斜、回跳，打桩机有异声及其他异常情况时，应立即停振并上报，在技术人员允许后，方可继续施工。

5. 振动下沉过程中，严禁进行机械保养维修。

6. 桩机停止作业后，应立即切断动力源。

7. 要保证钢筋笼吊起过程中不变形。

8. 施工人员及操作人员必须戴安全帽，高空作业时系安全带。

9. 工作前检查桩机是否平稳可靠，电器设备的绝缘、卷扬机离合、制动装置和钢丝绳等是否安全、灵活、可靠，注意桩架连接部位和振动钎中螺栓有否松动和丢落。

10. 桩机在前后移动和左右移动时，应预先放松电缆线，注意周围障碍物，不得跨越牵引钢丝绳。

11. 严禁违章用电。

12. 焊工要严格按照技术人员的要求进行焊接作业。

13. 桩机工作中，操作人员应精神集中，所从指挥，参与施工的人员应坚守各自岗位。

14. 电线的拆、接一律由具备资质的电工进行操作，严禁私自拆接。

15. 严禁使用未调平的桩机进行作业。

续上表

重点强调： 1. 要严格控制拔管速度。 2. 电线的拆、接一律由电工进行操作，严禁私自拆接。严禁违章用电。 3. 机械发生异响时，必须立即切断电源停机检查，故障未排除，不得继续工作。					
审核人		交底人		接受交底负责人	
作业班组全体签名：					

静压沉桩施工安全交底

编号：

施工单位	
工程名称	
分部分项工程	
工　　种	

交底内容：

一、主要危险源与危害因素

1. 违章用电。

2. 压桩机超负荷运转。

3. 桩身倾斜后，依然加压施工。

4. 施工场地未压实。

5. 压桩机边运行边维修。

6. 维修机电设备前，未切断电源。

二、安全注意事项

1. 与生产无关的人员不得进入施工现场。进入现场的人员必须戴好安全帽。

2. 吊桩时应在桩上拴好溜绳，不得碰撞桩机。

3. 严禁压桩机超负荷运行。当压桩阻力超过压桩机能力时，应立即停止施工，避免发生断桩或倒架事故。

4. 在起吊桩或压桩时，作业人员不得在吊钩或桩架下停留。

5. 在桩架进入场地前，必须对整个作业区进行场地平整、压实，以保证桩架作业时稳定。

6. 在沉桩过程中，遇有桩倾斜、回跳，打桩机有异响及其他异常情况时，应立即停振，及时上报，待查明原因且处理后方可继续施工。

7. 桩机停止作业后，应立即切断动力源。

8. 压桩过程中，发生桩身倾斜应立即停止加压，并上报，待查明原因且处理后方可继续施工。

9. 压桩作业开始后，应尽可能连续施工，减少停顿次数和时间，以免产生过大启动阻力。

10. 由于静压桩机自重较大，因此桩位测放前，应进行场地压实，确保场地承载力满足施工设备自重要求。

11. 压桩机司机和吊机司机必须熟练操作。在施工时必须听从指挥信号，不得擅离岗位，并应经常注意机械运转情况，发现异常应及时处理。

12. 用电设备必须有防雷接地装置并按规定安装漏电开关，一切电源电路的安装拆卸必须由专业电工完成。

13. 上班前必须在桩机各部件及钢丝绳、转动部分加润滑油，各制动部件要灵敏，试机正常后方能施工。

14. 及时排除地面积水。

15. 管桩装卸时应轻放，严禁抛掷、碰撞、滚落。管桩堆放不得超过四层。

16. 卷扬机钢丝绳在卷筒缠绕圈数任何情况下不少于 4 圈，并且要经常检查，发现断丝现象，须及时更换。

续上表

17. 严禁在机械运转时，对其进行维修；机电设备维修时必须切断电源。 18. 严禁违章用电。 19. 应禁止与桩机操作无关人员进入主司机室。					
重点强调： 1. 在起吊桩或压桩时，作业人员不得在吊钩或桩架下停留。 2. 严禁压桩机超负荷运行。当压桩阻力超过压桩机能力时，应立即停止施工，避免发生断桩或倒架事故。 3. 一切电源电路的安装拆卸必须由专业电工完成。 4. 禁止与桩机操作无关人员进入主司机室。 5. 严禁在机械运转时，对其进行维修；机电设备维修时必须切断电源。					
审核人		交底人		接受交底负责人	
作业班组全体签名：					

射水辅助沉桩施工安全交底　　　　编号：

施工单位	
工程名称	
分部分项工程	
工　　种	

交底内容：

一、主要危险源与危害因素

1. 引送输水管不及时。

2. 施工前未检查高压水泵的压力表、安全阀、输水管路是否完好。

3. 未待桩身稳定便开始射水下沉。

4. 施工中将射水管口面向人、设备或设施。

5. 在地势低洼处作业，排水不良。

6. 沉桩机安装不稳固。

二、安全注意事项

1. 采用高压射水辅助沉桩施工时，应防止沉桩急剧下沉，造成桩身和桩架倾斜，射水沉桩时，应待桩身入土达到稳定时再射水。

2. 施工现场，禁止无关人员入内。

3. 靠近既有桥梁部位的基桩，不得采用射水辅助沉桩。

4. 严禁破坏水胶管。

5. 沉桩机要安装稳固。

6. 施工前要先检查高压水泵的压力表、安全阀、输水管路，确定正常后方可投入使用。

7. 沉桩时要及时引送输水管，以免破坏输水管路。

8. 采用高压水泵等辅助沉桩措施，高压水泵的压力表、安全阀、水泵、输水管道及水压大小应符合安全要求。高压射水辅助沉桩，应严格按照技术人员的指导调整水压。

9. 在地势低洼处采用辅助射水沉桩时，应在技术人员的指导下设好排水设施，保持排水正常。施工中严禁射水管口对着人、设备和设施。

10. 施工场地应平整坚实，地面坡度不大于3%（如下图所示），沉桩机应安装稳固，并设缆绳，保持机身稳定。

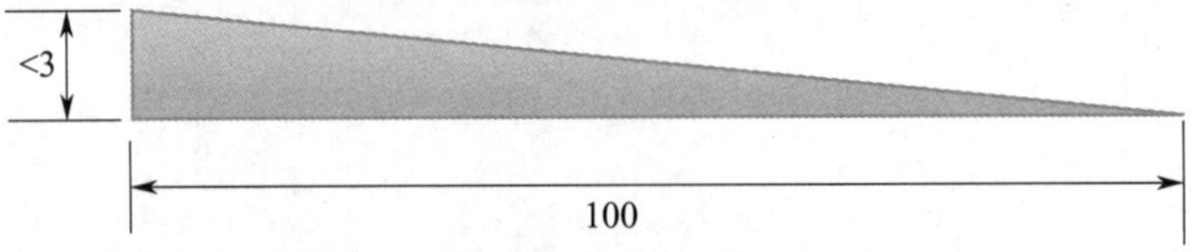

11. 沉桩过程中发现贯入度发生突变，桩身突然倾斜，桩头或桩身破坏，地面隆起，桩身上浮等情况时应暂停施工，经采取措施确认安全后，方可继续沉桩。

12. 开始沉桩应以自重下沉，待桩身稳定后方可射水下沉。

13. 下沉初期应控制桩身不使其下沉过快，以免阻塞射水管嘴。

14. 输水管路应减少弯曲，力求直顺。

续上表

<table>
<tr><td colspan="6">重点强调：
1. 施工现场，禁止无关人员入内。
2. 开始沉桩应以自重下沉，待桩身稳定后方可射水下沉。
3. 施工中严禁射水管口面对人、设备和设施。</td></tr>
<tr><td>审核人</td><td></td><td>交底人</td><td></td><td>接受交底
负责人</td><td></td></tr>
<tr><td colspan="6">作业班组全体签名：</td></tr>
</table>

旋转钻机造孔安全交底

编号：

施工单位	
工程名称	
分部分项工程	
工　　种	

交底内容：

一、主要危险源与危害因素

1. 钻孔作业场地不坚实。

2. 钻机架设不稳。

3. 护筒埋设不牢。

4. 酒后上岗作业。

5. 私自塔设电线。

二、安全注意事项

1. 钻机的施工场地及走行道路应平坦坚实，满足钻机正常工作和移动的要求。

2. 必须穿戴好安全防护器具。

3. 严禁作业人员酒后上岗作业。

4. 非钻机操作人员，未经现场指挥员允许，不得操作钻机。

5. 严禁在沉淀池、储浆池中丢弃杂物。

6. 钻机安装时，机架应垫平，保持稳定，不得产生位移或沉陷，钻架顶端应用缆风绳对称张拉，地锚应牢固。

7. 机台周围用电电缆必须全部架立在地面上，严禁将电缆放入泥水中；过路电缆必须深埋或架空设立。用电设备发生故障应立即停电，并由电工来处理，严禁私自处理。严禁私拉电线。

8. 施工前应检查施工机械是否能正常运作，若有异常情况，及时上报，待排除异情后，方可进行施工。

9. 钻孔时，钻速不得过快或骤然变速；孔内弃土不得堆积在钻孔周围。

10. 停钻后，钻头应提出孔外安全放置。

11. 在高压线或营业线附近施工，应在技术人员指导下做好防触电和防设备倾覆措施。

12. 在钻进过程中要经常检查转盘，如有倾斜或位移，应及时纠正。

13. 开始钻进时，进尺要适当控制，在护筒刃脚处，应低挡慢速钻进，使刃脚处有坚固的泥皮护壁。钻至刃脚下 1 m 后，可按土质以正常速度钻进。

14. 护筒底口要埋入坚实地层以下不少于 0.5 m；在旱地或岸滩，采用挖埋法，四周用黏土回填，并分层夯实。

15. 卷扬机钢丝绳应牢固地卡在卷筒上，并认真检查各处绳卡，防止松脱。

16. 钻进过程中，出现异常情况，应停止施工，待采取安全措施后，方可继续施工。

17. 应经常检查钢丝的损耗程度，磨损严重起毛刺时，应及时调换。

18. 钻进时，高压胶管下不得站人。水龙头与胶管连接处应用双夹卡住。钻机旋转时，不得提升钻杆。加接钻杆时，连接螺栓严禁用普通螺栓代替。

续上表

<table>
<tr><td colspan="6">19. 在钻机运转过程中，严禁用手调整钢丝绳。
20. 钻机移动时，不得挤压电缆线和风水管路。
21. 禁止无关人员进入施工现场。
22. 立放塔架或用吊车整体搬迁钻机时，要由经验丰富的技术人员统一指挥，施工人员离开危险范围，严禁站在钻塔上及其起落范围内，要切断电源，专人妥善看护电缆，防止扎、拉、砸坏电缆。</td></tr>
<tr><td colspan="6">重点强调：
1. 钻孔时，钻速不得过快或骤然变速；孔内弃土不得堆积在钻孔周围。
2. 钻机移动时，不得挤压电缆线和风水管路。
3. 工作人员必须穿戴好安全防护器具。
4. 非钻机操作人员，未经现场指挥员允许，不得操作钻机。
5. 严禁作业人员酒后上岗作业。</td></tr>
<tr><td>审核人</td><td></td><td>交底人</td><td></td><td>接受交底
负责人</td><td></td></tr>
<tr><td colspan="6">作业班组全体签名：</td></tr>
</table>

冲击钻机造孔安全交底

编号：

施工单位	
工程名称	
分部分项工程	
工　　种	

交底内容：

一、主要危险源与危害因素

1. 钻机运转过程中，用手调整钢丝绳，钢丝绳爬绳。

2. 用电设备发生故障，私自处理。

3. 护筒安放不牢。

4. 钻孔机操作人员无证上岗。

5. 钻机后面配载不符合要求。

6. 立放塔架或用吊车整体搬迁钻机时，无关人员未离开危险区域。

二、安全注意事项

1. 施工现场，无关人员禁止入内。钻机操作人员要持证上岗。作业人员进入施工现场必须戴好安全帽。

2. 禁止人员跳跃通过坑槽。

3. 钻机的施工场地及走行道路要处理平坦坚实，满足钻机正常工作和移动的要求。

4. 钻机作业前，应检查卷扬机和配套设施是否运转正常，连接杆是否牢靠，立顶杆是否安装有安全限位装置，确认安全后，方可作业。

5. 钻机安装时，机架应垫平，保持稳定，不得产生位移或沉陷，钻架顶端应用缆风绳对称张拉，地锚应牢固。

6. 钻孔时，钻速不得过快或骤然变速；孔内弃土不得堆积在钻孔周围。

7. 钻机、钻具和吊钻头的钢丝绳应配置适当，使用时应有专人检查维修。吊钻头用的钢丝绳无死弯、无断丝。

8. 冲孔时，非作业人员不得进入冲击区域范围内。当检测钻孔或吊泥浆出孔时，钻头要放置在安全位置。钻机后面配载要符合技术要求。

9. 冲击时不得完全松开制动把，高速下放锤头。

10. 桩机成孔过程中，作业人员距孔口不得小于 5 m 的安全距离，严禁作业人员随意穿往。

11. 提升钻头到接近护筒底缘时，应减速平稳提升。

12. 起拔护筒时，要在起拔受力处加撑杠，起拔时，除操作人员外，其他人员应远离井口，起拔不得用蛮力，要上下串动，不要强力起拔。

13. 在冲击到漏浆和坍塌层时，做好补救准备。在孔口塌陷时，周围人员要迅速撤离孔口，防止人员滑入孔内。

14. 遇大(暴)雨或 6 级(含 6 级)以上大风时，应立即停止打桩作业，并加固桩机，遇台风前，应将三脚架落地。

续上表

<table>
<tr><td colspan="6">15. 坑槽四周要设警示牌，防止有人员坠入坑槽。
16. 立放塔架或用吊车整体搬迁钻机时，无关工人员应离开危险范围，严禁站在钻塔上及其起落范围内，移动钻机要切断电源。
17. 排渣时，必须及时向孔内补充泥浆，以防亏浆造成孔内坍塌。
18. 严禁在钻机运转过程中，用手调整钢丝绳。
19. 桩机发生故障时，应断电、停机，报告机修人员检修，不得擅自检修，严禁未停机时检修。</td></tr>
<tr><td colspan="6">重点强调：
1. 冲击时不得完全松开制动把，高速下放锤头。
2. 起拔护筒时，要在起拔受力处加撑杠，起拔时，除操作人员外，其他人员应远离井口，起拔不得用蛮力，要上下串动，不要强力起拔。
3. 严禁在钻机运转过程中，用手调整钢丝绳。
4. 桩机发生故障时，应断电、停机，报告机修人员检修，不得擅自检修，严禁未停机时检修。
5. 施工现场，无关人员禁止入内。
6. 禁止人员跳跃通过坑槽。
7. 桩机成孔过程中，作业人员距孔口不得小于 5 m 的安全距离，严禁作业人员随意穿往。
8. 进入施工现场的人员必须戴好安全帽。</td></tr>
<tr><td>审核人</td><td></td><td>交底人</td><td></td><td>接受交底负责人</td><td></td></tr>
<tr><td colspan="6">作业班组全体签名：</td></tr>
</table>

套管钻机造孔安全交底

编号：

施工单位	
工程名称	
分部分项工程	
工　　种	

交底内容：

一、主要危险源与危害因素

1. 作业人员未戴好安全帽。

2. 钻机支撑不稳。

3. 钻进发生困难时，仍强行钻进。

4. 吊车进行吊装作业时，在其吊装范围内进行其他施工。

二、安全注意事项

1. 施工现场，禁止无关人员进入。

2. 作业人员必须穿戴好劳保用品。

3. 钻机的施工场地及走行道路要处理平坦坚实。

4. 开孔时，钻进速度宜慢，放下和提升钻头不得过猛。

5. 钻孔时，钻速不得过快或骤然变速；孔内弃土不得堆积在钻孔周围。

6. 在钻孔作业中高压软管不得与机架接触。

7. 钻机支撑要稳固。

8. 钻孔过程中，应随时检查钻机所在地面及液压支腿处的沉降情况，防止钻机倾斜。

9. 钻机安装时，机架应垫平，保持稳定，钻架顶端应用缆风绳对称张拉，地锚应牢固。

10. 清孔使用的高压水或高压风的管路接头，应连接牢固。

11. 在高压线或电气化铁路营业线附近施工，应在技术人员指导下做好防触电和防设备倾覆措施。

12. 卷扬机在收放钢丝绳时，严禁工作人员在其上跨越。卷扬机卷筒上的钢丝绳不得放完，应至少保留 4 圈，严禁人员拉钢丝绳卷绕。

13. 在作业过程中，当发现主机在地面及液压支撑处下沉时，应立即停机。待采取安全措施后，方可进行施工。

14. 起吊套管时，应使用专用工具吊装。

15. 机械转动时，禁止对机械部件进行擦洗、拆卸和维修；禁止跨越传动皮带、转动部位或从其上方传递物件。

16. 当钻进发生困难或不能钻进时，应及时上报，待采取有效措施后，继续钻进施工。

17. 在吊车进行吊装作业时，其吊装作业范围内，不得有人员进行其他施工。

续上表

重点强调： 1. 钻孔作业中高压软管不得与机架接触。 2. 作业人员必须穿戴好劳保用品。 3. 在吊车进行吊装钢套管时，其吊装作业范围内，不得有人员进行其他施工。 4. 禁止无关人员进入施工现场。					
审核人		交底人		接受交底负责人	
作业班组全体签名：					

旋挖钻机造孔安全交底

编号：

施工单位	
工程名称	
分部分项工程	
工　　种	

交底内容：

一、主要危险源与危害因素

1. 发现钻头和钻杆有滑扣现象，仍继续使用。

2. 钻机施工时，人员在钻机回旋半径内行走、施工。

3. 私自拉接电线。

4. 作业人员酒后作业。

5. 作业人员未戴好安全帽。

二、安全注意事项

1. 钻机的施工场地及走行道路应处理平坦坚实。

2. 钻机安装时，机架应垫平，保持稳定，钻架顶端应用缆风绳对称张拉，地锚应牢固。

3. 钻孔时，钻速不得过快或骤然变速；孔内弃土不得堆积在钻孔周围。

4. 钻机作业时，在吊臂转动范围内不得有人员走动或进行其他作业。

5. 停钻后，钻头应提出孔外安全放置。

6. 钻孔作业过程中，应观察主机所在地面和支腿支承处地面变化情况，发现有下沉现象应及时停机处理。因故停机时间较长时，应将套管口保险钩挂牢。

7. 移动钻机前必须把钻杆、钻具、动力头等尽可能置于较低的位置。

8. 应在技术人员的指导下进行旋挖钻机场内转移。

9. 提钻、下钻时，应轻提轻放。钻机下和桩孔周围 2 m 以内及高压胶管下不得站人。

10. 护筒周围不得站人。

11. 钻机各部位要安装紧固，转动部位和传动带应有防护罩，钢丝绳完好，离合器、制动带功能良好。

12. 作业前要检查各转动机构、主要部位连接螺栓、钢丝绳等，均正常后，方可进行作业。

13. 拆钻时钻头接头要拧紧。

14. 钻孔时，当机架出现摇晃、移动、偏移或钻头发生有节奏的响声时，应立即停钻，待技术人员检查允许后，方可继续施钻。

15. 发生卡钻，应及时上报，不得强提。

16. 发生掉钻，应在技术人员的指导下进行打捞，严禁擅自打捞。

17. 严禁乱拉乱接电线。

18. 严禁酒后上岗作业。

19. 作业人员必须穿戴好劳保用品。

续上表

<table>
<tr><td colspan="6">重点强调：
1. 发生卡钻，应及时上报，不得强提。
2. 发生掉钻，严禁擅自打捞。
3. 严禁乱拉乱接电线。
4. 提钻、下钻时，应轻提轻放。钻机下和桩孔周围 2 m 以内及高压胶管下不得站人。
5. 钻机作业时，在吊臂转动范围内，不得有人员走动或进行其他作业。
6. 严禁酒后上岗作业。</td></tr>
<tr><td>审核人</td><td></td><td>交底人</td><td></td><td>接受交底负责人</td><td></td></tr>
<tr><td colspan="6">作业班组全体签名：</td></tr>
</table>

岩溶地质条件下钻孔安全交底

编号：

施工单位	
工程名称	
分部分项工程	
工　　种	

交底内容：

一、主要危险源与危害因素

1. 擅自抽取溶岩地质条件地区的地下水。

2. 发生卡钻，仍盲目施钻。

3. 发生漏浆、串浆时，未及时上报。

4. 发生掉钻后，盲目打捞。

二、安全注意事项

1. 钻机的施工场地及走行道路应处理平坦坚实。

2. 禁止无关人员进入施工现场。

3. 钻机安装时，机架应垫平，保持稳定，钻架顶端应用缆风绳对称张拉，地锚应牢固。

4. 钻孔前，应在技术人员指导下将钻孔泥浆及填充材料准备充足。

5. 钻孔时，钻速不得过快或骤然变速；孔内弃土不得堆积在钻孔周围。

6. 在高压线或电气化铁路营业线附近施工，应在技术人员指导下做好防触电和防设备倾覆措施。

7. 应在技术人员的指导下对不良地质进行处理。

8. 施工时，禁止抽取岩溶地质条件地区的地下水。

9. 配电箱以及其他供电设备不得置于水中或者泥浆中。

10. 吊车及钻机工作之前必须进行机械安全检查。

11. 冲、钻孔前要检查各传动箱润滑油是否足量，各连接处是否牢固，泥浆循环系统（离心泵）是否正常，确认各部件性能良好后，才可开始作业。

12. 钻机钻进过程中出现晃动、钻杆跳动或不进尺等异常情况，必须停机检查，不得盲目钻进。

13. 遇到卡钻，应立即停车并上报。

14. 发生漏浆、串浆时应及时上报。

15. 发生掉钻，严禁擅自进行打捞。

16. 在架空电线下方移动桩机时，钻杆必须保持与高压电线的安全距离。

续上表

重点强调： 1. 作业人员必须穿戴好劳保用品，不得擅离职守。 2. 禁止无关人员进入施工现场。					
审核人		交底人		接受交底负责人	
作业班组全体签名：					

钻孔桩钢筋笼作业与混凝土浇筑安全交底　　编号：

施工单位	
工程名称	
分部分项工程	
工　　种	

交底内容：

一、主要危险源与危害因素

1. 人工绞磨拉直钢筋时，用胸、肚接触推杠。

2. 随意抛掷钢筋。

3. 作业人员酒后上岗作业。

二、安全注意事项

1. 在高压线或电气化铁路营业线附近施工，应有防触电和防设备倾覆措施。

2. 作业人员必须穿戴好劳保用品。

3. 严禁酒后上岗作业。

4. 施工现场，无关人员禁止进入。

5. 各种电气设备必须有漏电保护装置和可靠安全接地装置。

6. 钢筋笼作业：

(1)拉直钢筋，卡头要卡牢，地锚要结实牢固，拉筋沿线 2 m 区域内禁止行人。

(2)人工绞磨拉直钢筋，不准用胸、肚接触推杠，并缓慢松解，不得一次松开。

(3)钢筋弯曲机、钢筋调直机、切断机、砂轮切断机应安装平稳固定。

(4)加工较长的钢筋时，应有专人帮扶，并听从指挥，不得任意推拉。

(5)钢筋加工前，钢筋表面的油渍、漆污、浮皮、铁锈等应清除干净。

(6)钢筋笼骨架要编号，在两端应均匀设置吊点。

(7)钢筋笼的入孔要根据编号先后顺序进行，不得随意颠倒顺序进行。

(8)起吊钢筋架时，做到稳起稳落，安装牢靠后脱钩。

(9)钢筋笼安装过程中必须注意：焊接完毕或者机械连接完毕后，必须检查人员的脚是否收回到安全位置，以防钢筋笼放下时扭伤脚甚至将人员带入桩孔中。

(10)钢筋笼加工过程中，不得随意抛掷钢筋。

7. 混凝土浇筑作业：

(1)水下浇筑混凝土时，应搭设浇筑工作平台，并设井口防护，确保施工操作人员安全。

(2)拆卸导管时，应在导管完全松开后，方可起吊移开；采用人工抬运导管时，应有防滑措施。

(3)导管提升后继续浇筑混凝土前，必须检查其是否垫稳或者挂牢。

(4)混凝土浇筑过程中，混凝土搅拌运输车倒车时，指挥人员必须站在司机能够看到的固定位置，防止指挥人员走动过程中栽倒而发生机械伤害事故。

续上表

<table>
<tr><td colspan="6">重点强调：
1. 作业人员必须穿戴好劳保用品。
2. 各种电气设备必须有漏电保护装置和可靠安全接地装置。
3. 严禁酒后上岗作业。
4. 施工现场，无关人员禁止进入。</td></tr>
<tr><td>审核人</td><td></td><td>交底人</td><td></td><td>接受交底负责人</td><td></td></tr>
<tr><td colspan="6">作业班组全体签名：</td></tr>
</table>

深水钻孔桩固定平台安全交底

编号：

施工单位	
工程名称	
分部分项工程	
工　　种	

交底内容：

一、主要危险源与危害因素

1. 违章吊装作业。
2. 非专业潜水员下水作业；潜水作业区有其他作业。
3. 酒后上岗作业。
4. 输电线路老化，未及时更换。

二、安全注意事项

1. 作业人员必须穿戴好劳保用品；高处作业人员必须系好安全带。
2. 严禁酒后上岗。
3. 严禁非专业潜水员下水作业。
4. 平台钢管桩之间及顶部纵横梁之间的连接应焊接牢固。
5. 遇 6 级及以上强风(含 6 级)、浓雾等恶劣气候，不得进行水上作业。暴风雪及台风暴雨前后，应对水上作业设施逐一检查，发现有松动、变形、损坏或脱落等现象，应及时修理完善。
6. 攀登用的用具，必须牢固可靠，梯子底部应坚实，不得垫高使用，梯子的上端应有固定措施。
7. 平台在使用期间，对脱焊、结构变形较大或存在安全隐患的部位要及时维修和加固。
8. 要定期检查输电线路，发现问题立即处理。
9. 水上各类船只禁止超载。
10. 严禁违章吊装作业。

重点强调：

1. 水上各类船只禁止超载。
2. 严禁非专业潜水员下水作业。

审核人		交底人		接受交底负责人	

作业班组全体签名：

岩溶区钻孔桩施工安全交底　　编号：

施工单位	
工程名称	
分部分项工程	
工　　种	

交底内容：

一、主要危险源与危害因素

1. 作业人员不懂断桩判定方法，盲目灌注。

2. 钻进过程中发现明显漏浆时，未迅速提钻，操作人员未迅速离开钻机。

二、安全注意事项

1. 钻进过程中如发现明显漏浆，应迅速提钻，操作人员迅速离开钻机；避免安全事故发生，并及时补浆，向孔内抛填块石、黏土、水泥包等，达到堵漏、防止塌孔的目的，直至泥浆面稳定为止。

2. 灌注过程中下料正常，但泥浆面不动或反出量较小，这种情况可判断为人造孔壁出现空洞，使得混凝土流入溶洞内部。混凝土灌注过程中出现这种情况应立即联系拌和站，备足混凝土，继续灌注，直至反出的泥浆量正常，再恢复正常灌注。

3. 灌注过程中泥浆面突然下降，这种情况可判断为人造孔壁被击穿，此时必须立即暂停灌注，测量混凝土面高度，计算导管埋深，如果导管埋深不满足规范要求的 2～4 m 则必须停止灌注，按断桩处理；如果导管埋深满足规范要求的 2～4 m，应立即恢复灌注，直至泥浆面不再继续下降，此时再量测混凝土面高度，计算导管埋深，如果导管埋深满足规范要求的 2～4 m，应立即恢复灌注，如果导管埋深不满足规范要求必须停止灌注，按断桩处理。

4. 灌注即将结束时泥浆面骤然下降，导管从混凝土中脱离，这种情况必须按照断桩处理。测量孔内混凝土面高度，如果混凝土面标高低于溶洞顶标高则在后续处理中采用钢护筒跟进法处理溶洞；如果混凝土面标高高于溶洞顶标高则可在混凝土达到一定强度后重新钻孔，钻进过程中必须密切关注穿越此溶洞位置时泥浆面的变化，如果无漏浆现象说明此溶洞已被混凝土封闭，可继续钻孔，如果出现漏浆现象则必须采用钢护筒跟进法处理溶洞，防止在混凝土灌注中孔壁再次被击穿。

重点强调：

1. 作业人员应准确掌握是否断桩的判定。

2. 钻进过程中如发现明显漏浆，要迅速提钻，操作人员迅速离开钻机。

审核人		交底人		接受交底负责人	

作业班组全体签名：

人工挖孔施工安全交底(通用)　　编号：

施工单位	
工程名称	
分部分项工程	
工　　种	

交底内容：

一、主要危险源与危害因素

1. 孔口堆放重物。

2. 孔内涌出大量可燃有害气体时，在孔内吸烟。

3. 孔口浮土未及时清理。

二、安全注意事项

1. 作业人员必须戴好安全帽。

2. 严禁酒后上岗作业。

3. 施工现场，严禁烟火。

4. 孔口围圈应高出地面 0.3 m 以上，并在技术人员的指导下设好防护栏。夜间作业时应悬挂示警红灯。

5. 孔口不得堆集土渣及沉重机具。

6. 施工前，必须对吊机、吊钩等起吊设施进行检查，合格后方可作业。

7. 向孔内递送物品时，严禁抛掷。

8. 孔内作业时，孔口看守人员应随时与孔内人员保持联系，并随时注意护壁变化及孔底施工情况，发现异常时，应立即协助孔内人员撤出。

9. 必须按技术人员要求在孔内设置好应急软梯。

10. 井下作业人员如感觉头晕、乏力、恶心、呼吸困难时及时通知井上人员寻求救助。

11. 应在技术人员指导下设置好桩孔护盖。

12. 取土吊斗升降时，挖土人员应在护盖下面工作。

13. 绞车、绞绳、吊斗、卷扬机等机具必须经常检查维修。

14. 当采用混凝土护壁时，应随挖随护，每一循环进尺不得超过 1 m，开挖后必须随即施作钢筋混凝土护壁。护壁经验收合格后，方可继续下挖。

15. 要在技术人员指导下对挖孔作业区域实行隔离设置，严禁无关人员及车辆通过。

16. 不施工时应在孔口加设好盖板及明显标志(如：严禁踩踏)。

17. 孔上人员向孔内运送模板、盖板及其他工具时，必须系牢。

18. 作业人员必须使用专用软梯上下孔桩。

19. 施工场地内一切电源、电器的安装拆除，必须由专业电工操作。

20. 严禁私拉电线。

续上表

<table>
<tr><td colspan="6">重点强调：
1. 孔内人员上下不得携带任何工具和材料。
2. 孔口不得堆集土渣及沉重机具。
3. 施工场地内一切电源、电器的安装拆除，必须由专业电工操作。
4. 向孔内递送物品时，严禁抛掷。
5. 作业人员必须使用专用软梯上下孔桩。</td></tr>
<tr><td>审核人</td><td></td><td>交底人</td><td></td><td>接受交底负责人</td><td></td></tr>
<tr><td colspan="6">作业班组全体签名：</td></tr>
</table>

挖孔桩孔内岩石爆破安全交底

编号：

施工单位	
工程名称	
分部分项工程	
工　　种	

交底内容：

一、主要危险源与危害因素

1. 处理盲炮时有其他人员在附近做其他工作。

2. 装药时用力挤压或用铁棍装药。

3. 穿化纤衣服进行爆破材料的输送等工作。

4. 在施工现场抽烟。

二、安全注意事项

1. 作业人员必须穿戴好劳保用品。

2. 接触爆破材料的人员不许穿化纤衣服。

3. 施工现场严禁烟火。

4. 桩孔内岩石需要爆破时应严格控制装药量，孔口应加防护盖，以防止石渣飞出。邻近孔的作业人员应撤离至安全地带。

5. 应经常检查有害气体浓度，二氧化碳含量超过 0.1%时，其他有害气体超过允许浓度或孔深超过 10 m 时，均应在安全员的指导下采用机械通风措施。

6. 爆破后要迅速排烟，及时清除松动石块、土块。

7. 爆炸物品的器材必须轻拿轻放，并严防在装卸过程中丢掉爆破器材。向钻孔内运送药包时，应慢速下放。

8. 雷管和炸药不能堆放在一起。

9. 在技术人员指导下对邻近炮眼的护壁混凝土加以防护。

10. 装药应使用竹、木棍装药，不得用力挤压，禁止用铁棍装药。

11. 人工打眼注意事项：①打眼前应将周围的松动土清除干净，若用支撑加固时，应检查支撑是否牢固；②打眼人员必须精力集中，锤击要稳、准，并击于钢钎中心，严禁互相对面打锤（下图所示位置）；③应经常检查锤头与锤把连接是否牢固。

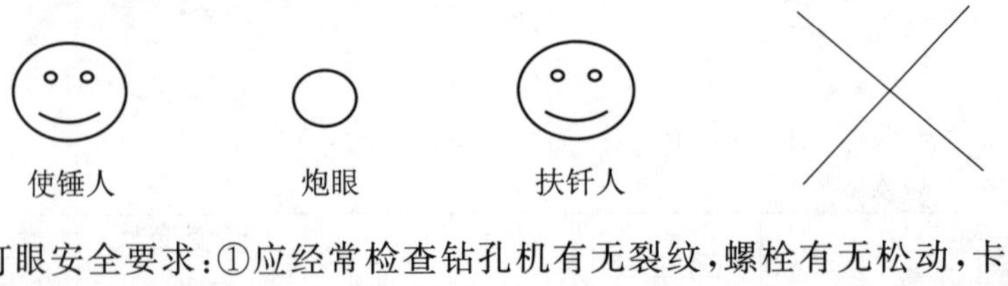

12. 机械打眼安全要求：①应经常检查钻孔机有无裂纹，螺栓有无松动，卡套和弹簧是否完整，确认无误后方可使用；②换钎、检查风钻和加油时，应先关闭风门，方准进行；③在进行中不得碰触风门以免发生伤亡事故；④操作中人员必须精力集中，发现不正常的声音或振动时，应立即停机进行检查，并及时排除故障后方可继续作业；⑤钻眼时机具要扶稳，钻杆与钻孔中心必须垂直。钻机运转过程中，严禁用身体支撑风钻的转动部分。

续上表

13. 爆破器材进入施工现场时，应在安全员指导下划定警戒范围，警戒范围内与爆破作业无关人员严禁进入现场。 14. 装药过程中不得拔出或硬拉起导爆管，必须保护好导爆管，不得踩踏或者被硬物硌到，不得对导爆管和炸药进行硬物冲击。 15. 严禁使用木质松软、有节疤、裂缝或腐朽的木把；钢钎和铁锤要平整，不得有毛边。 16. 堵塞要轻捣密实，不得用力挤实，应保证其堵塞质量与长度，并注意保护好起爆导火索或电雷管的脚线。 17. 处理盲炮时，严禁其他人员在附近做其他工作。 18. 严禁任何人私拿、倒卖、转借、赠送、丢失爆破材料。 19. 爆破前必须同时发出声响和视觉信号，使危险区内的人员都能清楚地听到和看到，并及时撤离。					
重点强调： 1. 严禁使用木质松软、有节疤、裂缝或腐朽的木把；钢钎和铁锤要平整，不得有毛边。 2. 作业人员必须穿戴好劳保用品。 3. 向钻孔内运送药包时，应慢速下放。 4. 处理盲炮时，严禁其他人员在附近做其他工作。 5. 接触爆破材料的人员不许穿化纤衣服。 6. 严禁任何人私拿、倒卖、转借、赠送、丢失爆破材料。					
审核人		交底人		接受交底负责人	
作业班组全体签名：					

承台施工安全交底

编号：

施工单位	
工程名称	
分部分项工程	
工　　种	

交底内容：

一、主要危险源与危害因素

1. 设备带病作业。

2. 操作平台不牢靠。

3. 掏凿超灌桩头混凝土。

二、安全注意事项

1. 工作时作业人员必须按规定穿戴好个人防护用品。

2. 特殊工种(如电焊工、电工)必须持证上岗。

3. 操作平台及支撑系统应连接牢固。

4. 严禁违章用电。

5. 严禁使用带病设备作业。

6. 任何电器设备未经验电，一律视为有电，开关跳闸后，须检查后方可送电，不得强行送电。

7. 在围堰内除土、吸泥或抽水时，应在技术人员指导下采取防止围堰倾斜的措施。

8. 高承台结构中，当承台及墩身混凝土浇筑完成后，应在技术人员指导下将承台顶面以上的钢结构切除，以免危及通航船只的安全及造成洪水期漂浮物堆积。

9. 凿除超灌桩头混凝土应符合下列要求：

(1)凿除应自上而下顺序进行，严禁掏凿。

(2)两人作业时，应相互呼应，协调配合，多人作业时应设专人指挥。

(3)使用风动工具必须严格按操作规程进行作业，作业人员应佩戴防护用品。

(4)手工凿除时，大锤必须安装牢固，扶钎人应使用夹具，不得徒手扶钎，使锤人不得戴手

续上表

<table>
<tr><td colspan="6">套，不得与扶钎人面对面操作（如图所示）。

（5）应及时清除拆除的碎块。
10. 停电工作时，应将附近电源的油开关拉开，经过放电后，再用检电器检查线路上是否存在电压，同时将“有人工作，禁止合闸”的警示牌挂在开关设备的危险处，谁挂谁取。不准带负荷拉闸操作。
11. 必须在技术人员指导下做好排水设施。
12. 焊钳、电焊线应经常检查、保养，发现有损坏应及时修好或更换，焊接过程发现短路现象应先关好焊机，再查找短路原因，防止焊机烧坏。
13. 接拆电焊机电源线或电焊机发生故障，应会同电工一起进行修理，严禁作业人员私自修理。
14. 向基槽内吊送材料和工具时，应设溜槽或绳索系放，不得抛掷。
15. 使用振动机前应检查电源电压，输电线路必须安装漏电开关；检查保护电源线路是否连好，机械运转是否正常。
16. 振动机移动时，不能硬拉电线，更不能在钢筋和其他锐利物上拖拉。
17. 钢筋切断机作业前，应先进行试运转，检查刃口是否松动，运转正常后，方能进行切断作业。
18. 工作完毕，必须断掉龙头线接头，检查现场，切断电源。</td></tr>
<tr><td colspan="6">重点强调：
1. 任何电器设备未经验电，一律视为有电，开关跳闸后，须检查后方可送电，不得强行送电。
2. 凿除超灌桩头混凝土时，严禁掏凿。
3. 手工凿除超灌桩头混凝土时，大锤必须安装牢固，使锤人不得戴手套，不得与扶钎人面对面操作。</td></tr>
<tr><td>审核人</td><td></td><td>交底人</td><td></td><td>接受交底
负责人</td><td></td></tr>
<tr><td colspan="6">作业班组全体签名：</td></tr>
</table>

第四节　沉井基础与地下连续墙基础施工安全交底

筑岛沉井下沉作业安全交底　　编号：

施工单位	
工程名称	
分部分项工程	
工　　种	

交底内容：

一、主要危险源与危害因素

1. 刃脚处掘进不均匀。

2. 涌水、涌砂量大时，井内施工人员撤离不及时。

3. 超挖超吸。

4. 采用加载助沉时，加载或卸载范围内有其他作业。

二、安全注意事项

1. 作业人员必须佩戴好安全防护用品。

2. 作业人员不得在刃脚和隔墙附近停留、休息。

3. 制造底节沉井时，脚手架平台应搭设牢固，模板支撑要安装牢固。

4. 采用人工挖土机械运输时，土斗装满后，待井下人员躲开，并发出信号后，方可起吊。

5. 井上搭设的抽水机台座(架)必须安装牢靠。电路应使用防水胶线，防止漏电。

6. 应按技术人员要求在沉井顶面设好安全防护围栏，给井顶上的机具设好防护挡板。

7. 用吊斗出土时，斗梁与吊勾应封绑牢固，并应检查斗梁、斗门等磨损情况。

8. 刃脚处要掘进均匀。

9. 储气罐放置地点应通风，严禁日光曝晒和高温烘烤。操作人员应经专业培训，持证上岗。

10. 沉井各室均应悬挂钢梯及安全绳。涌水、涌砂量大时，井内施工人员应及时撤离。

11. 挖土下沉过程中应有专人指挥，井内不得采用人工和机械同时挖土。

12. 沉井下沉前应把井壁上拉杆螺栓和圆顶割掉，在不排水下沉时，应全部清除井内障碍和插筋。

13. 在抽承垫木及下沉时，严禁人员从刃脚、底梁和隔墙下通过。

14. 沉井下沉采用加载助沉时，加载或卸载范围内，应停止其他作业。

15. 采用井内抽水强制下沉时，井上人员应离开沉井。

16. 采用水力机械时，水枪和吸泥机应进行试运转，各连接处应严密不漏水。

17. 安装、拆卸导管或漏斗过程中，要听从技术人员指挥。

18. 沉井各室均应悬挂钢梯及安全绳。

19. 沉井下沉时，不得先挖沉井外圈土，应在刃脚处均匀掘进，保持沉井均衡下沉。

20. 要在技术人员指导下做好施工现场的排水、防水措施。

续上表

<table>
<tr><td colspan="6">21. 严禁私接私拉电线。
22. 严禁超挖超吸。
23. 潜水员用手扶持吸泥机作业时，严禁用手和脚去探摸吸泥机头部或骑在吸泥机弯头上。</td></tr>
<tr><td colspan="6">重点强调：
1. 沉井下沉时，不得先挖沉井外圈土，应在刃脚处均匀掘进，保持沉井均衡下沉。
2. 作业人员不得在刃脚和隔墙附近停留、休息。
3. 潜水员用手扶持吸泥机作业时，严禁用手和脚去探摸吸泥机头部或骑在吸泥机弯头上。</td></tr>
<tr><td>审核人</td><td></td><td>交底人</td><td></td><td>接受交底
负责人</td><td></td></tr>
<tr><td colspan="6">作业班组全体签名：</td></tr>
</table>

浮式沉井下沉作业安全交底

编号：

施工单位	
工程名称	
分部分项工程	
工　　种	

交底内容：

一、主要危险源与危害因素

1. 沉井下沉不稳定。

2. 作业人员酒后作业，疲劳作业。

3. 风浪过大，造成船舶摇晃时，仍继续施工作业。

二、安全注意事项

1. 作业人员必须佩戴好安全防护用品，不得擅离职守。

2. 严禁酒后作业，疲劳作业。

3. 浮式沉井在下水前，应在技术人员的指导下底节做水密性试验，其余各节应进行水密性检查，合格后方可下水。

4. 接高时，必须均匀对称加载，沉井顶面应高出施工时水位 1.5 m 以上。

5. 采用水力机械时，井内作业面与水泵操作人员应建立通信联系。水力机械的水枪和吸泥机要进行试运转，各连接处应严密不漏水。

6. 带气筒的浮式沉井，应在技术人员指导下对气筒加强防护。

7. 沉井要稳定下沉。

8. 临时性井底的浮式沉井及浮式双壁沉井，应按技术人员的要求控制各灌水隔舱的水头差。

9. 采用水下混凝土封底时，固定导管和料斗的井架应搭设牢固。

10. 安装、拆卸导管或漏斗过程中，作业人员要听从指挥。

11. 潜水员应与现场指挥人员及时有效地联系。

12. 潜水员用手扶持吸泥机作业时，严禁用手和脚去探摸吸泥机头部或骑在吸泥机弯头上。

13. 雨雪天气进行水上平台作业时必须按要求采取防滑、防寒、防冻措施。

14. 遇有 6 级以上强风(含 6 级)、浓雾等恶劣天气，不得进行水上作业。

15. 因作业必须临时拆除或移动安全防护设施时，必须经有关负责人签字同意，并采取相应的可靠措施，作业后立即恢复。

16. 在施工过程中发现安全隐患时应立即上报。

续上表

重点强调： 1. 潜水员用手扶持吸泥机作业时，严禁用手和脚去探摸吸泥机头部或骑在吸泥机弯头上。 2. 浮运沉井的防水围壁露出水面的高度，在任何时候均不得小于 1 m。					
审核人		交底人		接受交底负责人	
作业班组全体签名：					

地下连续墙基础施工安全交底　　编号：

施工单位	
工程名称	
分部分项工程	
工　　种	

交底内容：

一、主要危险源与危害因素

1. 成槽机、起重机工作时，吊臂下站人。

2. 挖槽未采用间隔式开挖。

3. 保护设施不齐全、监护人员不到位时，人员下槽、孔内清理障碍物。

4. 导墙混凝土强度未达到设计规定前，开挖该导墙槽段下的土方。

5. 遇到阻碍时仍强行下放钢筋笼。

二、安全注意事项

（一）成槽施工

1. 挖槽时，抓斗中心平面应与导墙中心平面相吻合。

2. 成槽机、起重机工作时，吊臂下严禁站人。

3. 单元槽段长度应符合设计规定，并采用间隔式开挖，一般地质应间隔一个单元槽段。

4. 挖槽过程中，应观测槽壁变形、垂直度、泥浆液面高度，并应控制抓斗上下运行速度。

5. 槽段挖至设计高程后应及时检查槽位、槽深、槽宽和垂直度，并做好记录，然后进行清底。

6. 清底应自底部抽吸并及时补浆，清底后的槽底泥浆比重不应大于 1.15，沉淀物淤积厚度不应大于 100 mm。

7. 开挖到槽底设计高程后，应对成槽质量进行检查，确认符合技术规定并记录。

8. 现场应设泥浆沉淀池，周围应设防护栏杆；废弃泥浆和钻渣应妥善处理，不得污染环境。

9. 挖槽应按已划分的单元节段，决定各段开挖先后次序。开始后应连续进行，直至节段完成。

10. 挖掘的槽壁和接头处应竖直，竖直度允许偏差应符合技术规定；接头处相邻两槽段中心线在任一深度的偏差值不得大于墙厚的 1/3。

11. 成槽机械开挖一定深度后，应立即输入调好的泥浆，并保持槽内浆面不低于导墙顶面 0.3 m。泥浆浓度应满足槽壁稳定的要求，重复使用的泥浆如性能发生变化，应进行再生处理。

12. 准备一定数量黏土，出现塌孔情况时立即回填黏土，避免槽壁坍塌范围扩大。

13. 挖槽时应加强观测，遇槽壁发生坍塌、沟槽偏斜等故障时，应立即停止作业，查明原因，采取相应的安全技术措施，待确认安全后，方可继续作业。

14. 遇严重大面积坍塌，应先退出挖掘机械，应采取安全技术措施确认安全后方可挖掘。

续上表

15. 清理槽底和置换泥浆工作结束 1 小时后，应检查槽底以上 0.2 m 处的泥浆密度，确认符合施工设计的规定；并检查槽底沉淀物厚度，确认符合施工设计的要求。 16. 清底前应检查节段平面、横截面和竖面位置。遇槽壁竖向倾斜、弯曲和宽度不足等超过允许偏差时，应进行修槽，并确认符合要求。 17. 节段接头处应用刷子或高压射水清扫。 18. 成槽过程中遇到底下障碍物时，采用自制的钢套箱入槽中打捞；遇到软硬土层突变时应及时调整施工参数，确保施工机械安全和成槽正常施工。 19. 成槽后，接头箱下放过程中如发现因坍方而导致接头箱无法下沉至规定位置时，不得强冲，先提起修槽后再放，锁口管应插入槽底以下 0.5～0.8 m。 20. 在保护设施不齐全、监护人员不到位的情况下，严禁人员下槽、孔内清理障碍物。 （二）连续墙施作 1. 起重机外露传动系统必须有防护罩，转盘方向轴必须设有安全警示。 2. 起重机工作前，必须检查距尾部的回转半径外 500 mm 内无障碍物。 3. 地下连续墙施工前，应平整场地，清除成槽范围内的地面、地下障碍物，对需要保留的地下管线应挖露出来，封堵地下空洞并测放出导墙位置。 4. 在施工二次结构前，墙体应凿毛，清理干净，调直预留钢筋，经检查合格后，方可施工二次结构。 5. 地下连续墙支护和基坑为软弱土层时，应在加固浆体达到设计强度后方可进行土方开挖。 6. 导墙施工应注意如下事项： (1)安装预制块导墙时，块件连接处应严密，防止渗漏。 (2)导墙分段施工时，段落划分应与地下连续墙划分的节段错开。 (3)导墙混凝土强度达到设计规定后，方可开挖该导墙槽段下的土方。 (4)混凝土导墙浇筑和养护时，重型机械、车辆不得在其附近作业。 (5)导墙土方开挖后，直至导墙混凝土浇筑前，必须在导墙槽边设围挡或护栏和安全标志。 (6)导墙模板拆除后，及时在两导墙间每隔 1 m 设型号为 ϕ100 圆木横撑 3 根，防止导墙变形失稳。 (7)导墙支撑应每隔 1～1.5 m 距离设置。 (8)导墙的平面轴线应与地下连续墙轴线平行，两导墙的内侧间距宜比地下连续墙体厚度大 40～60 mm。 (9)导墙底端埋入土内深度宜大于 1 m，基底土层应夯实，遇特殊情况应妥善处理。 (10)导墙顶面应高出地面，遇地下水位较高时，导墙顶端应高出地下水位。 (11)墙后应填土，并与墙顶平齐，全部导墙顶面应保持水平，内墙面应保持垂直。 7. 钢筋笼下放前必须对槽壁垂直度、平整度、清孔质量及槽底标高进行严格检查。 8. 下放过程中，遇到阻碍，钢筋笼放不下去时，不允许强行下放。 9. 如发现槽壁土体局部凸出或坍落至槽底，则必须整修槽壁，并清除槽底坍土后，方可下

续上表

放钢筋笼。

10. 严禁割短或割小钢筋笼。

11. 起重机吊钢筋笼时,应先吊离地面 0.2～0.5 m,检查起重机的稳定性,制动器的可靠性、吊点和钢筋笼的牢固程度确认后,才能继续起吊。

12. 两台起重机同时起吊,必须注意负荷的分配,每台起重机分担质量的负荷不得超过该机允许负荷的 80%,防止任何一台负荷过大造成事故。

13. 钢筋笼起吊时,必须对两台起重机进行统一指挥,使两台起重机动作协调相互配合,在整个起吊过程中,两台起重机的吊钩滑车组必须保持垂直状态。

14. 为了防止钢筋在吊装过程中产生不可复原的变形,各类钢筋笼均设置纵向抗弯桁架,拐角钢筋笼增设定位斜拉杆。

15. 为了保证钢筋笼吊装安全,宜用Ⅰ级钢筋和 A3 钢板做吊装环,吊环必须与钢筋相交的水平钢筋笼每个交点都焊接牢固。

16. 对于端头井拐角幅钢筋笼除设置纵、横向起吊桁架和吊点外,另需增设"人"字桁架和斜杆进行加强,以防止钢筋笼在空中翻转时发生变形。

17. 混凝土灌注应注意如下安全事项:

(1)钢筋笼就位后,应立即进行灌注,不得超过 4 小时。

(2)各导管储料斗内混凝土储量应保证开始灌注混凝土时埋管深度不小于 500 mm。

(3)各导管剪断隔水栓吊挂线后应同时均匀连续灌注混凝土,因故中断灌注时间不得超过 30 分钟。

(4)导管随混凝土灌注应逐步提升,其埋入混凝土深度应为 1.5～3.0 m,相邻两导管内混凝土高差不应大于 0.5 m。

(5)混凝土不得溢出导管落入槽内。

(6)置换出的泥浆应及时处理,不得溢出地面。

(7)混凝土灌注应高出设计高程 300～500 mm。

重点强调:

1. 成槽机、起重机工作时,吊臂下严禁站人。

2. 挖槽应按已划分的单元节段,决定各段开挖先后次序。开始后应连续进行,直至节段完成。

3. 在保护设施不齐全、监护人员不到位的情况下,严禁人员下槽、孔内清理障碍物。

4. 导墙混凝土强度达到设计规定后,方可开挖该导墙槽段下的土方。

5. 下放过程中,遇到阻碍,钢筋笼放不下去时,不允许强行下放。

6. 钢筋笼起吊时,必须对两台起重机进行统一指挥,使两台起重机动作协调相互配合,在整个起吊过程中,两台起重机的吊钩滑车组必须保持垂直状态。

审核人		交底人		接受交底负责人	

作业班组全体签名:

第三章　墩台施工安全交底

第一节　施工装备安全交底

施工脚手架搭拆与使用安全交底　　编号：

施工单位	
工程名称	
分部分项工程	
工　　种	

交底内容：

一、主要危险源与危害因素

1. 盲目进行搭建作业。

2. 未严格选用合格钢管。

3. 脚手架、工作平台搭设不牢固。

4. 在脚手架上超荷载堆放物料。

5. 未正确系好安全带等防护用具。

6. 施工期间，随意拆除脚手架上的受力杆件。

7. 将模板支架、缆风绳、混凝土输送泵管等固定在脚手架上或悬挂在塔吊设备上。

二、安全注意事项

1. 从事脚手架作业的人员要定期进行检查，有高血压、心脏病、贫血病、癫痫病及其他不适宜高处作业的人员，不得从事高处作业。

2. 搭建作业开始前，须经技术人员对脚手架的地基承载力和沉降要求进行校核，周围防、排水和防冻融等保护措施要到位，作业人员不要盲目搭建。

3. 搭设前应严格进行钢管的筛选，凡严重锈蚀、薄壁、严重弯曲裂变的管件不能采用。

4. 搭拆脚手架时，施工区域应设警戒标志。

5. 无可靠防护设施的高空作业人员必须系好安全带。

6. 脚手架要搭设牢固可靠，遇到较高或风力较大时，应增设缆风绳并锚固牢靠，必要时与桥墩拉结。

7. 脚手架在使用过程中，应进行定期检查和班前检查。如遇大风、大雨、撞击等特殊情况时，应对脚手架的强度、稳定性、基础等进行专项检查，若发现问题必须立即处理，未经处理、验收合格，严禁人员上架作业。

8. 脚手架在使用期间，严禁拆除主节点处的纵、横向水平杆，纵、横向扫地杆，固定连接件，不准任意改变脚手架的结构、用途，如必须改变排架结构，应征得原设计同意，经技术人员重新设计后，作业人员方可更改。

续上表

9. 在施工中，若发现脚手架有异常情况，应及时上报，经有关部门确认脚手架的安全稳定性后方可使用。

10. 在脚手架使用期间，作业平台上不得超载，四周设安全网，脚手板搁置必须牢固平整，不得有空头板。

11. 脚手架在使用期间，禁止在无任何安全措施的情况下利用脚手架吊运重物；严禁人员在架子上跑动、打闹。

12. 施工时不要在脚手架上密集堆放重量较大的物品，不得偏载堆放，以防止脚手架坍塌。

13. 拆除过程最好不要中途换人，如必须换人时，则应将拆除情况交代清楚。

14. 拆除过程中最好不要中断，如确需要中断应将拆除部分处理清楚告一段落，并检查是否会倒塌，确认安全后方可停歇。

15. 脚手架、工作平台应搭设牢固，不得与模板及其支撑体系连接。平台、步梯应设围栏，周边应张挂密目安全网。

16. 不要将模板支架、缆风绳、混凝土输送泵管等固定在脚手架上或悬挂在塔吊设备上，防止对脚手架或塔吊受到过大的拉力而倒塌。

重点强调：

1. 脚手架搭设前，地基承载力和沉降要求必须经过校核并符合规定，且周围采取防、排水和防冻融措施，严禁盲目施工。

2. 作业人员搭设脚手架前必须严格进行钢管的筛选。

3. 施工期间，作业人员严禁拆除脚手架上的任何受力杆件。

4. 严禁将模板支架、缆风绳、混凝土输送泵管等固定在脚手架上或悬挂在塔吊设备上。

审核人		交底人		接受交底负责人	

作业班组全体签名：

施工电梯使用安全交底

编号：

施工单位	
工程名称	
分部分项工程	
工　　种	

交底内容：

一、主要危险源与危害因素

1. 施工人员的安全意识差，思想麻痹，存在侥幸心理。

2. 操作人员技能差，操作不规范。

3. 施工人员精神状态不好，注意力不集中。

4. 施工电梯有异常情况未及时上报检修，带病作业。

5. 施工电梯超载超速作业。

6. 施工电梯内材料堆放参差不齐，载荷不均匀。

二、安全注意事项

1. 施工人员要提高自己的安全意识，杜绝思想麻痹、侥幸心理。

2. 机械操作人员上岗作业前要熟练掌握操作技能，按规范操作机械。

3. 施工时作业人员要有良好的精神状态，集中注意力。

4. 施工电梯应与墩身或基础连接牢固。每安装一个标准节，必须按照要求安装限位器。

5. 使用电梯前，应检查各部结构有无变形，螺栓有无松动，传动装置是否灵敏可靠，油路及电气开关是否正常，运行范围内有无障碍物等。

6. 电梯运行时，人员及物品不得露出安全栏外。

7. 施工电梯在每班首次载运时，必须从最底层上升，严禁从上而下，当吊笼离地面1～2 m时，要停车试验制动器的可靠性，如果发现制动器不正常，应立即检修，经修复后方可使用。

8. 电梯吊笼提升或下降前，应关好笼门，操作时人员要精力集中，严禁与他人闲谈，操作人员不准随意离开操作岗位。

9. 限速器、制动器、防坠安全器等必须由专人管理，并按规定进行调整试验、检查、维修。

10. 吊笼乘人或载物时，应使载荷均匀分布，防止偏重，严禁超载、超速运行。

11. 操作人员应与指挥人员密切配合，根据指挥信号进行操作，在升降机未切断电源前，操作人员不得离开岗位。

12. 吊笼运行中，如发现机械有异常情况，应立即停机检查，排除障碍后方可继续运行，严禁带病运行。滑道结冻应停止使用，暴风雨后，必须经有关人员对装置进行检查后，方可使用。

13. 升降机运行到最上层和最下层时严禁以行程限位开关自动停车来代替正常操作开关的作用。作业完毕，应将梯笼降到底层，各操纵器置零位后，切断电源。锁好开关箱和底笼门。

14. 风力达到6级及以上时应停止使用，并将梯笼降到底层。

续上表

<table>
<tr><td colspan="6">重点强调：
1. 施工人员要有强烈的安全意识，禁止思想麻痹、侥幸心理。
2. 施工人员必须精神状态良好，注意力集中。
3. 电梯异常时，要立即停止作业，并及时汇报给有关技术人员。
4. 施工电梯禁止超载、超速作业。</td></tr>
<tr><td>审核人</td><td></td><td>交底人</td><td></td><td>接受交底
负责人</td><td></td></tr>
<tr><td colspan="6">作业班组全体签名：</td></tr>
</table>

施工塔吊安装与使用安全交底 编号：

施工单位	
工程名称	
分部分项工程	
工　　种	

交底内容：

一、主要危险源与危害因素

1. 塔吊基础不牢固。

2. 塔吊安装顶升过程中采用吊臂回转的方法将吊臂制动。

3. 4 级及以上大风时，作业人员仍进行安装顶升作业。

4. 塔吊开始作业前，驾驶员未向其他作业人员发出注意安全的信号。

5. 塔吊钢丝绳磨损严重、扭曲时仍进行塔吊作业。

6. 施工中遇停电或电压下降时，未将控制器扳到零位和切断电源。

二、安全注意事项

1. 塔吊搭建时，塔身和基础要严格按照设计要求进行牢固安装。

2. 严禁将塔吊钢丝绳与模板支架、缆风绳等连在一起。

3. 风力在 4 级及以上时，不得进行塔身升降作业。在作业中风力突然增大达到 4 级时，必须立即停止作业，并紧固上、下塔身各连接螺栓。

4. 当同一施工地点有两台以上塔吊时，应保持两机间任何接近部位(包括吊重物)距离不小于 2 m。

5. 塔吊施工时，要按照相应规范进行正确的操作，严禁物体自由下降、吊臂回转制动等危险性操作。

6. 作业中，当停电或电压下降时，应立即将控制器扳到零位，并切断电源。操作人员临时离开操纵室时，必须切断电源。

7. 作业时，禁止对传动部分、运动部分以及运动件作维修、保养、调整等工作。

8. 驾驶员必须在规定通道内上、下塔吊，禁止从塔机上向下抛物。

9. 施工时，司机室的玻璃应平整清洁，不得影响司机的视线；停机时，应断开电源总开关，并打开高空指示灯。

10. 施工人员要对吊塔钢丝绳、滑轮等部位进行定期检查，不符合要求时要及时更换。

11. 要按规定填好设备运转记录表、检查保养记录、交接班记录。

12. 拆除塔吊时，所有参与拆卸作业的人员都应听从指挥，如发现指挥信号不清楚或有错误时应停止作业待联系清楚后再进行。

13. 拆装人员在进入工作现场时，应穿戴安全保护用品，高空作业时应系好安全带。熟悉并认真执行拆装工艺和操作规程，当发现异常情况或疑难问题时，应及时向技术人员反映，不得自行解决。

14. 塔吊开始作业前，驾驶员要通过鸣笛等方式向其他作业人员发出注意安全的信号。

续上表

<table>
<tr><td colspan="6">15. 在拆装过程中，当遇到天气剧变、突然停电、机械故障等意外情况，短时间不能继续作业时，必须使已拆装的部位达到安全稳定状态并固定牢靠，经有关人员检查确认无隐患后，方可停止作业。
16. 在拆装上回转、小车变幅的起重臂时，应根据出厂说明书的拆装要求进行，并保持起重机的平衡。</td></tr>
<tr><td colspan="6">重点强调：
1. 塔吊进行作业时，作业人员必须严格听从指挥，严禁违规操作。
2. 顶升过程中不得采用吊臂回转的方法将吊臂制动。
3. 4 级及以上大风或风力突然达到 4 级时，作业人员必须立即停止顶升作业。
4. 塔吊开始作业前，驾驶员必须向其他作业人员发出注意安全的信号。
5. 塔吊钢丝绳磨损严重、扭曲时禁止进行塔吊作业。
6. 作业中，当停电或电压下降时，要及时将控制器扳到零位和切断电源。</td></tr>
<tr><td>审核人</td><td></td><td>交底人</td><td></td><td>接受交底
负责人</td><td></td></tr>
<tr><td colspan="6">作业班组全体签名：</td></tr>
</table>

第二节　墩台施工作业安全交底

墩台大块模板施工安全交底　　　　编号：

施工单位	
工程名称	
分部分项工程	
工　　种	

交底内容：

一、主要危险源与危害因素

1. 施工人员未佩戴安全防护用品。

2. 模板吊装时，连接不牢固。

3. 上下重叠施工时，未按规定设置安全防护设施。

4. 未遵循正确的工序拆除模板。

5. 模板的强度、刚度、稳定性不能完全承受施工中可能出现的各种荷载。

6. 发现模板变形和支撑系统变化时，未立即上报。

二、安全注意事项

1. 所有施工人员不准穿拖鞋进入施工现场。进入施工现场的作业人员必须按规定戴好安全帽等防护用品。

2. 模板采用分段连接整体吊装时，应连接牢固。起吊安装过程中，应拴溜绳，不得碰撞模板和脚手架。

3. 凡患有高血压、心脏病、贫血病、癫痫病、四肢有残缺者，不能进行高空作业，饮酒后禁止从事高空作业。

4. 登高的梯子材质必须坚固，不得缺挡，并采取防护措施。

5. 上下重叠施工时，要按规定设置安全防护设施。

6. 施工前，模板的强度、刚度、稳定性要经过技术人员检查合格后，方可使用。

7. 墩台施工靠近既有道路时应采取可靠的安全防护措施，确保过往行人和车辆的安全。

8. 模板就位后，应立即用撑木等固定其位置，以防倾倒伤人。当借助吊机进行模板合缝时，模板底端应用撬棍等工具拔移，不得徒手操作。每节模板立好之后应上好连接器和上下两道箍筋，打好内撑，方可暂停作业；以保持稳定。

9. 在竖立模板过程中，上模板作业人员的安全带，必须拴在牢固地点，穿拉杆时应内外呼应。

10. 整体模板吊装前，应使模板连接牢固，内撑、拉杆、箍筋上紧，吊点正确牢固，起吊时，应拴好溜绳，并听从信号指挥。不得超载。

11. 大块模板、支撑系统应经技术人员检算合格后，才可以使用。

12. 拆除模具之前，必须设立禁区。拆除模板时，按规定的程序进行，先拴牢吊具挂钩，再拆除模板。模板、材料、工具不得随意抛扔。施工人员与拆下的模板之间要有一定安全距离。

13. 模板拆除应遵循自上而下、分节分块、先挂后拆的原则进行。

14. 施工过程中，若发现模板形变和支撑系统异常时要及时向技术人员汇报。

续上表

<table>
<tr><td colspan="6">重点强调：
1. 墩台模板采用分段连接整体吊装时，必须连接牢固。
2. 模板拆除严格遵循自上而下、分节分块、先挂后拆的原则进行。
3. 高处作业上下重叠施工时，必须按规定设置防护棚等安全防护设施。
4. 墩台作业人员发现模板形变和支撑系统变化后必须及时向技术人员汇报。</td></tr>
<tr><td>审核人</td><td></td><td>交底人</td><td></td><td>接受交底负责人</td><td></td></tr>
<tr><td colspan="6">作业班组全体签名：</td></tr>
</table>

高墩爬模施工安全交底

编号：

施工单位	
工程名称	
分部分项工程	
工　　种	

交底内容：

一、主要危险源与危害因素

1. 爬升体系未设置保险装置。

2. 架体提升时，工作人员仍在爬升的模板或爬架上作业。

3. 提升设备在提升前未作全面检查。

4. 模板组装完毕后未经技术人员检查合格，就进行浇筑混凝土作业。

5. 浇筑混凝土时，振捣器接触模板、对拉螺栓、钢筋或空心支撑。

6. 爬模时混凝土强度没有达到要求。

7. 爬模自身脚手架、接料平台、吊挂脚手架及安全网安装不牢固。

二、安全注意事项

1. 施工人员要按规定佩戴安全防护用品。

2. 高墩爬模应有足够的强度、刚度和稳定性。

3. 爬模自身脚手架平台、接料平台、吊挂脚手架及安全网应安装牢固。

4. 爬升体系应设保险装置。架体提升时，施工人员不能站在爬升的模板或爬架上，只许站在固定的爬架或模板上。

5. 提升设备在提升前应进行全面检查。用液压千斤顶作为提升设备时，除了纠偏需要外，千斤顶应同步进行作业。

6. 浇筑混凝土前，组装完毕的模板要经技术人员检验合格。

7. 浇筑混凝土时，应避免振捣器接触模板、对拉螺栓、钢筋或空心支撑。

8. 爬模前，混凝土强度经技术人员检测合格后，方可继续爬模。

9. 爬模的接料平台、脚手平台、拆模吊篮的荷载应均匀，不得超载。

10. 操作人员应背工具袋，存放工具和零件，防止物件跌落，禁止在高空向下抛物。

11. 爬升时，下面应设警戒区，设明显标志，防止无关人员进入。

12. 高空作业人员通道和上下扶梯搭设要牢固可靠，方便作业人员上下；端头邻边处所应按要求设置安全网，安全网布置要牢固可靠、严密、美观；安全防护网不得低于 1.2 m。

续上表

<table>
<tr><td colspan="6">重点强调：
1. 作业人员要严格按规定佩戴劳动防护用品。
2. 提升设备在提升前必须进行全面安全检查。
3. 浇筑混凝土时，振捣器严禁接触模板、对拉螺栓、钢筋或空心支撑。
4. 模板组装完毕，经技术人员检查合格后方可浇筑混凝土。
5. 爬模自身脚手架、接料平台、吊挂脚手架及安全网必须安装牢固。</td></tr>
<tr><td>审核人</td><td></td><td>交底人</td><td></td><td>接受交底
负责人</td><td></td></tr>
<tr><td colspan="6">作业班组全体签名：</td></tr>
</table>

高墩翻模施工安全交底　　编号：

施工单位	
工程名称	
分部分项工程	
工　　种	

交底内容：

一、主要危险源与危害因素

1. 重叠施工时未按规定设置防护棚。

2. 高处施工人员长时间疲劳施工。

3. 翻模时施工流程不当。

4. 高处作业前作业人员服用抑制神经性药物；高处作业时人员嬉戏打闹；高处作业临时停工时，人员在高空区睡觉。

二、安全注意事项

1. 所有进入作业区人员必须按规定佩戴安全帽等安全防护用品，遵章守纪，服从指挥。

2. 上下重叠施工时，要按规定设置安全防护设施。

3. 工作平台应和模板连为一体，提升时，吊机应分节分块提升并安装牢固。

4. 翻模分节分块的重量，应小于吊机的额定起重量。

5. 模板吊装时应缓慢提升和移动，严禁作业人员攀附在模板上或者模板侧的工作平台上。

6. 作业人员饮酒后严禁施工，服用某些抑制神经性药物时不能高处施工。

7. 长时间施工造成身体不适，要及时与技术人员沟通，并停止作业。

8. 墩台施工靠近既有道路时应采取可靠的安全防护措施，确保过往行人和车辆的安全。

9. 高处临边作业时，必须先焊制性能良好、坚固耐用的临边作业防护栏。

10. 高空作业的下方地面，严禁堆放脚手架、跳板或其他杂物，地面人员禁止在高空作业下方停留。

11. 翻模拆除要按照与组装的相反顺序进行。先拆除模板，后拆除平台。

12. 施工区内，参与施工的全体人员要相互提醒模板的动态。

13. 高处作业时，作业人员禁止嬉戏打闹；临时休息时，禁止高空区睡觉。

重点强调：

1. 作业人员必须按规定佩戴劳动防护用品。

2. 高处作业前服用某些抑制神经性药物的人员不能进行作业。

3. 高处作业人员严禁长时间疲劳作业，精神状态不佳时禁止作业。

4. 高处作业时，作业人员严禁嬉戏打闹；高处作业临时停工时，禁止人员在高空区睡觉。

审核人		交底人		接受交底负责人	

作业班组全体签名：

第三节 盖梁施工安全交底

盖梁支架和脚手架作业安全交底　　　　编号：

施工单位	
工程名称	
分部分项工程	
工　　种	

交底内容：

一、主要危险源与危害因素

1. 盖梁支架和脚手架地基不合格。

2. 盖梁承重支架(满堂排架)无纵、横向扫地杆。

3. 盖梁脚手架与承重支架相互连接。

4. 随意拆除脚手架的防护杆件。

5. 临边作业材料堆放不稳,高处作业工具随意放置,随意抛扔物件。

二、安全注意事项

(一) 地基处理

1. 盖梁支架和脚手架的地基应按施工组织设计要求进行,一般采取先用压路机碾压,人工整平后,再在土基上铺设枕木或路基箱板作为支架基础的方法,或在土基上铺设 10 cm 厚道砟,然后铺设 15 cm 厚混凝土的方法处理。

2. 地基处理必须经验收合格后,方可进行盖梁支架和脚手架的搭设。

(二)盖梁承重支架(满堂排架)

1. 盖梁承重支架作为盖梁模板的支护系统,其立杆底部应有通长的槽钢或厚度不小于 5 cm 的木板且上设有 100 mm×100 mm 的钢板作垫衬;立杆的纵、横向间距,横杆的步距、剪刀撑的位置必须符合有关规定。

2. 必须设置纵、横向扫地杆,纵向扫地杆应采用直角扣件固定在距底座 200 mm 处的立杆上。横向扫地杆亦应采用直角扣件固定在紧靠纵向扫地杆下方的立杆上。当立杆基础不在同高度上时,必须将高出的纵向扫地杆向低处延长两跨与立杆固定,高差不应大于 1 m。靠边坡上方的立杆轴线到边坡的距离不应小于 500 mm。

3. 盖梁支架横杆的布距应严格按施工组织设计要求进行搭设。

4. 立杆的接长除顶层顶部可采用搭接外,其余各层各部位的接头必须采用对接扣件连接。

5. 立杆上的对接扣件必须交错布置;两根相邻立杆的接头不应设置在同步内,同步内隔一根立杆的两个相隔接头在同高度方向错开的距离不宜小于 500 mm。各接头至主接点的距离不宜大于步距的 1/3;搭接长度不小于 1 m,应采用不少于两个旋转扣件固定,端部扣件盖板的边缘至杆端距离不小于 100 mm。

6. 斜撑与剪刀撑必须按施工组织设计要求设置。

(三)盖梁脚手架

1. 盖梁脚手架部分与承重支架必须分隔设置,操作脚手架一般采用双排落地脚手架,在底模每边设置宽度 1 m 左右的作业通道,作业通道的内、外侧必须设置临边防护,并且用密目

续上表

式安全网围护。对于高度较高的盖梁，脚手架应相应设置多层作业通道，确保脚手架防护高度高于地面施工作业面 1 m 以上。脚手架必须可靠接地。 2. 搭设完毕的盖梁承重支架和脚手架，必须经验收合格挂牌后，方可投入使用。 3. 市政工程的盖梁一般均较大，因此必须在盖梁底模上搭设适配的支架盖梁定型钢筋定位稳固，进而进行绑扎、焊接作业。严禁作业人员在起重机悬吊的定型钢筋片上进行定位等作业。 4. 严禁在吊运盖梁模板及钢筋等作业时随意拆除脚手架的防护杆件。 5. 盖梁定型钢筋、模板的吊运，必须设专职起重指挥，并遵守相应安全操作规程，作业区设专人监护。 6. 在脚手架通道外作业的高处作业人员，必须系好安全带、挂好安全钩。 7. 预应力盖梁的穿索，必须设专人指挥和监护，严防钢索滑落或触及高压架空线路。 8. 张拉作业必须在脚手架上进行，脚手架的端头应设置防护板，并按张拉作业安全要求进行操作。 9. 涉及交通道的盖梁施工，必须在交通道上方设置有效的隔离措施，确保交通道安全。 10. 对于高度低于 6 m ，又正好在交通道上的盖梁施工，必须事先征得交通管理部门的同意，按交通管理部门的要求采取安全措施后，方可进行施工；盖梁支架的任何杆件和物件，严禁进入开放的交通道。 11. 盖梁支架若数量不多，形状变化又较多时，一般考虑搭设满堂式支架，但有时盖梁形式单一，又具备一定的起重条件，可用型钢经设计制作一些可以拼装的支架，既可加快搭设速度，又可节约劳力资源，并且在以后类似工程中可反复使用。 12. 盖梁施工时，施工单位派专人负责施工现场的监控工作，发现问题及时进行整改，施工责任人及施工技术员要做好每天的安全技术交底，并要有记录（交底人、被交底人双方签字），根据不同的气候条件和环境采用不同的有针对性的措施。 13. 盖梁施工等用电设备，必须严格按照《施工现场临时用电安全技术规范》（JGJ 46—2005）操作，必须达到三级配电，三级漏电保护，防止触电事故的发生。特种作业人员，必须持有效地证件上岗作业。 14. 有关进场的机械设备、设施等均要提前报验，报验前施工单位首先要进行自检。其中包括有关操作人员证件上报。 15. 高空作业平台四周，必须有可靠的临边防护措施，上、下必须通道梯。 16. 定期做好登高作业人员的健康检查，凡是有心脏病、高血压疾病的施工人员严禁登高操作。 17. 严禁人员穿硬底鞋、塑料鞋、拖鞋登高作业。 18. 大于 2 m 以上的攀登高度，必须采用安全带系挂在尼龙绳上进行攀登，以保证攀登人员的安全。 19. 高处作业所用材料要堆放平稳，工具应随手放入工具袋（套）内，严禁上下抛扔任何物品。 20. 没有安全防护设施，禁止在未固定的构件上行走作业。 21. 在脚手架搭设过程中，高处作业人员应将安全带扣在有防护措施的钢丝绳上。

续上表

重点强调： 1. 盖梁支架和脚手架地基必须经验收合格后，方可进行盖梁支架和脚手架的搭设。 2. 盖梁承重支架（满堂排架）必须设置纵、横向扫地杆。立杆上的对接扣件必须交错布置。 3. 盖梁脚手架与承重支架必须分隔设置。脚手架必须可靠接地。 4. 严禁在吊运盖梁模板及钢筋等作业时随意拆除脚手架的防护杆件。 5. 在脚手架通道外作业的高处作业人员，必须系好安全带、挂好安全钩。 6. 涉及交通道的盖梁施工，必须在通道上方设置有效的隔离措施，确保通道的安全。 7. 高处作业所用材料要堆放平稳，工具应随手放入工具袋（套）内或用保险绳，严禁上下抛扔任何物品。					
审核人		交底人		接受交底负责人	
作业班组全体签名：					

盖梁施工作业安全交底

编号：

施工单位	
工程名称	
分部分项工程	
工　　种	

交底内容：

一、主要危险源与危害因素

1. 模板未钉牢前人员上下。

2. 高空作业人员未扣好安全带，工具随意放置。

3. 人员攀爬脚手架上下。

4. 高处物料临边放置。

5. 高处拆除下的物料乱置或向下丢弃。

6. 有坠落可能的物料未先行撤除或加以固定。

二、安全注意事项

1. 脚手架施工，脚手架搭设与立柱同步分节进行至盖梁底，脚手架的立柱下垫枕木，脚手架与墩身拉结采用四周箍紧，脚手架的外侧面设45°斜刀撑，整个脚手架外挂密目安全网。

2. 在模板安装现场应设立警戒标志，禁止非作业人员进入现场，模板在安全系统未钉牢之前，人员不得上下。

3. 所有作业人员应带好安全帽，严禁穿硬塑料底等易滑鞋、高跟鞋，特殊部位高空作业人员必须扣好安全带，并将工具放在工具包内，以防上下交叉作业时坠物伤人。垂直运输模板时，要有专人统一指挥，负责作业安全。

4. 施工人员应从规定的通道上下，不得攀爬脚手架，在非规定通道进行攀登、行走。

5. 进行悬空作业时，作业人员应有牢靠的立足点并正确系挂安全带；现场应视具体情况配置护栏网、栏杆或其他安全设施。

6. 高处作业时，所有物料应堆放平稳，不可放置在临边位置，并不可妨碍通行。

7. 高处拆除作业时，对拆卸下的物料、建筑垃圾都要加以清理和及时运走，不得在走道上任意乱置或向下丢弃，保持作业走道畅通。

8. 施工配置上下扶梯，四周设置安全扶栏、安全网等防护措施。

9. 禁止施工人员在脚手架上向下抛物，以防意外事故的发生。

10. 在进行混凝土施工前，仔细检查脚手架、上下扶梯。

11. 作业场所内，凡有坠落可能的任何物料，都应先行撤除或加以固定，拆卸作业要在设有禁区、有专人监护的条件下进行。

续上表

<table>
<tr><td colspan="6">重点强调：
1. 模板在安全系统未钉牢之前，人员不得上下。
2. 特殊部位高空作业人员必须扣好安全带，并将工具放在工具包内，以防上下交叉作业时坠物伤人。
3. 施工人员应从规定的通道上下，不得攀爬脚手架。
4. 高处作业时，所有物料应该堆放平稳，不可放置在临边位置。
5. 高处拆除作业时，对拆卸下的物料、建筑垃圾都要加以清理和及时运走，不得在走道上任意乱置或向下丢弃，保持作业走道畅通。
6. 作业场所内，凡有坠落可能的任何物料，都应先行撤除或加以固定，拆卸作业要在设有禁区、有人监护的条件下进行。</td></tr>
<tr><td>审核人</td><td></td><td>交底人</td><td></td><td>接受交底
负责人</td><td></td></tr>
<tr><td colspan="6">作业班组全体签名：</td></tr>
</table>

第四章　上部结构施工安全交底

第一节　预应力混凝土简支梁预制及运输架设安全交底

一、预应力混凝土简支箱梁预制安全交底

后张法制梁安全交底　　　　编号：

施工单位	
工程名称	
分部分项工程	
工　　种	

交底内容：

一、主要危险源与危害因素

1. 预应力张拉时，未设置防护屏障或警示标志；未阻止无关人员进入张拉区。

2. 采用两台吊机同时起吊钢筋骨架时，起落和横移不同步；吊机超载。

3. 拆除内模时，作业人员留在内膜里未及时离开。

4. 工人切割锚外钢绞线时操作不当。

二、安全注意事项

1. 钢筋骨架和箱梁内模采用龙门吊整体吊装时应配备专用的吊具，多吊点均衡起吊。

2. 在起吊钢筋骨架前，吊点周围用钢筋加固，梁各部位钢筋均应采用点焊加强。起吊前作业人员要检查吊点铁链、钢丝绳。

3. 采用两台吊机同时起吊钢筋骨架时，应统一指挥，同步起落和横移。

4. 钢模板翼模外侧应适当加宽，用于布置人行道和栏杆；两端应设有作业人员上下的扶梯；端模应设栏杆。

5. 模板安装时侧模、底模、端模应支撑、连接牢固。模板的横移、上升、下降应同步。

6. 混凝土浇筑过程中，应经常检查模板，发现螺栓和支撑松动时应及时紧固。禁止触碰波纹管或胶管。

7. 拆除内模时应缓慢匀速进行，内模内不准站人。采用卷扬机牵引安装和拆除时，要遵守卷扬机操作规程。

8. 端模和侧模拆除过程中，应将已拆下的模板支撑固定好，防止倒塌伤人。

9. 抽出胶管时，应清除卷扬机工作区域内障碍物。梁端附近严禁站人，防止胶管弹开伤人。制孔胶管应经常检查，禁止使用受损伤的胶管。

10. 箱梁采用蒸汽养护时，应遵循以下规定：

(1)锅炉房的工作人员和水处理工应持证上岗。

续上表

(2)新安装或检修后的锅炉,经技术人员检查合格后,报当地主管部门检查批准后,方可点火运行。 (3)锅炉所使用的燃煤应符合锅炉的要求。 11. 钢绞线在开盘后应检查其外观,若发现有缠在一起的要及时理顺。钢绞线下料时应使用砂轮机切割,并配置专门防护架,防止下料过程中钢绞线弹出伤人。 12. 高压油管使用前要经过技术人员检验合格,不合格的不得使用。油压泵上的安全阀,应调至最大工作油压下能自动打开的状态。 13. 油压表安装要拧紧,油泵与千斤顶之间采用的高压油管连同油路的各处接头均须完整紧密,油路畅通,在正常工作油压下不得漏油。 14. 张拉工作应在专用工作区域内进行,四周应有防护屏障。 15. 张拉区域设置明显的警示标志,禁止无关人员进入。张拉时,千斤顶后面和油管附近不得站人,也不得踩踏高压油管。 16. 张拉时发现张拉设备运转异常,应立即停机,找技术人员检查维修。 17. 锚外钢绞线应采用砂轮片切割,切割后的预应力筋的外露长度不得小于 30 mm,切割时不得损伤锚具。张拉后严禁撞击锚具、钢束。 18. 管道压浆前,应调整好安全阀;关闭阀门时,作业人员应站在侧面,并戴防护眼镜。					
重点强调: 1. 张拉作业时,必须设置防护屏障,并且严禁无关人员进入工作区。 2. 钢绞线下料应配置专用防护架。 3. 两台吊机同时起吊钢筋骨架时,要同步运动。					
审核人		交底人		接受交底负责人	
作业班组全体签名:					

先张法制梁安全交底

编号：

施工单位	
工程名称	
分部分项工程	
工　　种	

交底内容：

一、主要危险源与危害因素

1. 张拉作业前，未设置安全标志；未阻止无关人员进入张拉区。

2. 张拉作业时，未采取防护网、防护墙等安全防护措施。

3. 张拉作业时，作业人员站在千斤顶后面。

二、安全注意事项

1. 张拉中使用的工具和锚具，必须是经过检验且合格的。

2. 浇筑混凝土时，振捣器不得撞击钢绞线。

3. 张拉预应力时，应采取防护网、防护墙等安全防护措施，作业人员应站在千斤顶的两侧。

4. 放松预应力筋时，应注意：

(1)梁体要存放足够的时间。

(2)当采用楔块放松预应力筋时，应控制楔块同步缓慢滑出。

(3)采用超顶法放松预应力筋时应注意：各台千斤顶必须配接单独油路；同步顶开千斤顶，顶开的最大间隙不得大于 2 m。先顶开的千斤顶应继续支撑，直至全部千斤顶顶开。同步放松自锁螺母或插垫后，再同步放松各千斤顶，直到预应力筋全部放松为止。

5. 张拉区域设置明显的警示标志，禁止无关人员进入。

重点强调：

1. 张拉时必须设置防护网、防护墙等，禁止无关人员接近。

2. 作业人员应站在千斤顶两侧。

审核人		交底人		接受交底负责人	

作业班组全体签名：

二、大型箱梁运输与架设安全交底

提梁机维修与使用安全交底

编号：

施工单位	
工程名称	
分部分项工程	
工　　种	

交底内容：

一、主要危险源与危害因素

1. 无证人员操作提梁机。

2. 带电进行维修作业。

3. 机械高速启动和高速急停。

4. 风力达到6级及以上时，仍继续作业。

二、安全注意事项

（一）一般注意事项

1. 操作人员必须经过体检合格并经过严格的技术培训，考试合格后持证上岗，严禁无证操作；严禁无关人员上车。

2. 严禁在大风、雨雾、冰雪等恶劣天气条件下使用提梁机；夜间施工应有足够的照明设施。

3. 操作人员严格按照各部件的安全操作规程操作提梁机。

4. 操作人员及监护人员在作业中，应精力高度集中，严禁聊天、阅读、进食、嬉闹及从事与工作无关的事情。

5. 班长每班前对本班作业安全重点进行交底，个人防护用品及通信工具装备完好到位。

6. 工作前对工作机构各项目逐项检查，并填写“日检表”，检查完毕报现场指挥，“日检表”交设备工程师汇总备案。

7. 当设备存在安全缺陷或隐患未弄清楚前，安全员及设备维修人员应及时检查维修，并采取安全防范措施，不允许设备带病工作。

8. 保持设备和工作环境的整齐和清洁。

9. 开车前先检查机械、电气、安全装置是否良好；各控制器是否在“0”位，夹轨器是否提起，车上、车下、支腿等有无可碰、卡、挂现象；确认一切正常，打铃告警后，再送电试车。

10. 操作中要始终做到稳起、稳停、稳落。在靠近物体或接近人员时必须及时打铃告警。

11. 每次吊装时必须先进行低距离试吊，检查刹车性能，必要时可调整刹车片间隙，满足吊装要求。

12. 当提梁机在运行过程中出现异常现象时，必须立即停车，查找原因，排除故障。

13. 维修时必须切断电源，严禁带电维修。

14. 操作人员应当听从现场施工指挥人员的统一指挥进行相应操作，严禁凭个人感觉随意操作。

续上表

（二）整机安全操作注意事项 1. 每个工作日开始时，必须全面进行一次检查，发现问题及时处理并办理签认记录手续。 2. 所有人员在进行各种作业时，应穿戴合适的安全防护用品。 3. 正常工作前，应先做空载运行，以检查机械有无异常声音和异常现象，并检查制动功能是否正常，切勿带病作业。 4. 每个动作的操作运行时，必须逐级进行操作，且在逐级切换时必须有 2 秒以上的时间间隔，严禁越级操作。 5. 定期检查制动器和限位开关，确认这些元件的功能正常。定期检查钢丝绳、载荷限制器、吊具和吊杆及安全装置是否正常。 6. 起吊和运行时，应确保轨道、运行空间没有障碍物（夹轨器是否解除等）。每项工作开始前要求鸣铃警告所有在场的作业人员。 7. 起重机起步和停车时，严禁高速启动和高速急停。 8. 遵守并坚持机械维护原则，每次维护后，应将观察到的吊具、钢丝绳、制动器和限位开关等有关安全方面的情况记录在案。 （三）起重操作安全注意事项 1. 每次吊装时，必须先进行低距离试吊，以检查刹车性能，必要时可以调整刹车间距，满足吊装要求。 2. 在任何情况下禁止超载使用。 3. 钢丝绳应保持良好润滑。 4. 对钢丝绳每天都应进行检查，包括对端部的固定连接、均衡轮处的检查，并作出安全性判断。并严格按照技术人员要求进行钢丝绳的安装、检查、报废、更换。 5. 在卷筒上缠绕钢丝绳时，第一层应紧密相靠并拉紧，保持钢丝绳拉力最小直到将其全部缠完。 6. 提梁机在提升箱梁时要防止梁体在纵、横向偏移，否则采用单动功能调整梁体水平。 7. 提梁机吊具安装由人工牵引吊杆对位，对吊杆底部接近箱梁顶面时，采取低速缓慢下降吊具，人工牵引吊杆对准吊梁孔。 注：如果吊杆没有落进吊梁孔或者已落进吊梁孔，但被吊梁孔卡住无法下落，切勿继续下落吊具，这样会引起钢丝绳松散而从滑轮槽中脱出。 （四）电气系统安全操作注意事项 1. 操作人员应严格按照操作规程进行各项操作，严禁擅自违反、省略、更改操作程序，以确保设备正常运行及现场人员的安全。 2. 操作人员必须听从现场施工指挥人员的统一指挥进行相应的操作，严禁凭个人感觉随意操作。非操作人员严禁擅自进入操作室随意启动或操作各种控制按钮。 3. 各项工作运行开始前，操作人员必须首先鸣响电铃，以警示现场人员各就各位，准备进入工作状态。 4. 起升机构一旦出现溜钩，一定要查清原因，处理后方可使用，以免发生溜钩失控事故。 5. 电气系统出现故障需进行检修时，必须切断电源，严禁带电作业。电气系统的各种故障必须由专业电工或专职维修人员检修处理，严禁其他人员擅自进行检修和改动。

续上表

(五)提梁机停放安全操作注意事项 1. 提梁机停止作业时,应将起吊物放下,把小车、大车停在规定地点锚碇,吊钩升至规定高度。刹住制动器,操纵杆置于空挡,关闭所有操作按钮并切断电源,锁住所有操作室及电控柜,并关门上锁,锚碇小车、大车运行机构的锚碇装置和夹轨器。 2. 风力达到6级及以上时必须停止作业,台风来临或风力达到11级须将吊钩与一片箱梁锚紧作为配重。
重点强调: 1. 操作人员严禁无证操作;严禁无关人员上车。 2. 提梁机使用前须全面检查,严禁带病作业。 3. 维修时必须切断电源,严禁带电维修。 4. 风力达到6级及以上时必须停止作业。

审核人		交底人		接受交底负责人	
作业班组全体签名:					

大型箱梁场内轨道式搬(提)梁机移梁和存放安全交底

编号：

施工单位	
工程名称	
分部分项工程	
工　　种	

交底内容：

一、主要危险源与危害因素

1. 提梁时，各吊点动作不一致。

2. 移梁时，梁上堆放其他重物。

3. 移梁机轨道的地基不稳。

4. 起重机行走或工作范围内有杂物。

5. 恶劣天气情况下进行提梁作业。

6. 遇大风天气时，未使用锚碇工具锚碇提梁机。

二、安全注意事项

1. 吊装过程中应采用整体提升装置，保证各吊点同时移动。

2. 后张梁在初张拉后移梁时，梁上严禁堆放其他重物，终张拉后的装车吊运必须在管道压浆后存放规定天数后进行。

3. 轨道应有专人经常检查维护；所有作业人员发现轨道有异常时应及时上报处理。

4. 作业人员应从专用梯上下操作室，遇到停电或机械故障等特殊情况时，在采取安全措施后准许从其他地方上下。合电闸前，要把控制器转到零位，操作室内应垫木板和胶垫。

5. 开动前及运行时安全注意事项：

(1)检查轨道和地面上及运行范围内是否有人员或障碍物，并检查起升高度和行走限位开关是否灵敏。开动前，先鸣铃示意。

(2)起吊物件要缓慢移动，禁止移动过快过猛，应先慢慢把钢丝绳收紧，然后常速起吊，吊大件不准快速吊运。

(3)吊运物件时要在安全通道上空运行，不准从人员和机器设备上面通过，如无安全通道，又必须在有人员停留的地方通过时，应先鸣铃示意，待人员躲开后再通过。

(4)吊运重大物件时，须先将重物吊移到安全通道上空，然后再运行。运行过程中，不得突然变速或突然开倒车，以免吊件摆动，也不得同时开动两项以上(包括副钩)的操作机构，以确保安全。

(5)操作人员开车时，手不得离开控制器，运行途中，操作人员不得离开操作室。在运行中，如突然发生故障时，除了采取措施将重物安全降落外，还要切断电源才能修理。

6. 必须经常检查钢丝绳接头和钢丝绳与卡子结合处的牢固情况，钢丝绳在卷筒上应排列整齐，将至放完时，应在卷筒上保留3圈以上钢丝绳，以防末端松脱，发现钢丝绳磨损或腐蚀应进行更换。

7. 起重机的人行道和其他构件都不准堆放零件和工具，以防在运行中掉落伤人，常用工

续上表

<table>
<tr><td colspan="6">具应放在专用箱中。
8. 安全通道上禁止堆放各种材料物件。
9. 各种限位开关及其他安全装置，除检修外，不准擅自拆除和封闭。这些装置如有故障，应修复后再运行，不能利用限位开关停车。
10. 搬（提）梁机移梁应注意：
(1)移梁前，提梁机应经过技术人员检查，确保设备运转正常，并清除起重工作范围内和走行限界内的障碍物。
(2)梁体起吊前应检查吊具连接是否可靠，调整各个吊杆，使其稳定后方可起吊。
(3)起吊梁体时，应在顶板下缘吊孔处垫钢垫板，垫板应与梁顶板底密贴。升降系统提升箱梁应缓慢、匀速进行。梁体吊离台座约 10 cm 后，搬（提）梁机应停车制动，检查吊杆螺栓是否紧固，起升制动是否可靠，确认良好后方可继续作业。
11. 遇到恶劣天气时，搬（提）梁机应停止作业。台风来临或风力非常大时，应将提梁机锚碇牢固。
12. 停止作业时，应将起吊物卸下，吊钩升至规定高度。大、小车停到规定位置，并锚碇可动机器。制动器要保持在工作状态，操纵杆置于空挡。关闭所有操作按钮并切断电源，锁住所有操作室及电控柜，并关门上锁。
13. 箱梁存放应满足以下要求：
(1)箱梁存放时，存梁支点距梁端的距离应经过技术人员检查且符合设计要求。
(2)存梁台座同端支点顶面相对高差经技术人员检验不超过 2 mm。
(3)双层存梁时，下层箱梁应经技术人员检查完成终张拉。</td></tr>
<tr><td colspan="6">重点强调：
1. 遇到恶劣天气时不得进行吊梁作业。
2. 提梁时，各吊点动作应一致。
3. 起重机行驶范围内不得有杂物。</td></tr>
<tr><td>审核人</td><td></td><td>交底人</td><td></td><td>接受交底负责人</td><td></td></tr>
<tr><td colspan="6">作业班组全体签名：</td></tr>
</table>

轮胎式搬(提)梁机使用安全交底　　　编号：

施工单位	
工程名称	
分部分项工程	
工　　种	

交底内容：

一、主要危险源与危害因素

1. 恶劣天气条件下使用轮胎式提梁机。

2. 搬梁机超载、偏载。

3. 搬梁机带病作业。

二、安全注意事项

1. 不得在大风、雨雾、冰雪等恶劣天气条件下使用轮胎式提梁机。

2. 风力超过6级时不允许进行设备的操作和工作，风力超过11级时需要采取用钢丝绳锚碇等措施以确保设备的稳定。

3. 应保持设备行走通道平整、顺直无障碍物，路面应平整，坡度小。

4. 机械操作人员要经过专业的培训，具有特种设备操作上岗证，并持有正常工作的对讲机。

5. 不得超载起吊。

6. 不得起吊重量不对称的物件。

7. 在没有确认制梁台座上混凝土箱梁与模板完全脱离前，不得提升荷载；被吊物被埋入地下或冻结一起的不可起吊。

8. 不得使用起吊设备吊人或送人。

9. 不得用负载撞击障碍物，诸如厂房、工棚墙以及其他设备或机械。

10. 当设备行驶或起吊时，不得突然改变方向。

11. 吊装作业不准超负荷运行，不得斜吊提升，不允许机械带病工作。

12. 起钩时，两侧的四个吊钩要同时受力，防止两侧的小车某一边翘起，发生事故。

13. 机械设备运行或停放时，禁止非操作人员攀登。

14. 每项动作开始前要鸣铃(喇叭)警告所有在场的工作人员。

15. 每次吊装时必须先进行低距离试吊，以检查刹车性能，必要时对液压系统进行维修，满足吊装要求。

16. 钢丝绳在卷筒上应有大于3圈的安全圈数。

17. 搬运机在重载提升箱梁时要防止梁体在纵、横向偏斜。

18. 吊具安装完毕后全部吊钩要保持竖直。

19. 避免在雷雨天气使用设备，遇到雷雨天气时，首先应将设备停放到可靠的地方，并关停设备总电源，同时工作人员不要在设备上逗留。

续上表

<table>
<tr><td colspan="6">重点强调：
1. 不得在大风、雨雾、冰雪等恶劣天气条件下使用轮胎式提梁机。
2. 不得超载起吊。
3. 机械设备运行或停放时，禁止非操作人员攀登。</td></tr>
<tr><td>审核人</td><td></td><td>交底人</td><td></td><td>接受交底
负责人</td><td></td></tr>
<tr><td colspan="6">作业班组全体签名：</td></tr>
</table>

大型箱梁场内轮胎式搬(提)梁机移梁和存放安全交底

编号：

施工单位	
工程名称	
分部分项工程	
工　　种	

交底内容：

一、主要危险源与危害因素

1. 移梁过程中两端提梁机动作不同步。

2. 移梁时梁体偏斜。

3. 雷雨天气进行提梁作业。

二、安全注意事项

1. 吊装过程中应采用整体提升装置，保证各吊点同时移动。

2. 后张梁在初张拉后移梁时，梁上严禁堆放其他重物，终张拉后的装车吊运必须在管道压浆后存放规定天数后进行。

3. 保证移梁通道整洁，及时清理移梁机走行道上的积水、杂物，避免扎伤轮胎。确认是否有与提梁机无关的障碍物碰到提梁机本身或者放在提梁机的行走范围附近。如有这种情况，必须迅速排除这些障碍物。

4. 搬(提)梁机移梁应注意：

(1)移梁前，应对搬(提)梁机进行检查调试，确保设备运转正常，并清除起重工作范围内和走行限界内的障碍物。

(2)梁体起吊前应检查吊具连接是否可靠，调整各个吊杆，使其稳定后方可起吊。

(3)起吊梁体时，应在顶板下缘吊孔处垫钢垫板，垫板应与梁顶板底密贴。升降系统提升箱梁应缓慢、匀速进行。梁体吊离台座约 10 cm 后，搬(提)梁机应停车制动，检查吊杆螺栓是否紧固，起升制动是否可靠，确认良好后方可继续作业。

(4)遇到恶劣天气时，搬(提)梁机应停止作业。台风来临或风力非常大时，应将搬(提)梁机可靠锚碇。

(5)停止作业时，应将起吊物卸下，吊钩升至规定高度。大、小车停到规定位置，并锚碇可动机器。制动器要保持在工作状态，操纵杆置于空挡。关闭所有操作按钮并切断电源，锁住所有操作室及电控柜，并关门上锁。

5. 箱梁存放应满足以下要求：

(1)箱梁存放时，存梁支点距梁端的距离应符合技术要求。

(2)存梁台座同端支点顶面相对高差不超过 2 mm。

(3)双层存梁时，下层箱梁应已完成终张拉。

续上表

<table>
<tr><td colspan="6">重点强调：
1. 要及时清理移梁机走行道上的积水、杂物，以免扎伤轮胎。
2. 禁止在恶劣天气时进行提梁作业。</td></tr>
<tr><td>审核人</td><td></td><td>交底人</td><td></td><td>接受交底
负责人</td><td></td></tr>
<tr><td colspan="6">作业班组全体签名：</td></tr>
</table>

移梁台车使用安全交底　　编号：

施工单位	
工程名称	
分部分项工程	
工　　种	

交底内容：

一、主要危险源与危害因素

1. 移梁台车带病作业。

2. 放下成品梁时，速度过快。

二、安全注意事项

1. 移梁台车行走前先检查电源是否接好，轨面及周围是否有障碍物。

2. 启动液压站，驱动油缸动作，观察压力表是否正常。

3. 顶升油缸收至最低，将移梁车缓缓驶入成品梁下对应支撑位置。

4. 驱动顶升缸将成品梁顶起时操作液压手柄要平缓，且忌猛拉猛推，强行操作。

5. 成品梁顶起脱模时会产生振动，这是模板脱离成品梁造成的，属于正常状态。

6. 将成品梁顶起离台座约 10 cm 后，在油缸两侧支座上垫上安全垫板，安全垫与油顶上的厚板预留 2 cm 间隙，供油缸浮动时用。

7. 整车停留半分钟，观察系统正常后再开始行走。

8. 由于成品梁自重大、惯性大，行走时不宜速度过快。长距离行走要慢—快—慢进行。正常行驶速度控制在 1.2 m 每分钟左右。

9. 中途如果发生两侧行走距离有偏差，可对一侧进行调整后继续行驶。

10. 行驶到下一个存梁台座后，将移梁台车停稳，并将车轮掩死。

11. 再次启动液压站。待系统压力升至额定压力后，拆除油缸支座两边的安全垫板后再开始操作液压手柄。

12. 将成品梁放下，操作动作要小心缓慢。

重点强调：

1. 移梁台车行走前应先检查电源是否接好，轨面及周围是否有障碍物。

2. 将成品梁放下，操作动作一定要小心缓慢。

审核人		交底人		接受交底负责人	

作业班组全体签名：

大型箱梁场内移梁台车移梁与存放安全交底　　编号：

施工单位	
工程名称	
分部分项工程	
工　　种	

交底内容：

一、主要危险源与危害因素

1. 移梁过程中，两端移梁台车运动不同步。

2. 移梁时台车轨道上堆放杂物。

二、安全注意事项

1. 吊装过程中应采用整体提升装置，保证各吊点同时移动。

2. 后张梁在初张拉后移梁时，梁上严禁堆放其他重物，终张拉后的装车吊运必须在管道压浆后存放规定天数后进行。

3. 移梁设备的轨道应经过技术人员检验，对不合格地基进行加固处理。轨道应经常检查维护。保证移梁通道整洁，及时清理移梁机走行道上的积水、杂物，避免轮胎扎伤。确认是否有与提梁机无关的障碍物碰到提梁机本身或者放在提梁机的行走范围附近。如有这种情况，必须迅速排除这些障碍物。

4. 移梁台车移梁应注意：

(1)移梁前，应对移梁台车进行检查调试，确保台车系统运转正常；清除工作区域内的障碍物。

(2)移梁过程中，起梁千斤顶应设置防回油保险装置，两端移梁台车走行应保持同步。

5. 箱梁存放应满足以下要求：

(1)箱梁存放时，存梁支点距梁端的距离应符合技术要求。

(2)存梁台座同端支点顶面相对高差不超过 2 mm。

(3)双层存梁时，下层箱梁应已完成终张拉。

重点强调：

1. 移梁过程中，两端移梁台车行动必须一致。

2. 移梁时必须清空台车轨道上的杂物。

审核人		交底人		接受交底负责人	

作业班组全体签名：

大型箱梁运架设备安装和转场安全交底 编号：

施工单位	
工程名称	
分部分项工程	
工　　种	

交底内容：

一、主要危险源与危害因素

1. 运架设备安装场地不平整、不坚实；四周有影响工作的障碍物。

2. 拼装场地四周没有警示牌。

3. 转场时，运梁车与架桥机没有连接牢固；运梁车行驶过快；无监视人员。

4. 运梁车运送架桥机过程中，场地不开阔、地面不平或有障碍物。

二、安全注意事项

1. 运架设备安装场地应平整、坚实，四周无影响拼装、拆除的障碍物。拼装场地四周应挂设警示牌，无关人员不得入内。

2. 架桥机转场作业应注意：

(1)转场前，应查看转场线路，根据线路状况，在技术人员指导下采取相应的安全措施。

(2)小解体、驮运转场时，确认起重小车在规定位置，转运托架与主梁和运梁车固定牢固。监视人员要监视运梁车低速行驶。

(3)运梁车进入或退出架桥机时，监视人员应时刻注意运梁车与架桥机之间的距离。

(4)架桥机与运梁车连接牢靠，检查并确认各部件摆放到指定位置。

(5)架桥机由运梁车载运到位，必须确认架桥机前后支腿和临时支撑稳固后才可将运梁车上的升降托架下降，退出运梁车。

3. 运梁车载运架桥机调头，场地要开阔硬实，调头过程中架桥机工作区域无障碍物。

4. 架桥机通过隧道应注意：

(1)后支腿折叠完全，架桥机尺寸不宜过大，且不能变动。

(2)运梁车载运架桥机在隧道内应沿确定的走行线低速行驶，并由专人观察安全距离。

重点强调：

1. 运梁车的车速要低，不能过快或突然停车、突然启动。行车时要有专人监视。

2. 运架设备安装场地和转场时的行走路线必须开阔、坚实，且无障碍物。

3. 防止无关人员接近工作区域。

审核人		交底人		接受交底负责人	

作业班组全体签名：

大型箱梁装、运安全交底

编号：

施工单位	
工程名称	
分部分项工程	
工　　种	

交底内容：

一、主要危险源与危害因素

1. 运梁车操作人员无证上岗。

2. 运梁作业人员没有经过培训。

3. 运梁车工作前未对其进行检查，带病作业。

4. 运梁时，运梁车不按规定路线行驶。

5. 运梁车在冰雪或湿滑路面行驶时无防滑措施。

6. 运梁车行驶过快或突然加速、刹车。

二、安全注意事项

1. 运梁车操作人员应经过技能培训，必须熟悉运梁车的结构及各项技术参数。同时应取得相关部门颁发的操作证件持证上岗。

2. 所有运梁作业人员均应经过安全培训，熟悉运、架梁工艺过程。

3. 运梁作业时，所有工作人员应明确各自岗位责任。

4. 开始作业前，要做好各项检查工作，如：道路清障，机电、走行部分、液压系统专项检查，结构的连接、通信、信号的检查等。各项检查合格后方可作业。

5. 装梁前，应仔细核对待架成品箱梁外观、梁长、编号等，核对无异后方可吊装。

6. 运梁车启动前应全面检查一遍箱梁的支垫及支承情况，检查运梁车的方向及制动等。

7. 运梁车启动前应检查运梁车上托梁台车轮下安全三角木楔是否塞好。

8. 箱梁在运输过程中应控制梁体四个支点高度保持在同一平面。

9. 运梁车载梁进入路基上行驶至架桥机后待架，运梁车行驶速度不得大于 3 km 每小时。

10. 在下坡方向上运梁，应备有止溜木楔，并设专人负责，防止运梁车溜动。

11. 两辆运梁车之间设专人联系，保持通信联系畅通，计算好会车时间，防止运梁车远离会车点相遇。

12. 运梁车在会车点会车时，设专人进行指挥，防止运梁车之间碰、挂，确保会车安全。

13. 在整个运梁过程中，应有专人在运梁车前方两侧引导和观察路面变化，操作人员也要高度集中精力，密切注意运梁车及前方道路情况，发现异常，及早采取相应措施，非紧急情况，严禁高挡位急起急停。

14. 运梁车在已架梁上行使时，必须在桥梁中间行驶，严禁偏离左右任何一方。

15. 运梁车在曲线上行驶时，速度要放慢，防止因离心力作用，箱梁在运梁车上发生偏移。

16. 雨雪及大风等恶劣天气条件下，不得进行运梁作业。路面湿、滑及冰冻等要采取相应防护措施，降低运梁速度。

17. 梁前端接近架桥机尾部时应提前减速，慢速喂梁。必要时点动对位，严禁冲撞、挂碰架桥机任何部位。

续上表

<table>
<tr><td colspan="6">重点强调：
1. 运梁车行驶时不能突然加速或刹车，要低速行驶，在转弯处车速应更低。
2. 在冰雪或湿滑路面行驶时要有防滑措施，防止溜车。
3. 施工现场风力过大时应停止装、运梁作业。</td></tr>
<tr><td>审核人</td><td></td><td>交底人</td><td></td><td>接受交底
负责人</td><td></td></tr>
<tr><td colspan="6">作业班组全体签名：</td></tr>
</table>

大型箱梁架设安全交底

编号：

施工单位	
工程名称	
分部分项工程	
工　　种	

交底内容：

一、主要危险源与危害因素

1. 风力超过6级时仍进行架梁作业。

2. 大雪天气影响视线时进行架梁作业。

3. 架桥机距离带电高压线过近。

4. 非作业人员进入施工区域。

二、安全注意事项

1. 架桥机操作人员应经过技能培训，同时应取得相关部门颁发的操作证件持证上岗。

2. 所有架梁作业人员均应经过安全培训，熟悉架梁工艺过程。

3. 架桥机在高压输电线路下作业时，架桥机和施工人员要采取防护措施，架桥机应接地。

4. 每日作业前应对架桥机进行检查，发现问题及时处理。

5. 架梁作业时，作业人员应明确各自岗位责任。

6. 架梁作业时，施工现场应设防护，严禁非作业人员进入作业区。作业人员应佩戴安全帽等防护用品，必要时在墩台拴挂安全网或使用安全绳。水上架梁时，还应使用救生圈、救生衣等防护用品。

7. 运梁车喂梁到位后，运梁车的前后支承油缸在梁端腹板处支承牢靠。

8. 架梁过程中，架桥机前、后吊梁小车行动要同步，并有专人监护，发现不同步现象应立即停车检查，处理后再启动。

9. 作业人员在架桥机运转中应注意观察、监控设备状况，严禁架桥机带病运转，严禁运转中进行维修和养护。

10. 夜间作业应有足够的照明设备，在墩台作业的作业人员应使用安全电压的灯具。

11. 在吊梁纵移时，要有专人观察箱梁的运行位置，禁止箱梁碰挂架桥机的任何部位，如发现异常情况，应立即停车检查处置。当接近设计位置时要提前减速，走行速度应限制在1 m每分钟以内，必要时点动对位，严禁箱梁冲撞支腿。每次点动时必须待上一次晃动平稳后方可再次点动，禁止连续起、停动作，以免架桥机纵向晃动过大。

12. 落梁过程中，安全员要监视起重机上的卷扬机、钢丝绳和制动器。下落箱梁与已架箱梁不得相碰。起重机横移时禁止连续起、停点动，以免架桥机横向晃动过大。落梁时应有专人监视落梁速度和位置。坡道落梁时应增派监护人员加强防护。

13. 顶、落梁千斤顶应同步起落。

14. 架桥机过跨时应严格按照操作规程进行作业，过跨到位后支腿下的枕木应垫牢实。

15. 梁体跨越公路时，安全员应指挥交通，以防落物伤人、伤车。必要时应在公路上方搭设棚架隔离。

续上表

<table>
<tr><td colspan="6">16. 整个架梁过程中，指挥人员应站在视线开阔的安全区域指挥，其他无关人员严禁进入施工现场。
17. 当现场实测风力达到7级时，停止作业，并采取相应防护措施。风力超过10级时应将架桥机锚碇牢固。当风力达到6级及中雨、大雪天气不得进行吊梁作业。
18. 气温低于－20℃时，应停止架梁作业。
19. 大雪天气影响视线时应停止架梁作业。</td></tr>
<tr><td colspan="6">重点强调：
1. 遇到恶劣天气，如暴雪、浓雾、低温、大风时应停止作业，必要时要将架桥机可靠锚碇。
2. 架梁作业时，施工现场应设防护，严禁非作业人员进入作业区。</td></tr>
<tr><td>审核人</td><td></td><td>交底人</td><td></td><td>接受交底负责人</td><td></td></tr>
<tr><td colspan="6">作业班组全体签名：</td></tr>
</table>

三、小型箱梁运输与架设安全交底

吊车架设小型箱梁及运梁安全交底 编号：

施工单位	
工程名称	
分部分项工程	
工　　种	

交底内容：

一、主要危险源与危害因素

1. 高空作业人员未系安全带。

2. 运梁车运输梁体时未用木楔、钢索进行固定。

3. 吊装作业半径内站人。

4. 吊装箱梁前未在汽车吊支腿下铺钢板。

二、安全注意事项

1. 施工前，应安装好路标、安全警示等标志。现场施工人员参加岗前安全培训和吊装安全交底。

2. 进入施工现场的人员须佩戴安全帽，高空作业人员须系好安全带，防止高空坠落。

3. 梁体起吊时注意起吊力与梁体处的纵向中心一致，避免起吊装过程中梁体因起吊而受到不均衡侧向力作用，而引起梁片弯绕或者翻转造成梁体破坏。

4. 起吊过程应缓慢进行，以便及时调整起吊力的作用方向。

5. 为了保证运梁车受力均匀，梁体放在运梁车上时，用固定式可调的钢支撑将梁支撑或钢丝绳捆绑牢固。

6. 运梁时，两组车之间用与梁体支点距离等长的钢丝绳连系作保险绳，保证运梁的安全性。

7. 梁体装车后，必须采取稳固措施，固定牢固后才能卸去吊装钢丝绳。

8. 梁体运输过程中，对运输道路进行检查修整，保证路面的宽度，弯道直径、上下坡度应确保运梁车安全平稳通过，保证梁体运输过程中的绝对安全。运输中，要确保梁体的稳固，防止梁体倾覆，用木楔、钢索将梁体固定在运梁车上。

9. 梁体运输时，要与路段交警进行联系，同时安排在车流量少的时段进行运输。运梁车前面安排预警车进行预警，梁体后端设明显的警示标志。车辆行驶过程中，严格遵守交通规则。

10. 箱梁吊装作业时，作业半径内严禁站人。架梁作业时要由专人统一指挥，架梁人员必须服从指挥，指挥人员应了解现场情况，切忌急躁冒进、草率行事。操作人员严格按"两纪一化"(作业纪律、劳动纪律和标准化作业)进行作业。

11. 吊装作业时，吊车地基必须牢固可靠；梁体运输车辆的行走道路必须平整坚实，保证不陷车，不倾翻。

12. 用合格的吊索具，钢丝绳捆绑起吊梁时，需用包角垫木块、麻袋等垫衬，以保护混凝土梁体的棱角，同时也保护钢丝绳不受损，严禁超负荷作业。

续上表

<table>
<tr><td colspan="6">

13. 吊车操作人员和起重指挥人员必须持证上岗，吊车由专人指挥，遵守“十不吊”规定。
14. 吊装作业时，施工现场设置警戒标志，严禁无关人员穿越。并派专人警戒，防止无关人员误入现场。
15. 吊装作业时，注意对各种线路和管道等设施的保护。
16. 吊装前要仔细检查钢丝绳及吊具，发现问题及时处理或及时更换。每日作业完成后要将各种工具及材料清理、堆放整齐，保持施工现场整洁。
17. 施工进程中必须严格遵守起重作业和吊车作业的有关规定和安全操作规程，严禁违章作业和违章指挥。
18. 箱梁的吊装就位时，两台吊车自行移位至需架设位置，吊装前要求在汽车吊车支腿下铺设钢板。吊车就位、起吊指挥人员就位，做好吊装前的各种准备工作。
19. 正式吊装前应试吊：首先两台吊车落钩，系好钢丝绳后，起重指挥人员统一指挥，吊车缓慢起钩，待两车受力分别在 40 t 左右时，其中一台汽车吊停止动作，另一台汽车吊继续缓慢起钩，待梁体端头离开运梁车后时，此台吊车停止动作，然后上一台吊车缓慢起钩，梁体两端端头均离开运梁车后，两侧吊车同步缓慢起钩，当梁体起升距梁车 5～10 cm 后，两台汽车吊车停止起钩，停顿 3～5 分钟无异常后，吊车方能继续起吊。
20. 梁体架设就位时应注意：两台汽车吊继续起钩，当梁体起升至距运梁车面 1.0 m 左右后，吊车停止动作，待梁体平稳后，检查运梁车与梁体是否有接触，确认后运梁车缓慢驶离。当梁体吊送至盖梁上方编号相应位置时，两台吊车停止动作，待梁体平稳后，缓慢落钩至距盖梁上方 10～15 cm 处（保持梁体的平稳），待校正好支座后，两台吊车同时缓慢落钩，桥梁就位。

</td></tr>
<tr><td colspan="6">

重点强调：
1. 高空作业人员须系好安全带，防止高空坠落。
2. 梁体在运输中，要用木楔、钢索将梁体固定在运梁车上。
3. 箱梁吊装作业时，作业半径内严禁站人。
4. 箱梁的吊装就位时，两台吊车自行移位至需架设位置，吊装前要求在汽车吊车支腿下铺设钢板。

</td></tr>
<tr><td>审核人</td><td></td><td>交底人</td><td></td><td>接受交底
负责人</td><td></td></tr>
<tr><td colspan="6">作业班组全体签名：</td></tr>
</table>

人字扒杆架梁安全交底

编号：

施工单位	
工程名称	
分部分项工程	
工　　种	

交底内容：

一、主要危险源与危害因素

1. 架梁过程中，桥下有人或车、船通行。

2. 恶劣天气仍继续架梁。

3. 吊装过程中，箱梁下有人。

4. 吊装边梁就位时墩顶有人。

5. 梁体横移过快。

二、安全注意事项

1. 开始架梁前，施工人员应参加安全培训，接受安全交底。

2. 在现场施工进出口做明显标志，禁止非施工人员进入施工场地，并设有专人监视。

3. 进行架梁和移梁的所有作业人员均佩戴安全帽，前端高空作业人员系安全带，桥下禁止通行。

4. 对扒杆、立柱节点、起吊钢丝绳、电力系统、千斤顶等重要部位按规定进行保养、检查、紧固，使架桥设备处于良好的工作状态。

5. 雨天及 6 级以上大风天，停止架梁作业。

6. 扒杆组装、解体、吊运、移梁严格遵守操作规程和工艺流程。

7. 扒杆就位后，为保证前后支点的稳定，应用方木支垫。前后支点处，还应用缆风绳封固于墩顶两侧。

8. 正式过跨架设前必须做吊重试验。

9. 吊装过程中，严禁人员在箱梁下穿行、停留。无关人员禁止入内。

10. 扒杆吊吊装边梁就位前，墩顶作业人员应暂时避开。

11. 过孔架梁时，确保梁体起吊和横移时的稳定，梁体移至墩顶，应平稳地缓落。

12. 横移不能一次到位的梁，操作人员应先将滑道板、落梁架等准备构件落入后，再进入作业点，进行构件顶推横移等各项工作。

13. 吊装第一孔梁时，为保证前、后两个人字扒杆的吊勾同时起吊，必须指派有起重经验的人员在现场统一指挥。

14. 卷扬机操作人员必须服从现场指挥员的操作指令，并高度集中注意力。

15. 在梁的横移就位过程中，梁体的横移速度应保持缓慢，千万不能操之过急。

16. 必须派专人盯守缆风绳，发现较大幅度的摆动时，应及时提醒指挥人员注意。

17. 附近有电力线路时应保持足够的安全距离。有高压线时，应在扒杆安装完成后采取接地保护措施，接地使用缆风绳接地，以防架设梁体时造成高压线静电伤害。

续上表

<table>
<tr><td colspan="6">重点强调：
1. 架梁过程中，桥下禁止通行。
2. 雨天及6级以上大风天，停止架梁作业。
3. 吊装过程中，严禁人员在箱梁下穿行、停留。无关人员禁止入内。
4. 扒杆吊吊装边梁就位前，墩顶作业人员应暂时避开。
5. 在梁的横移就位过程中，梁体的横移速度应保持缓慢，千万不能操之过急。</td></tr>
<tr><td>审核人</td><td></td><td>交底人</td><td></td><td>接受交底负责人</td><td></td></tr>
<tr><td colspan="6">作业班组全体签名：</td></tr>
</table>

四、T梁架设安全交底

T梁场内移动与存放安全交底 编号：

施工单位	
工程名称	
分部分项工程	
工　　种	

交底内容：

一、主要危险源与危害因素

1. 两台吊机吊梁时，指挥不统一，起落不同步。

2. 梁体存放时支撑不牢固。

二、安全注意事项

1. 顶落梁前梁体两侧均应支护，千斤顶安放位置应保证梁顶起后不会歪斜。

2. 千斤顶顶落梁时，应一边上升，一边加入垫块，或者一边下降，一边撤去垫块，使梁的提升距离保持在2 cm以内。两端交替进行，严禁两端同时起落。

3. 横移梁的滑道应与梁纵向垂直。

4. 滑梁时，梁体混凝土面与滑道之间必须安装移梁装置，严禁将梁直接在滑道上滑行。移动梁体时两端应同步，支撑松动时，应停止牵引，及时加固。

5. 如采用一台吊车吊梁时，应保证吊点位置上部配备起吊扁担。如采用两台吊车吊梁时，两端应统一指挥，同时起吊下落。梁体上下翼缘应设护栏。

6. 梁片存放时应支垫牢固，不得偏斜，防止梁体倾倒。

7. 双层存放时，上下层梁的支垫位置应在同一垂直面上。

重点强调：

1. 两台吊机吊梁时，指挥要统一，起落要同步。

2. 梁体存放时要设置牢固的支撑，防止倾倒。

审核人		交底人		接受交底负责人	

作业班组全体签名：

架桥机架设 T 梁安全交底　　编号：

施工单位	
工程名称	
分部分项工程	
工　　种	

交底内容：

一、主要危险源与危害因素

1. 架梁作业区没有警示标志和安全防护措施。

2. 夜间架梁作业没有足够的照明。

3. 落梁后，梁体没有临时支架支撑。

4. 运架设备安装场地高低不平，土质松软，四周有障碍物。

二、安全注意事项

1. 架梁作业区域应设置明显警示标志及必要的护栏等安全防护设施。防护人员要阻止非架梁作业人员进入架梁作业区。

2. 架梁时应提前安装墩台护栏和梯子等安全防护设施。

3. 夜间架梁作业应有足够的照明。

4. 梁体两端就位落梁后，应及时用临时支架撑好梁体两侧，防止梁体倾倒。

5. 施工现场风力超过 6 级时应停止架梁作业。

6. T 梁的运输和装卸应注意：

(1)运输 T 梁时监护人员应随车监视，出现支撑松动，应停车加固。运梁车接近桥位时，运行速度不得大于 5 km/h。

(2)T 梁起吊装车运输时，两端的高差不得大于 0.3 m。梁两端应支撑牢固。

7. T 梁架设应注意：

(1)架梁前应对线路特别是桥头线路进行道路压实，严禁使用已组装的架桥机进行道路压实。当道路压实出现路基下沉严重时，应对线路进行加固。在暴雨或大雨后，应重新压实方可继续架梁作业。

(2)架梁作业时，应提前排除工作范围内的障碍物。通过隧道时应低速运行，观察人员发现问题时要及时处理或上报。

(3)应加强架梁线路的养护维修，对于不良地段，应降低架桥机运行速度。接近桥位时，架桥机应减速至 0.5 km/h，距离桥头 100 m 处应停车，检查制动系统良好后方可继续前进，负责监视的人员要监护对位。主机正确对位后，应立即采取可靠的制动措施。

(4)下坡道架梁时，运梁车应有可靠的防溜车措施。

(5)架桥机出梁即将到位时，严禁梁体撞击前端支柱。

(6)架梁时架桥机制动系统应保持规定风压。

(7)墩台顶移梁时应在梁两端采取可靠支撑措施。千斤顶落梁时，两端要交替进行，严禁两端同起同落。

8. 横隔板焊接、横向张拉、压浆、湿接缝施工时，应设置安全可靠的吊篮或工作区域，并有足够的工作空间。作业人员应会使用灭火器。

续上表

重点强调： 1. 架梁作业区应设置警示标志和安全防护措施。 2. 落梁后，梁体要设置临时支架支撑，以防止梁体倾倒。 3. 夜间作业要有充足的照明。					
审核人		交底人		接受交底负责人	
作业班组全体签名：					

龙门吊机架设T梁安全交底　　编号：

施工单位	
工程名称	
分部分项工程	
工　　种	

交底内容：

一、主要危险源与危害因素

1. 龙门吊机轨道的地基不稳固，轨道下沉。

2. 吊机拼装时，没有缆风绳支撑塔架；天车行走轨道两端没有止轮器。

3. 吊机行走时，两支腿运动不一致。

4. 龙门吊机暂停使用时，没有安放止轮器。

二、安全注意事项

1. 龙门吊机走行轨道地基应坚实、稳固、无沉陷，软弱地基应在技术人员指导下进行加固处理。

2. 龙门吊机拼装时，应设置缆风绳稳固支撑塔架。天车运行轨道的两端应设止轮器。

3. 架梁前应安装墩台护栏和梯子等安全防护设施。

4. 架梁作业区域应设置明显警示标志及必要的护栏等安全防护设施，防护人员要阻止非架梁人员进入架梁作业区。

5. 龙门吊机吊梁时，应先将梁吊离地面一小段距离，经检查一切正常后，方可再次提升。两台龙门吊机吊梁升降、横移应同步进行。梁体就位并支护稳妥后，方可松钩。

6. 龙门吊机走行时，同一吊机的两支腿应同步，停止走行时应采取双向制动措施。暂停使用时，应切断电源，并拉好缆风绳，安放止轮器。

7. 梁体两端就位落梁后，应及时用临时支架撑好梁体两侧，防止梁体倾倒。同跨T梁落位后，应及时进行横隔板焊接。

8. 横隔板焊接、横向张拉、压浆、湿接缝施工时，应设置安全可靠的吊篮或工作区域，并有足够的工作空间。作业人员应会使用灭火器。

9. 夜间架梁作业应有足够的照明。

10. 施工现场风力超过6级时应停止架梁作业。

11. 龙门吊机拆除时，应切断电源。将龙门架底部垫实，在龙门架支腿上拉好缆风绳。拆除的杆件、螺栓、材料等应吊放下落，严禁抛掷。

续上表

重点强调： 1. 龙门吊机运行时，两支腿运动必须一致。 2. 吊机轨道的地基必须坚实，对软弱地段要进行加固处理。 3. 龙门吊机暂停使用时，必须安放止轮器。					
审核人		交底人		接受交底负责人	
作业班组全体签名：					

第二节　桥位制梁施工安全交底

一、支架法制梁安全交底

支架法制梁作业安全交底　　编号：

施工单位	
工程名称	
分部分项工程	
工　　种	

交底内容：

一、主要危险源与危害因素

1. 在支架基础及邻近处进行挖掘作业。

2. 作业人员未正确佩戴安全帽、未正确系好安全带。

3. 翻越设置的防护栏，随意挪动安全警示标志。

4. 将泵送混凝土管道固定在支架上。

5. 当有6级及以上大风或雨雪等恶劣天气时，进行搭设与拆除支架作业。

6. 随意拆除支架的杆件。

7. 拆除支架时，由下而上进行，或上下同时作业。

8. 支架搭设完毕后未进行验收；未进行支架预压或预压荷载不能满足设计要求。

二、安全注意事项

1. 进入施工现场，作业人员必须正确佩戴安全帽，系好安全带。搭设人员必须持证上岗。

2. 作业人员必须参加班前安全交底培训，明确个人任务和职责，掌握操作要求，熟悉安全措施等。

3. 不同材质、规格的支架不得混用。

4. 施工现场，禁止人员追逐打闹，禁止酒后作业。

5. 作业时应保持作业道路通畅、环境整洁。

6. 作业人员必须从专用的通道或爬梯上下，严禁攀爬脚手架、支架。

7. 施工时，不得翻越防护栏，随意挪动安全警示标志。

8. 经技术人员确认后，方可进行支架搭设施工。

9. 支架应严格按照设计进行搭设，设置足够的斜撑、剪力撑、缆风绳和落架设施，应有施工平台、栏杆、梯子、安全网等防护设施。

10. 搭设支架时，所用材料应为钢结构。

11. 在销子周围涂油脂，以防雨水进入销孔缝隙内。所有螺栓外露螺纹也要涂油脂，防止生锈，防止发生安全事故。

12. 不得在支架基础及邻近处进行挖掘作业。

13. 采用砂袋预压时，应注意防雨，以免砂袋因雨水增加重量。

续上表

<table>
<tr><td colspan="6">14. 在技术人员的指导下,应对安装完毕后的支架的垂直度、落架设施、部件连接、地锚、缆风绳等进行全面检查。
15. 不得将泵送混凝土管道等固定在支架上。
16. 浇筑混凝土时,应从中间向两头或两头向中间对称浇筑,严禁从一头向另一头浇筑。
17. 梁体混凝土浇筑过程中,发现较大变形时,必须立即采取措施。
18. 经技术人员检验梁体已符合设计要求后,方可拆除承重模板。
19. 梁底模及支架卸载顺序,必须在技术人员的指导下,严格按照从梁体挠度最大处的支架节点开始,逐步卸落相邻节点。当达到一定卸落量后,支架方可拆除。
20. 模板及支架拆除应遵循先支后拆、后支先拆的顺序,严禁强拉硬拽。
21. 支架在承重期间,不得随意拆除任何受力杆件。
22. 遇 6 级及以上大风或雨雪等恶劣天气时,不得进行搭设与拆除作业。</td></tr>
<tr><td colspan="6">重点强调:
1. 支架在承重期间,不得随意拆除任何受力杆件。
2. 遇 6 级及以上大风或雨雪等恶劣天气时,不得进行搭设与拆除作业。
3. 在技术人员的指导下,支架应严格按照设计进行搭设,设置足够的斜撑、剪力撑、缆风绳和落架设施,应有施工平台、栏杆、梯子、安全网等防护设施。</td></tr>
<tr><td>审核人</td><td></td><td>交底人</td><td></td><td>接受交底
负责人</td><td></td></tr>
<tr><td colspan="6">作业班组全体签名:</td></tr>
</table>

T构桥转体施工安全交底　　编号：

施工单位	
工程名称	
分部分项工程	
工　　种	

交底内容：

一、主要危险源与危害因素

1. 进入施工现场的人员没有正确佩戴安全帽等防护用品。

2. 转体施工时，操作人员精力不集中。

3. 酒后作业，疲劳作业，带病作业。

4. 转动场地、设施及设备未进行试运转。

5. 跨线转体时没有做好营业线施工安全防护措施，无专人防护。

6. 挂篮锚固不牢。

7. 转体就位后，未及时连接固定。

二、安全注意事项

1. 转体前平转场地、设施及设备必须进行调试。

2. 搬运钢筋人员应协调配合，相互呼应。搬运时必须按顺序逐层从上往下取运，严禁从下方抽拿。

3. 转动体系应灵活自如，安全可靠。位控体系应能控制转动体的转动速度和位置。

4. 所有从事钢筋工程的施工人员都必须戴好安全帽和劳保手套。

5. 千斤顶张拉系统操作人员必须严格执行有关操作规程，做到班前检查，班后保养，发现故障及时清除，确保设备处于良好状态。

6. 转体施工中，操作人员精力高度集中，从事本职工作，密切注意转体情况，遇到障碍，立即停工排障。

7. 要严格遵守操作规程，振捣设备应安全可靠，使用前必须检查各部位连接牢固。

8. 挂篮锚固必须牢固，桥面到挂篮上横梁操作平台要有专用通道，通道两侧要安装栏杆，栏杆上挂设安全网。

9. 跨线转体期间，在技术人员指导下对其邻近线路采取必要的线路加固，并有专人进行线路防护。

10. 转体施工时专职防护员严防上部施工坠落物件危及行人与施工安全。

11. 转体就位后，应迅速进行连接固定，同时对施工范围内的线路和限界进行清理、检查。

12. 严禁未经培训及无证人员作业。

续上表

<table>
<tr><td colspan="6">重点强调：
1. 转体前须在技术人员指导下对平转场地、设施及设备进行调试。
2. 转体施工中，操作人员精力高度集中，从事本职工作，密切注意转体情况，遇到障碍，立即停工排障。
3. 转体施工时要设专职防护员，严防上部施工坠落物件危及行人与施工安全。</td></tr>
<tr><td>审核人</td><td></td><td>交底人</td><td></td><td>接受交底负责人</td><td></td></tr>
<tr><td colspan="6">作业班组全体签名：</td></tr>
</table>

二、连续梁(刚构)悬臂法施工安全交底

连续梁(刚构)挂篮悬臂浇筑作业安全交底　　编号：

施工单位	
工程名称	
分部分项工程	
工　　种	

交底内容：

一、主要危险源与危害因素

1. 向下或往上抛掷材料和工具。
2. 混凝土浇筑过程中，发现异常情况时，仍然继续进行作业。
3. 恶劣天气仍进行连续梁(刚构)的挂篮悬臂浇筑作业。
4. 挂篮锚固不牢。
5. 未安装挂篮移位限位装置。
6. 挂篮拼装和拆除不符合设计要求。
7. 将泵送混凝土管道悬挂在挂篮上。

二、安全注意事项

1. 作业人员必须参加班前安全交底培训，明确个人任务和职责，掌握操作要求，熟悉安全措施等。
2. 进行作业时，作业人员必须正确佩戴安全帽，正确系好安全带。
3. 严禁向下或往上抛掷材料和工具。
4. 严禁人员在挂篮悬臂浇筑施工作业区域下方停留或穿行。
5. 作业时应保持作业道路通畅、环境整洁。
6. 严禁翻越设置的防护栏，严禁随意挪动安全警示标志。
7. 施工现场，禁止人员追逐打闹，禁止酒后作业。
8. 严禁使用不合格的挂篮杆件及机具设备(如千斤顶、滑道、钢丝绳等)。
9. 挂篮拼装过程中，严禁随意对螺栓孔进行切割扩孔，确需扩孔时，必须经技术人员的确认和征得挂篮设计单位同意。严禁在精轧螺纹钢筋吊杆上进行电焊、搭火，所有精轧螺纹钢筋吊杆必须使用双螺母锁紧。
10. 挂篮拼装应对称进行，构件及时稳固，联为一体，防止倾倒伤人。
11. 挂篮现场组拼后，在技术人员的指导下，应全面检查安装质量。预压过程中如发现局部位置变形过大，应立即停止加载，及时查找原因，采取补救措施。
12. 挂篮就位后，立即安装锚固，所有锚固点完全受力后，才能进行施工作业。
13. 经技术人员检验挂篮设计符合强度、刚度和稳定性要求后，方可施工。
14. 进行挂篮作业时，必须在挂有安全网、四周设有围栏的地方进行作业。
15. 需在挂篮上增加设施(如防雨棚、防寒棚、立井架等)时，必须经技术人员确认挂篮的整体、稳定性符合要求后，方可增加，且不得损害挂篮结构及改变其受力形式。

续上表

<table>
<tr><td colspan="6">16. 必须在平顺的滑道上进行挂篮移位，并按要求做好锚固。
17. 挂篮走行前，必须检查走行系统、吊挂系统、模板系统。
18. 墩两侧挂篮应对称移位，移动速度应控制在 0.1 m/min 以内。挂篮移动到位后应及时锚固，前吊杆、后锚杆的锚固力应调试均匀，前端限位装置应设置牢固。
19. 混凝土浇筑前，在技术人员的指导下对挂篮的锚固系统、吊挂系统和限位装置等进行全面检查。
20. 混凝土浇筑过程中，发现异常情况时，必须立即停止作业。
21. 不得将泵送混凝土管道等固定在挂篮上。
22. 浇筑混凝土时，应从中间向两头或两头向中间对称浇筑，严禁从一头向另一头浇筑。
23. 挂篮悬臂施工过程中，应加强对滑道、主桁节点、锚固、吊挂和模板等系统的日常检查，确保施工安全。
24. 遇 6 级及以上大风或雨雪等恶劣天气时，不得进行连续梁(刚构)的挂篮悬臂浇筑作业。
25. 跨越公路、通航河道作业时，应事先与当地行政主管部门联系，商定有关施工期间的安全事项，并发布公告，按有关规定设置安全防护设施和警示标志。</td></tr>
<tr><td colspan="6">重点强调：
1. 严禁使用不合格的挂篮杆件及机具设备(如千斤顶、滑道、钢丝绳等)。
2. 挂篮就位后，立即安装锚固，所有锚固点完全受力后，才能进行施工作业。
3. 墩两侧挂篮应对称移位，移动速度不得超过 0.1 m/min。
4. 遇 6 级及以上大风或雨雪等恶劣天气时，不得进行连续梁(刚构)的挂篮悬臂浇筑作业。</td></tr>
<tr><td>审核人</td><td></td><td>交底人</td><td></td><td>接受交底负责人</td><td></td></tr>
<tr><td colspan="6">作业班组全体签名：</td></tr>
</table>

节段梁预制与运输安全交底　　编号：

施工单位	
工程名称	
分部分项工程	
工　　种	

交底内容：

一、主要危险源与危害因素

1. 作业人员未正确佩戴安全防护用品。

2. 混凝土浇筑过程中，发现异常情况时，仍然继续进行作业。

3. 无证操作机械和设备。

4. 采用张拉法时，没有采取防护措施。

5. 运输时，超载、超速。

6. 浇筑节段预制梁时，人员站立在模板时进行浇筑。

二、安全注意事项

1. 作业人员必须参加班前安全交底培训，明确个人任务和职责，掌握操作要求，熟悉安全措施等。

2. 严格遵守预制和运输梁的作业指导书，不得装载搬卸危险物品。

3. 施工现场，禁止人员追逐打闹，禁止酒后作业。

4. 作业时应保持作业道路通畅、环境整洁。

5. 在技术人员的指导下，锚外钢绞线应采用砂轮片切割，切割后的预应力筋的外露长度不得小于 30 mm，切割时不得损伤锚具。张拉后严禁撞击锚具、钢束。

6. 钢模板翼模外侧应适当加宽，用于布置人行道和栏杆；两端应设供施工人员上下的扶梯；端模应设栏杆。

7. 模板安装时侧模、底模、端模应支撑、连接牢固。模板的横移、顶升、下降应同步。

8. 在起吊钢筋骨架前，吊点周围用架立钢筋加强，梁端部底腹板钢筋、顶板钢筋接触网支柱预埋件等部位及钢筋交叉处均应采用点焊加强。起吊前由专人检查吊点铁链、钢丝绳。

9. 采用两台吊机同时起吊钢筋骨架时，应统一指挥，同步起落和横移，使两台吊机各自分担的起重量不超过其容许的负荷能力。

10. 采用张拉法进行预制梁时，张拉区域设置明显的警示标志。张拉时，人员不得站立在千斤顶后面和油管接头部位，也不得踩踏高压油管。张拉作业前，应按技术人员的要求设置张拉专用工作平台，平台应有防护屏障。

11. 混凝土浇筑过程中，应经常检查模板，发现螺栓和支撑松动时，及时紧固。

12. 浇筑混凝土时，应从中间向两头或两头向中间对称浇筑，严禁从一头向另一头浇筑。

13. 在混凝土浇筑过程中，严禁振捣棒直接碰撞预应力钢筋，防止发生破坏。

14. 浇筑时，严禁人员直接站在模板上操作。

15. 混凝土浇筑过程中，经技术人员确认发现模板、支架、钢筋骨架的变形有异常情况时，必须立即停止作业，并整修加固合格。

16. 节段预制梁安装场内，必须按规定进行张拉。

续上表

<table>
<tr><td colspan="6">17. 预制梁采用张拉法时，发现张拉设备运转异常，应立即停机检查。
18. 预制梁若采用蒸汽养护时，应注意：
(1)锅炉应安装在单独建造的锅炉房内，与生产生活用房的距离应符合有关规定。
(2)锅炉房的司炉工和水处理工应持证上岗。
(3)使用过程中，要定期对压力表等计量器具和安全阀进行校验。对其他设备部件进行监视和检查。
19. 端模和侧模拆除过程中，应将已拆下的模板支撑固定好，防止倒塌伤人。
20. 未经技术人员的确定，在梁体混凝土未达到规定的设计强度前，不可以拆模。
21. 吊起预制梁时，必须多吊点均衡起吊。
22. 运梁前，经技术人员对运梁车进行全面检查后，方可运输。
23. 梁段装车、装船运输时，应使梁、车(船)的重心相吻合，并安放平稳。支承点的位置与吊点位置一致，梁段与车(船)体应拉紧固定。
24. 节段预制梁在道路上运输时，必须控制行驶速度，禁止超载、禁止超速；在行车工作中，认真执行各项规章制度。
25. 严禁无证人员操作机械和设备。
26. 重车下坡时应避免急刹车。转弯时，应降低车速，鸣笛。</td></tr>
<tr><td colspan="6">重点强调：
1. 作业人员必须参加班前安全交底培训，明确个人任务和职责，掌握操作要求，熟悉安全措施等。
2. 模板安装时侧模、底模、端模应支撑、连接牢固。模板的横移、顶升、下降应同步。
3. 吊起预制梁时，必须多吊点均衡起吊。
4. 梁段装车、装船运输时，应使梁、车(船)的重心相吻合，并安放平稳。支承点的位置与吊点位置一致，梁段与车(船)体应拉紧固定。
5. 采用两台吊机同时起吊钢筋骨架时，应统一指挥，同步起落和横移，使两台吊机各自分担的起重量不超过其容许的负荷能力。</td></tr>
<tr><td>审核人</td><td></td><td>交底人</td><td></td><td>接受交底
负责人</td><td></td></tr>
<tr><td colspan="6">作业班组全体签名：</td></tr>
</table>

悬臂吊机拼装节段梁安全交底

编号：

施工单位	
工程名称	
分部分项工程	
工　　种	

交底内容：

一、主要危险源与危害因素

1. 人员站立在吊装物上。

2. 施工现场，人员追逐打闹；酒后作业。

3. 违章操作机械设备，如吊机、拼装设备。

4. 未及时锚固拼装后的节段梁。

5. 跳跃防护栏，倚靠防护栏休息。

6. 遇 6 级及以上大风时，仍然进行露天吊装作业。

7. 单点吊装节段预制梁。

8. 进行吊装作业时，遇异常情况仍继续作业。

9. 焊接吊机的吊钩。

10. 悬臂吊机节段梁拼装后锚固不牢。

11. 使用未安装制动装置的移动悬臂吊机。

二、安全注意事项

1. 作业人员必须参加班前安全交底培训，明确个人任务和职责，掌握操作要求，熟悉安全措施等。

2. 吊装的作业人员必须持证上岗，按规章操作机械和设备。

3. 禁止随意翻越防护栏，依靠防护栏休息。

4. 作业时应保持作业道路通畅、环境整洁。

5. 进入施工现场的作业人员，必须正确佩戴安全帽，正确系安全带。

6. 起重机械有如下情况之一的，应经技术人员按验收检验要求检查后方可投入使用：(1)发生过设备事故的；(2)设备大修后的；(3)停止使用一年以上的。

7. 施工现场，禁止人员追逐打闹，禁止酒后作业。

8. 吊机就位后，应重点对其位置及锚固状态进行检查，并进行起吊试验。

9. 梁段运输起吊前，在技术人员的指导下，应进行全面检查，如吊环部位有无损伤，结合面有无突出外露物，梁段上有无放置物件等。

10. 严禁单点吊装近端预制梁，拼装好后，必须及时锚固。

11. 吊装作业中，当重物吊起、转向、走行时，禁止接近人员。

12. 吊装作业时，发现异常应立即停止作业。

13. 起重机械使用前，必须经技术人员检查确认符合要求，进行试吊后，方可使用。

14. 起吊时，在梁段吊离车(船)20 cm 左右停止提升，检查起重设备的工作状态，确认其状态正常后，继续提升，撤走运输车(船)。在接近安装部位时，不得碰撞已安装的梁段和其他作业设施。

续上表

<table>
<tr><td colspan="6">15. 遇起重机械在作业中停机时,必须将吊起的预制梁落地,不应将梁悬在空中停机。
16. 悬空吊装梁时,人员必须站在操作平台上操作,严禁站立在节段梁上。
17. 节段正式就位,按设计要求张拉预应力束后,吊机起重吊钩才能松钩。
18. 采用吊架法施工合龙段时,两端的连接装置应牢固可靠,吊架应进行全封闭防护。
19. 节段梁应对称拼装。
20. 遇 6 级及以上大风时,必须停止露天吊装作业。
21. 严禁私自焊接吊机的吊钩。
22. 跨越公路、通航河道作业时,应事先与当地行政主管部门联系,商定有关施工期间的安全事项,并发布公告,按有关规定设置安全防护设施和警示标志。</td></tr>
<tr><td colspan="6">重点强调:
1. 遇起重机械在作业中停机时,必须将吊起的预制梁落地,不应将梁悬在空中停机。
2. 采用吊架法施工合龙段时,两端的连接装置应牢固可靠,吊架应进行全封闭防护。
3. 严禁单点吊装近端预制梁,拼装好后,必须及时锚固。
4. 吊装作业时,发现异常应立即停止作业。
5. 悬空吊装梁时,人员必须站在操作平台上操作,严禁站立在节段梁上。</td></tr>
<tr><td>审核人</td><td></td><td>交底人</td><td></td><td>接受交底
负责人</td><td></td></tr>
<tr><td colspan="6">作业班组全体签名:</td></tr>
</table>

移动支架悬臂拼装节段梁安全交底　　编号：

施工单位	
工程名称	
分部分项工程	
工　　种	

交底内容：

一、主要危险源与危害因素

1. 作业人员未正确佩戴安全帽，未正确系安全带。
2. 在施工现场，人员追逐打闹，酒后作业。
3. 随意翻越防护栏。
4. 人员站立在悬臂拼装的节段梁上。
5. 随意开动机械和设备。
6. 当有 6 级及以上大风或雨雪等恶劣天气时，进行移动支架悬臂拼装作业。

二、安全注意事项

1. 作业人员必须参加班前安全交底培训，明确个人任务和职责，掌握操作要求，熟悉安全措施等。
2. 施工作业时，作业人员必须正确佩戴安全帽，正确系安全带。
3. 作业时应保持作业道路通畅、环境整洁。
4. 严禁随意翻越防护栏，严禁随意挪动安全警示标志。
5. 施工现场，禁止人员追逐打闹，禁止酒后作业。
6. 不得往下或向上抛掷材料和工具。
7. 进行悬空吊装作业时，禁止人员站立在拼装节段预制梁上；禁止人员在拼装节段梁作业区域下方停留或穿行。
8. 梁段运输起吊前，须在技术人员的指导下，应进行全面检查，如吊环部位有无损伤，结合面有无突出外露物，梁段上有无放置物件等。
9. 移动支架在台后拼装时，路基应平整、坚实。搭设临时支架时，应安全、可靠。
10. 移动支架拼装完成后，按不同工况进行试运转和起吊试验，合格后方可投入使用。
11. 经技术人员指导和检验：移动支架抗倾覆稳定系数不得小于 1.5。移位时，起重或移梁小车应退至指定位置。
12. 天气突然变化影响作业安全、卷扬机电机过热或其他机械设备出现故障时，应暂停吊运作业，并采取相应的应急避险措施。
13. 采用吊架法施工合龙段时，两端的连接装置应牢固可靠，吊架应进行全封闭防护。
14. 不得随意开动移动支架机械。
15. 移动支架时，必须待作业人员离开平台后进行。
16. 遇 6 级及 6 级以上大风或雨雪等恶劣天气时，必须停止移动支架悬臂拼装作业。
17. 移动支架时，发现异常情况应立即停止作业。

续上表

重点强调： 1. 严禁随意翻越防护栏，严禁随意挪动安全警示标志。 2. 进行悬空吊装作业时，禁止人员站立在拼装节段预制梁上；禁止人员在拼装节段梁作业区域下方停留或穿行。 3. 遇 6 级及以上大风或雨雪等恶劣天气时，必须停止移动支架悬臂拼装作业。 4. 天气突然变化影响作业安全、卷扬机电机过热或其他机械设备出现故障时，应暂停吊运作业，并采取相应的应急避险措施。					
审核人		交底人		接受交底负责人	
作业班组全体签名：					

三、连续梁顶推施工安全交底

连续梁顶推施工安全交底　　　编号：

施工单位	
工程名称	
分部分项工程	
工　　种	

交底内容：

一、主要危险源与危害因素

1. 从梁上或操作平台上向下抛扔物料机具。

2. 作业人员未正确佩戴安全帽，未正确系好安全带。

3. 随意开动机械。

4. 多点顶推、集中顶推时控制手段不统一。

5. 违章使用千斤顶进行作业。

6. 顶推作业时，发现异常情况仍继续作业。

二、安全注意事项

1. 作业人员必须参加班前安全交底培训，明确个人任务和职责，掌握操作要求，熟悉安全措施等。要严格遵守作业指导书作业。严禁违章作业。

2. 作业人员必须正确佩戴安全帽，正确系安全带。

3. 不得随意开动机械。

4. 在操作平台上，严禁向下或向上抛掷材料和工具。

5. 作业时应保持作业道路通畅、环境整洁。

6. 应正确使用千斤顶，避免造成千斤顶行程损失，工作行程浪费。

7. 在技术人员的指导下，墩顶应有足够的空间来更换滑道、安装支座，并应验算其在偏压情况下的结构安全度。顶推引起的墩顶位移值，不得超过允许的位移值。

8. 台座和墩顶应设有导向装置和保险千斤顶。

9. 不得向滑道内乱扔杂物。

10. 多点顶推、集中顶推动力采用统一的控制手段，同一墩台及各墩的顶推设备应同步启动和同步纵向运行。采用多点顶推，助顶的顶推力应保持恒定不变。

11. 落梁完毕，当拆除千斤顶及其他设备时，都应事先用绳拴好，用吊机吊出，在起吊时应避免撞击梁体。

12. 各联主梁顶推作业完成并落位到正式支座上以后，方可将临时墩拆除，作业人员不得擅自拆除。

13. 顶推时，若发现阻力太大，必须停止顶推。严禁硬拉硬顶。

续上表

<table>
<tr><td colspan="6">重点强调：
1. 顶推时，如导梁杆件有变形、螺栓松动、导梁与主梁连接处有变形或混凝土开裂等情况时，应停止顶推。
2. 顶推时，若发现阻力太大，必须停止顶推。严禁硬拉硬顶。
3. 在操作平台上，严禁向下或向上抛掷材料和工具。
4. 作业人员必须正确佩戴安全帽，正确系安全带。
5. 施工现场，禁止人员追逐打闹；禁止酒后作业。</td></tr>
<tr><td>审核人</td><td></td><td>交底人</td><td></td><td>接受交底负责人</td><td></td></tr>
<tr><td colspan="6">作业班组全体签名：</td></tr>
</table>

四、移动模架与移动支架法制梁安全交底

上行式移动模架制梁安全交底　　编号：

施工单位	
工程名称	
分部分项工程	
工　　种	

交底内容：

一、主要危险源与危害因素

1. 人员在移动模架上或作业区域下过长时间的停留。

2. 作业人员未正确佩戴安全帽，未正确系好安全带。

3. 随意翻越防护栏，随意挪动安全警示标志。

4. 混凝土洒水养护时，将水喷到电线或电气设备上。

5. 违规操作机械设备。

6. 当有 6 级及以上大风或雨雪等恶劣天气时，仍进行移动模架制梁作业。

7. 将泵送混凝土管道固定在移动模架上。

8. 擅自移动、拆除模架。

二、安全注意事项

1. 作业人员必须参加班前安全交底培训，明确个人任务和职责，掌握操作要求，熟悉安全措施等。

2. 进入施工现场，作业人员必须正确佩戴安全帽，正确系安全带。

3. 遇 6 级及以上大风或雨雪等恶劣天气时，必须停止移动模架制梁作业，所有支腿均应处于锚固和锁定状态，外模板应闭合。

4. 施工现场，禁止人员追逐打闹，禁止酒后作业。

5. 严禁随意翻越防护栏，随意挪动安全警示标志。

6. 施工时，时刻留意模架有无异常，以免模架发生倾覆时造成人员伤亡。

7. 作业前，对搅拌仓、提升斗、制动器、输送带等进行检查确保其状态良好后，方可施工。

8. 移动模架拼装时，应及时连接横向支腿。

9. 技术人员应确认：上行式模架后支腿应置于已浇筑梁段腹板中心线上，支承面积应满足模架设计要求后，方可进行移动模架制梁，防止箱梁局部受压损坏。

10. 移动模架过孔应注意：

(1)梁体初张拉完成后方可进行，作业人员不得擅自操作移动模架过孔。

(2)过孔前要对移动模架的上下、左右、前后各处进行详细的检查，若有影响移动模架横移及前移的障碍物，要进行清理或拆除。

(3)过孔前及过孔完成后，应检查受力构件的焊缝质量，发现裂纹，及时补焊。

(4)模架打开过孔前应确认电路、油路运行正常，且所有影响移位的约束已经解除。

(5)模架横向开启及合龙过程中，左右两侧模架、同侧移动模架前后端均应保持同步。

续上表

<table>
<tr><td colspan="6">(6)纵移到最后 1 m 时,应按点动按钮前进。
(7)移动模架应有可靠的纵向过孔限位装置。
(8)移动模架过孔后应及时将外模系统合龙,模架就位。
(9)纵向移位速度应小于设计移位速度。
(10)辅助支腿锚固到桥墩台上。
(11)移动模架主梁后支腿走行装置落到桥面轨道上,前支腿支撑在桥墩上。辅助支腿沿前导梁吊挂移动时应防止偏位。
(12)主机中心线应与箱梁中心线重合,超出验收要求时,应通过辅助支腿的横移油缸和主梁后支腿调整主机横向位置。
11. 混凝土输送泵应安放在平整、坚实的地面上,周围不得有障碍物,工作时应使机身保持水平和稳定,轮胎应楔紧,防止发生倾覆。
12. 浇筑顺序应由前端向后端进行,左右两侧腹板及翼缘混凝土对称下料,以保证主梁结构受力均匀,变形一致。
13. 移动模架施工时,应设置防护区并设立明显警示标志。
14. 严禁人员在作业区域下方停留、穿行;移动模架时,必须待作业人员离开平台后进行。
15. 混凝土洒水养护时,注意不要将水洒到机械和用电设备上。
16. 模板支撑体系必须经技术人员验收合格后,方可进行混凝土浇筑施工;经技术人员确认混凝土强度达到后,方可拆除模板。
17. 不得将泵送混凝土管道等固定在移动模架上。
18. 浇筑混凝土时应从中间向两头或两头向中间对称浇筑,严禁从一头向另一头浇筑。</td></tr>
<tr><td colspan="6">重点强调:
1. 遇 6 级及以上大风或雨雪等恶劣天气时,必须停止移动模架制梁作业。
2. 禁止人员在施工现场追逐打闹;禁止酒后作业。
3. 严禁人员在作业区域下方停留、穿行;移动模架时,必须待作业人员离开平台后进行。
4. 移动模架拼装时,及时连接横向支腿。
5. 混凝土洒水养护时,注意不得将水洒到机械和用电设备上。</td></tr>
<tr><td>审核人</td><td></td><td>交底人</td><td></td><td>接受交底
负责人</td><td></td></tr>
<tr><td colspan="6">作业班组全体签名:</td></tr>
</table>

下行式移动模架制梁安全交底

编号：

施工单位	
工程名称	
分部分项工程	
工　　种	

交底内容：

一、主要危险源与危害因素

1. 在施工现场追逐打闹；酒后作业。

2. 未正确佩戴安全帽，未正确系安全带。

3. 在模架施工时，随意向下抛掷材料和工具。

4. 随意开动机械和设备。

5. 混凝土浇筑过程中，发现异常情况时，仍然继续作业。

6. 混凝土洒水养护时，将水喷到电线或电气设备上。

7. 在作业区域下方停留、穿行。

8. 移动模架拼装过程中，支腿横向连接不及时。

9. 将泵送混凝土管道悬挂在移动模架上。

二、安全注意事项

1. 进入施工现场的作业人员，必须正确佩戴安全帽，正确系安全带。

2. 施工现场，禁止人员追逐打闹，禁止酒后作业。

3. 作业时应保持作业道路通畅、环境整洁。

4. 作业人员必须参加班前安全交底培训，明确个人任务和职责，掌握操作要求，熟悉安全措施等。

5. 下行式模架安装前，经技术人员对固定主支腿的精轧螺纹钢筋、夹具及连接器进行外观检查，并做力学试验，合格后方可使用。安装时按设计要求张拉，双螺帽紧固，其使用次数应不超过设计规定。

6. 移动模架时，必须待作业人员离开平台后进行。

7. 模架拼装过程中，支腿、主梁、横联应及时连接，防止整体失稳。

8. 经技术人员的指挥，相互配合后，方可开动机械，严禁私自开动机械。

9. 移动模架拼装时，应及时连接横向支腿。

10. 在模架施工时，不得随意向下抛掷材料和工具。

11. 移动模架应有风速仪、避雷针等装置，以及防风锚碇设施。

12. 遇6级及以上大风或雨雪等恶劣天气时，必须停止移动模架制梁作业，所有支腿均应处于锚固和锁定状态，外模板应闭合。

13. 移动模架过孔应注意：

(1)梁体初张拉完成后方可进行。

(2)过孔前要对移动模架的上下、左右、前后各处进行详细的检查，若有影响移动模架横移及前移的障碍物，要进行清理或拆除。

续上表

<table>
<tr><td colspan="6">(3)过孔前及过孔完成后,应检查受力构件的焊缝质量,发现裂纹,及时补焊。
(4)模架打开过孔前应确认电路、油路运行正常,且所有影响移位的约束已经解除。
(5)模架横向开启及合龙过程中,左右两侧模架、同侧移动模架前后端均应保持同步。
(6)纵移到最后 1 m 时,应按点动按钮前进。
(7)移动模架应有可靠的纵向过孔限位装置。
(8)移动模架过孔后应及时将外模系统合龙,模架就位。
(9)纵向移位速度应小于设计移位速度。
(10)辅助支腿锚固到桥墩台上。
(11)移动模架主梁后支腿走行装置落到桥面轨道上,前支腿支撑在桥墩上。辅助支腿沿前导梁吊挂移动时应防止偏位。
(12)主机中心线应与箱梁中心线重合,超出验收要求时,应通过辅助支腿的横移油缸和主梁后支腿调整主机横向位置。
14. 浇筑顺序应由前端向后端进行,左右两侧腹板及翼缘混凝土对称下料,以保证主梁结构受力均匀,变形一致。
15. 混凝土浇筑过程中,发现异常情况时,必须立即停止作业。
16. 不得将泵送混凝土管道等悬挂在移动模架上。
17. 人员不得停留穿行于作业区域下方。
18. 浇筑混凝土时应从中间向两头或两头向中间对称浇筑,严禁从一头向另一头浇筑。
19. 混凝土洒水养护时,注意不要将水洒到机械和用电设备上。
20. 模板支撑体系必须经相关人员验收合格后,方可进行混凝土浇筑施工。
21. 对部件进行切割、焊接作业时,必须按照相应安全操作规程进行。</td></tr>
<tr><td colspan="6">重点强调:
1. 混凝土浇筑过程中,发现异常情况时,必须立即停止作业。
2. 移动模架拼装时,应及时连接横向支腿。
3. 人员不得停留或穿行于作业区域下方。
4. 经技术人员的指挥,相互配合后,方可开动机械,严禁私自开动机械。
5. 模架拼装过程中,支腿、主梁、横联应及时连接,防止整体失稳。</td></tr>
<tr><td>审核人</td><td></td><td>交底人</td><td></td><td>接受交底负责人</td><td></td></tr>
<tr><td colspan="6">作业班组全体签名:</td></tr>
</table>

移动支架制架简支箱梁安全交底　　编号：

施工单位	
工程名称	
分部分项工程	
工　　种	

交底内容：

一、主要危险源与危害因素

1. 作业人员未正确佩戴安全帽，未正确系安全带。

2. 在施工现场，人员追逐打闹，酒后作业。

3. 使用未安装可靠的限位和制动装置的移动支架。

4. 当有 6 级及以上大风或雨雪等恶劣天气时，进行移动支架作业。

二、安全注意事项

1. 进入施工现场，作业人员必须正确佩戴安全帽，正确系安全带。

2. 作业人员必须参加班前安全交底培训，明确个人任务和职责，掌握操作要求，熟悉安全措施等。

3. 移动支架在每次拼装前，需对各零部件的完好情况进行检查。

4. 移动支架前移时，应注意：

(1)卷扬机、定滑轮、动滑轮、墩旁托架的锚固应牢固。

(2)滚轮箱导向轮、后支点小车走行轨道位置应正确。

(3)两台前移卷扬机应同型号，走行时保持平稳、同步。

(4)下托梁打开或闭合时，升、降高度应一致。

(5)支架纵移过程中，每个滚轮箱锚固点应固定专人观察，前方墩上应有仪器测控，发现偏移及时纠正。

5. 采用轮胎式运输车运输梁节时，道路的纵横坡度、平整度、承载力和转弯半径必须满足运输要求，不满足时应及时整修。

6. 运梁平车、起重小车、电动或液压卷扬机和支架走行的限位和制动装置应安全可靠。

7. 梁段的组拼应符合以下规定：

(1)桁吊与梁段的吊环应对正，不得斜吊。

(2)移梁小车走行应慢速、平稳，刹车装置可靠。

(3)调整梁段高度的螺旋千斤顶应与纵梁固定在一起。

(4)梁段调位时，应按照先纵向，再横向，后竖向的次序进行。统一指挥，动作协调，以免梁段歪斜、倾倒。

8. 当梁段湿接头施工时，应从梁孔两端向中间对称浇筑混凝土。

9. 当梁段干接头施工时，应搭设牢固涂胶脚手架。连接剂的涂刷必须在梁段调整就位并稳定后进行。

10. 在移动支架的墩旁托架及落地支架基础必须坚实稳固。

11. 预应力张拉过程中，伴随梁段起拱应及时调低支撑丝杆的高度或放松吊杆，以减少支架的上托力。

续上表

12. 移动支架上应铺设稳固的脚手板、防护栏杆，下托梁上应绑挂安全网。 13. 移动支架施工时，禁止人员通行或逗留在设有明显警示标志的区域。 14. 遇 6 级及以上大风或雨雪等恶劣天气时，必须停止移动支架作业。 15. 不得在高压线下方、配电柜周围堆土、堆料、支搭临时设施。 16. 必须按照相应的操作规程进行，不得违章作业。 17. 移动支架时，必须待作业人员离开平台后进行。					
重点强调： 1. 运梁平车、起重小车、电动或液压卷扬机和支架走行的限位和制动装置应安全可靠。 2. 发现有安全隐患时，必须及时解决，危及人身安全的，必须停止作业。 3. 作业时应保持作业道路通畅、环境整洁。 4. 桁吊与梁段的吊环应对正，不得斜吊。 5. 不得在高压线下方、配电柜周围堆土、堆料、支搭临时设施。					
审核人		交底人		接受交底 负责人	
作业班组全体签名：					

第三节　钢梁架设施工安全交底

支架拼装钢梁施工安全交底　　编号：

施工单位	
工程名称	
分部分项工程	
工　　种	

交底内容：

一、主要危险源与危害因素

1. 进入施工现场人员，未按规定佩戴相应的劳动防护用品。

2. 拼装杆件时，作业人员在水平联结系上违章行走。

3. 作业人员搭设或拆除支架过程中，随意抛掷扣件和钢管。

4. 作业人员未按要求搭设脚手架。

5. 在风力达到5级及以上时，作业人员进行架梁作业。

6. 在钢梁上违规摆放连接板、焊条、焊丝等物品。

7. 钢梁吊装卡位时，安装人员违规提升钢梁。

8. 在钢梁上行走时，施工人员不按规定挂设安全带。

9. 临时支垫不牢稳，横梁、纵梁多片排列存放时，螺栓彼此连接不牢固。

10. 安全通道防护棚未按要求搭设。

11. 作业人员上下钢梁时不走安全通道。

二、安全注意事项

1. 作业用的料具应放置稳妥，小型工具、材料应随时放入工具袋，上下传递工具时，严禁抛掷。

2. 杆件拼装对孔时，应用冲钉和拼装撬棍的尖端探孔，严禁使用其他物件和手指探孔。

3. 应迅速将主桁拼成闭合三角形，并随即安装纵横联结系。

4. 拼装杆件时，作业人员不得在水平联结系上行走。如必须行走时应系好安全带，双手扶杆件骑行通过。

5. 拼装钢梁及紧固高强螺栓时应挂设有栏杆的操作平台，操作平台搭设应牢固，脚手板应固定，并应有防冻防滑措施。

6. 人员上下通行要由斜道或扶梯上下钢梁，不准攀登杆件或绳索上下。

7. 钢梁吊装卡位时，安装人员必须在技术人员指挥下提升钢梁。

8. 作业人员必须按要求搭设脚手架确保脚手架稳固可靠。

9. 在风力达到5级时，不得进行架梁作业。

10. 安全通道防护棚必须按要求搭设。

11. 在作业区边缘应设置护栏或架设护网，且高度不低于1.2 m，并要稳固可靠。

12. 临时支垫必须牢稳，横梁、纵梁多片排列存放时，应用螺栓彼此连接且必须牢固。

13. 高空作业人员应正确系好安全带，脚穿软底防滑鞋，不准穿拖鞋、硬底鞋或带钉易滑的鞋。

续上表

<table>
<tr><td colspan="6">14. 高强度螺栓终拧完毕应进行质量检查。
15. 支架在承重期间，不得随意拆除任何受力杆件。
16. 拧螺栓时应防止漏拧、欠拧和超拧，以免造成隐患。
17. 施工作业搭设的扶梯、工作台、防护棚、脚手架、护身栏、安全网等，必须牢固可靠。
18. 所有进入施工现场的人员必须戴好安全帽，并按规定佩戴劳动保护用品。</td></tr>
<tr><td colspan="6">重点强调：
1. 作业用的料具应放置稳妥，小型工具、材料应随时放入工具袋，上下传递工具时，严禁抛掷。
2. 杆件拼装对孔时，应用冲钉和拼装撬棍的尖端探孔，严禁使用其他物件和手指探孔。
3. 应迅速将主桁拼成闭合三角形，并随即安装纵横联结系。
4. 在风力达到 5 级时，不得进行架梁作业。
5. 拧螺栓时应防止漏拧、欠拧和超拧，以免造成隐患。
6. 人员上下通行要由斜道或扶梯上下钢梁，不准攀登杆件或绳索上下。
7. 拼装杆件时，作业人员不得在水平联结系上行走。如必须行走时应系好安全带，双手扶杆件骑行通过。
8. 钢梁吊装卡位时，安装人员必须在技术人员指挥下提升钢梁。</td></tr>
<tr><td>审核人</td><td></td><td>交底人</td><td></td><td>接受交底
负责人</td><td></td></tr>
<tr><td colspan="6">作业班组全体签名：</td></tr>
</table>

纵移法架设钢梁安全交底

编号：

施工单位	
工程名称	
分部分项工程	
工　　种	

交底内容：

一、主要危险源与危害因素

1. 安装工作超负荷运行，斜吊提升作业。

2. 人员进入施工现场不戴安全帽；酒后或疲劳作业；高空作业人员未正确系好安全带。

3. 施工人员随意损坏或挪移安全警示标志。

4. 在钢梁纵移中操作人员不注意配合，不听从正确指挥。

5. 施工人员上、下班时不按规定行走安全通道。

6. 在钢梁上行走时，施工人员不按规定挂设安全带。

7. 施工人员违章损坏或挪移现场消防器材。

8. 在钢梁纵移中指挥信号有误或不明确。

9. 钢梁纵移到位后，前后支挡不稳固。

二、安全注意事项

1. 下滑道铺设应平顺，支承应牢固，接头不应有错牙，端部应设置限位装置。

2. 上滑道应具有导向功能。

3. 钢梁纵移前，应试运行纵移动力系统。

4. 钢梁纵移前，必须经技术人员全面检查，确认符合架设要求。

5. 在钢梁纵移中，必须统一指挥，信号明确，令行禁止，操作准确、协调。

6. 钢梁纵移应缓慢平稳，速度应控制在 1 m/min 以内；纵移过程中应设专人对纵移设施、设备进行检查，发现异常时，立即处理。

7. 钢梁纵移到位后，前后支挡稳固。及时转换支承，落梁。

8. 钢梁在纵移过程中，应加强钢梁中线和挠度及支墩顶位移的观测。

9. 拼装杆件时，作业人员不得在水平联结系上行走。如必须行走时应系好安全带，双手扶杆件骑行通过。

10. 人员上下通行要由斜道或扶梯上下钢梁，不准攀登杆件或绳索上下。

11. 在作业区边缘应设置护栏或架设护网，且高度不低于 1.2 m，并要稳固可靠。

12. 高强度螺栓终拧完毕应进行质量检查。

13. 支架在承重期间，不得随意拆除任何受力杆件。

14. 高空作业人员应正确系好安全带，脚穿软底防滑鞋，不准穿拖鞋、硬底鞋或带钉易滑的鞋。

15. 严禁施工人员损坏或挪移现场消防器材。

16. 严禁施工人员酒后或疲劳作业。

17. 所有进入施工现场的人员必须戴好安全帽，并按规定佩戴劳动保护用品。

续上表

重点强调：

1. 钢梁纵移前，必须经技术人员全面检查，确认符合架设要求。

2. 在钢梁纵移中，必须统一指挥，信号明确，令行禁止，操作准确、协调。

3. 钢梁纵移应缓慢平稳，速度应控制在 1 m/min 以内；纵移过程中应设专人对纵移设施、设备进行检查，发现异常时，立即处理。

4. 钢梁纵移到位后，前后支挡稳固。及时转换支承，落梁。

5. 钢梁在纵移过程中，应加强钢梁中线和挠度及支墩顶位移的观测。

审核人		交底人		接受交底负责人	
作业班组全体签名：					

浮运法架设钢梁安全交底　　　　编号：

施工单位	
工程名称	
分部分项工程	
工　　种	

交底内容：

一、主要危险源与危害因素

1. 浮运到位后，浮船锚碇不牢固，进行支承转换。

2. 钢梁装船后与支架捆扎不牢固。

3. 转换支承后，支垫不牢固。

4. 随意损坏或挪移安全警示标志。

5. 钢梁装船前未及时清除河道内的障碍物。

6. 酒后或疲劳作业。

二、安全注意事项

1. 钢梁装船码头应有足够的承载、抗冲刷能力，应设置双侧工作平台和防撞设施及安全标志。

2. 钢梁装船前，应清除河道内的障碍物。

3. 船上承载支架与船体应牢固连接。

4. 钢梁装船时，必须做到钢梁四个支点同时受力，保证浮船平衡。

5. 钢梁装船后，必须与支架捆扎牢固。

6. 浮船必须设有可靠的锚碇设施。

7. 浮运架梁应结合水流、风力和载重及时调节压舱水量，保持船组稳定。

8. 施工人员要密切观测浮船的水面以上船弦高度和水平、支架及其与钢梁的连接状态，发现异常，应及时处理。

9. 浮运到位后，浮船必须锚碇牢固，方可转换支承。

10. 转换支承时，必须使两端每个支点同时受力，保证船舶、钢梁稳定。转换支承后，必须支垫牢固。

11. 浮运船当采用缆索、绞车或拖轮牵引时，缆索、绞车、水中锚碇、岸边地垄等牵引设施应固定牢固。

12. 卷扬机、钢丝绳、地垄等方向控制系统使用前必须全面检查，确认状态良好。

13. 在浮拖纵移过程中，必须对钢梁中线、水平进行不间断观测。当钢梁前端中心偏离或水平高差超过计算允许值时，应停止前进，进行纠偏，方向控制系统同步收放锚缆。

14. 抽水升船托梁时，钢梁两下弦杆必须同时受力，保证浮船平衡。

15. 严禁施工人员酒后或疲劳作业。

16. 所有进入施工现场的人员必须戴好安全帽，并按规定佩戴劳动保护用品。

17. 施工人员不得随意损坏或挪移安全警示标志。

续上表

<table>
<tr><td colspan="6">重点强调：
1. 船上承载支架与船体应牢固连接。
2. 钢梁装船时，必须做到钢梁四个支点同时受力，保证浮船平衡。
3. 钢梁装船后，必须与支架捆扎牢固。</td></tr>
<tr><td>审核人</td><td></td><td>交底人</td><td></td><td>接受交底
负责人</td><td></td></tr>
<tr><td colspan="6">作业班组全体签名：</td></tr>
</table>

吊机悬臂拼装钢梁安全交底

编号：

施工单位	
工程名称	
分部分项工程	
工　　种	

交底内容：

一、主要危险源与危害因素

1. 吊机移动未收紧电缆。

2. 安全设施与标志不全，作业人员未正确佩戴安全防护用品。

3. 水上施工时救生船上人员擅自离开。

4. 吊机移动到位后止轮器未装好。

5. 主桁或其他部位的杆件未按设计要求安装足够的冲钉、螺栓。

6. 大跨度钢桁梁全悬臂拼装悬臂端未安设消振装置。

7. 施工人员酒后或疲劳作业。

二、安全注意事项

1. 平衡梁与悬拼钢梁的临时连接在不受力的状态下方可拆除。

2. 在悬臂孔的钢梁下面，必须挂设串联安全网，其每侧宽度应超出钢梁下弦杆外缘各 4 m。如主桁两侧有公路托架时，其宽度应超出公路托架外端每侧不小于 2 m，长度应与桥墩相接。安全网应拉紧，与钢梁底面保持较小距离，承载后网底不得触及地面或水面。

3. 桥上应配备救生、消防器材和通信设备。水上施工设专用救生船和救生设备，施工人员穿好救生衣。救生船应停在距作业最近的地点，船上人员不得擅自离开。

4. 吊机移动前，必须检查各节点的连接、走行道路，确认符合要求后，方可移动；移动中应收紧电缆；到位后，应前支后锚，装好止轮器。

5. 吊机每次移位后必须全面检查其性能，并经试运转，确认安全并检查签认后，方可正常使用。

6. 主桁或其他部位的杆件按设计要求安装足够的冲钉、螺栓后，吊机方可松钩。

7. 主桁高强螺栓终拧不得落后 2 个节间，上、下平连、横向联结系不得落后 3 个节间。

8. 钢梁悬拼到最大悬臂阶段时，应严格清理多余的物件，并由专人检查，严禁超载。

9. 大跨度钢桁梁全悬臂拼装，当接近前方桥墩，悬臂端出现较大振动时，应安设消振装置，防止发生共振。

10. 钢梁上临时运输轨道中间应密铺脚手板，轨道两侧各铺设 1.2 m 宽人行道，适当设置避车台。在上弦平面沿梁中线铺设 1.5 m 宽人行道，每架一个节间，铺一个节间。脚手板应满铺钉牢，不得有探头板。纵、横向人行道均应设置栏杆和踢脚板。

11. 桥上轨道运输车辆行走速度不得超过 5 km/h，并有良好的制动、止轮设施。

12. 钢梁纵横移时，偏移侧的千斤顶工作，另一侧作为保险。千斤顶应统一类型、规格，且并联，每桁千斤顶要保持同步，操作应缓慢进行。

13. 体系转换调整支点反力时，并联的油压千斤顶应统一类型、规格，支垫平稳；在起卸顶时，应对称、平衡起落，并加垫、卸垫。

续上表

14. 所有进入施工现场的人员必须戴好安全帽，并按规定佩戴劳动保护用品。 15. 高空作业人员应正确系好安全带，脚穿软底防滑鞋，不准穿拖鞋、硬底鞋或带钉易滑的鞋。					
重点强调： 1. 吊机移动前，必须检查各节点的连接、走行道路，确认符合要求后，方可移动；移动中应收紧电缆；到位后，应前支后锚，装好止轮器。 2. 吊机每次移位后必须全面检查其性能，并经试运转，确认安全并检查签认后，方可正常使用。 3. 主桁或其他部位的杆件按设计要求安装足够的冲钉、螺栓后，吊机方可松钩。 4. 主桁高强螺栓终拧不得落后 2 个节间，上、下平连、横向联结系不得落后 3 个节间。 5. 钢梁悬拼到最大悬臂阶段时，应严格清理多余的物件，并由专人检查，严禁超载。 6. 桥上轨道运输车辆行走速度不得超过 5 km/h，并有良好的制动、止轮设施。					
审核人		交底人		接受交底负责人	
作业班组全体签名：					

吊船悬臂拼装钢梁安全交底　　　编号：

施工单位	
工程名称	
分部分项工程	
工　　种	

交底内容：

一、主要危险源与危害因素

1. 吊船锚碇不牢固。

2. 吊船吊重时移位。

3. 抛锚工作人员未穿好救生衣；抛锚时，锚链轮滑范围内站人。

4. 拆除受力状态下平衡梁与悬拼钢梁的临时连接。

5. 操作人员不注意配合，不听从正确指挥。

6. 施工人员酒后或疲劳作业。

二、安全注意事项

1. 当不能安装下平联时，应由技术人员检算下弦杆的压杆稳定性。

2. 平衡梁与悬拼钢梁的临时连接在不受力的状态下方可拆除。

3. 桥上应配备救生、消防器材和通信设备。水上施工设专用救生船和救生设备，施工人员穿好救生衣。救生船应停在距作业最近的地点，船上人员不得擅自离开。

4. 吊船必须有可靠的锚碇设备和防止漂流物碰撞的防护设施。

5. 抛锚的工作人员，必须穿好救生衣，站在安全位置。抛锚时，锚链滚滑范围内不得站人。抛锚就位后应保持船体稳定。

6. 吊船锚碇牢固并设防护后，方可吊装。

7. 吊船在移位时，不得吊重。

8. 严禁作业人员酒后或疲劳作业。

9. 所有进入施工现场的人员必须戴好安全帽，并按规定佩戴劳动保护用品。

10. 操作人员必须注意配合，听从正确指挥。

11. 严禁非机械操作人员和维护人员随意开动和维修现场机械设备。

续上表

重点强调： 　　1．平衡梁与悬拼钢梁的临时连接在不受力的状态下方可拆除。 　　2．桥上应配备救生、消防器材和通信设备。水上施工设专用救生船和救生设备，施工人员穿好救生衣。救生船应停在距作业最近的地点，船上人员不得擅自离开。 　　3．吊船必须有可靠的锚碇设备和防止漂流物碰撞的防护设施。 　　4．抛锚的工作人员，必须穿好救生衣，站在安全位置。抛锚时，锚链滚滑范围内不得站人。抛锚就位后应保持船体稳定。 　　5．吊船锚碇牢固并设防护后，方可吊装。 　　6．吊船在移位时，不得吊重。 　　7．作业人员不得穿拖鞋、硬底易滑鞋进入施工现场。					
审核人		交底人		接受交底负责人	
作业班组全体签名：					

悬臂拼装钢梁的临时支墩和托架安全交底　　编号：

<table>
<tr><td>施工单位</td><td colspan="5"></td></tr>
<tr><td>工程名称</td><td colspan="5"></td></tr>
<tr><td>分部分项工程</td><td colspan="5"></td></tr>
<tr><td>工　种</td><td colspan="5"></td></tr>
<tr><td colspan="6">交底内容：
一、主要危险源与危害因素
1. 油压千斤顶安放位置不正确。
2. 临时支墩和托架的顶部未安装栏杆、扶梯。
3. 施工人员违章损坏或挪移安全警示标志；高空作业人员未正确系好安全带。
4. 施工人员酒后或疲劳作业。
二、安全注意事项
1. 悬臂拼装钢梁的临时支墩和托架的强度、刚度和承载力必须满足要求，必要时应进行静载压力试验。使用托架时，应有技术人员对墩身进行检算，不得擅自使用。水中支墩应具有足够的抗冲刷能力。
2. 临时支墩和托架的顶部布置应按设计施工。油压千斤顶位置应安放正确、稳妥，上下支承面应平整、均匀受力。应安装工作平台、栏杆、扶梯等防护设施。
3. 必须设有防撞设施和警示标志。
4. 承载时，必须有专人进行沉降、位移观测。
5. 严禁作业人员酒后或疲劳作业。
6. 作业人员不得穿拖鞋、硬底易滑鞋进入施工现场。
7. 所有进入施工现场的人员必须戴好安全帽，并按规定佩戴劳动保护用品。
8. 高空作业人员应正确系好安全带，脚穿软底防滑鞋，不准穿拖鞋、硬底鞋或带钉易滑的鞋。
9. 严禁非机械操作人员和维护人员随意开动和维修现场机械设备。
10. 施工人员不得损坏或挪移安全警示标志。</td></tr>
<tr><td colspan="6">重点强调：
1. 临时支墩和托架的顶部布置应按设计施工。油压千斤顶位置应安放正确、稳妥，上下支承面应平整、均匀受力。应安装工作平台、栏杆、扶梯等防护设施。
2. 严禁作业人员酒后或疲劳作业。
3. 施工人员不得损坏或挪移安全警示标志。
4. 高空作业人员应正确系好安全带，脚穿软底防滑鞋，不准穿拖鞋、硬底鞋或带钉易滑的鞋。</td></tr>
<tr><td>审核人</td><td></td><td>交底人</td><td></td><td>接受交底负责人</td><td></td></tr>
<tr><td colspan="6">作业班组全体签名：</td></tr>
</table>

钢梁悬臂施工吊索架安全交底　　　编号：

施工单位	
工程名称	
分部分项工程	
工　　种	

交底内容：

一、主要危险源与危害因素

1. 行走系统未安设制动装置。

2. 吊索架与钢梁连接件在使用过程中随意抽换。

3. 吊索架起顶时未安放保险支座。

4. 高空作业人员不系安全带，或安全带系挂不符合规定要求。

5. 操作人员不注意配合，不听从正确指挥。

6. 吊索架起顶时，未按规定的程序进行。

二、安全注意事项

1. 全悬臂拼装采用吊索设备时，吊索锚头与吊索应等强。

2. 吊索张拉前，须顶高塔架，使塔架走行轮脱空。

3. 吊索架起顶时，应按规定的程序进行；底座下除安放并联的油压千斤顶外，还应安放保险支座；起顶过程中，两桁高程应进行监控。在吊索张拉时，吊索架与钢梁连接件必须按设计要求上足钉、栓，在使用过程中严禁抽换。在吊索张拉过程中，悬臂安装工作应暂停，不得碰撞张拉后的吊索。

4. 吊索架行走位移时，应保持梁上吊机行走前后吊索的曲度一致，使吊索设备平稳向前移动。

5. 钢梁上弦运输道之间及运输道与上弦杆之间，均应挂满安全网。

6. 行走过程中，应随时调整锚梁小车至吊索架的距离，使其大致相等。行走系统应安设制动装置。

7. 吊索架行走位移时，操作人员必须注意配合，听从正确指挥。

8. 严禁作业人员酒后或疲劳作业。

9. 所有进入施工现场的人员必须戴好安全帽，并按规定佩戴劳动保护用品。

10. 高空作业人员应正确系好安全带，脚穿软底防滑鞋，不准穿拖鞋、硬底鞋或带钉易滑的鞋。

11. 严禁非机械操作人员和维护人员随意开动和维修现场机械设备。

续上表

重点强调： 　　1. 吊索架行走位移时，应保持梁上吊机行走前后吊索的曲度一致，使吊索设备平稳向前移动。 　　2. 钢梁上弦运输道之间及运输道与上弦杆之间，均应挂满安全网。 　　3. 行走过程中，应随时调整锚梁小车至吊索架的距离，使其大致相等。行走系统应安设制动装置。 　　4. 严禁非机械操作人员和维护人员随意开动和维修现场机械设备。					
审核人		交底人		接受交底负责人	
作业班组全体签名：					

钢梁悬臂施工跨中合龙安全交底　　编号：

施工单位	
工程名称	
分部分项工程	
工　种	

交底内容：

一、主要危险源与危害因素

1. 作业人员未按要求对脚手架基础进行加固处理。

2. 脚手架上的水平通道木跳板不按规定绑扎，留有探头板。

3. 并联的油压千斤顶支垫不平稳。

4. 作业人员搭设或拆除作业过程中随意抛掷扣件和钢管。

5. 高空作业人员不系安全带，或安全带系挂不符合规定要求。

6. 操作人员不注意配合，不听从正确指挥；酒后或疲劳作业。

二、安全注意事项

1. 跨中合龙时，两端墩顶应设置顶落梁和纵横移设备。油压千斤顶、油泵、油管、压力表等，在使用前均应分别进行校验，使用时应采取保险措施。

2. 跨中合龙铰处脚手架应有栏杆、梯步、安全网等设施。

3. 作业用的料具应放置稳妥，小型工具、材料应随时放入工具袋，上下传递工具时，严禁抛掷。

4. 需调整钢梁平面、立面时，要缓慢、平稳进行，严禁两端支点同时起落；调整后，必须支垫牢靠。

5. 体系转换调整支点反力时，并联的油压千斤顶应支垫平稳；在起卸顶时，应对称、平衡起落，并加垫、卸垫。

6. 作业人员必须按要求对脚手架基础进行加固处理，不得留有探头板。

7. 严禁作业人员酒后或疲劳作业。

8. 作业人员不得穿拖鞋、硬底易滑鞋进入施工现场。

9. 所有进入施工现场的人员必须戴好安全帽，并按规定佩戴劳动保护用品。

10. 需调整钢梁平面、立面时，操作人员应注意配合，听从正确指挥。

11. 严禁施工人员随意损坏或挪移安全警示标志。

12. 严禁非机械操作人员和维护人员随意开动和维修现场机械设备。

续上表

<table>
<tr><td colspan="6">重点强调：
　　1. 跨中合龙时，两端墩顶应设置顶落梁和纵横移设备。油压千斤顶、油泵、油管、压力表等，在使用前均应分别进行校验，使用时应采取保险措施。
　　2. 跨中合龙铰处脚手架应有栏杆、梯步、安全网等设施。
　　3. 需调整钢梁平面、立面时，顶、落钢梁应有专人负责统一指挥，缓慢、平稳进行，严禁两端支点同时起落；调整后，必须支垫牢靠。
　　4. 体系转换调整支点反力时，并联的油压千斤顶应支垫平稳；在起卸顶时，应对称、平衡起落，并加垫、卸垫。
　　5. 作业人员不得穿拖鞋、硬底易滑鞋进入施工现场。</td></tr>
<tr><td>审核人</td><td></td><td>交底人</td><td></td><td>接受交底
负责人</td><td></td></tr>
<tr><td colspan="6">作业班组全体签名：</td></tr>
</table>

结合梁施工安全交底

编号：

施工单位	
工程名称	
分部分项工程	
工　　种	

交底内容：

一、主要危险源与危害因素

1. 在施工的钢梁上随意摆放螺栓。

2. 作业过程中，施工人员上下抛掷螺栓。

3. 在通风不畅处焊接作业时，作业人员未按要求穿戴呼吸保护装置。

4. 钢梁整体吊装就位后支垫不平稳。

5. 连续结合梁桥面板未按设计要求的顺序分段浇筑。

6. 施工人员随意损坏或挪移安全警示标志牌。

7. 高空作业人员未正确系好安全带；酒后或疲劳作业。

二、安全注意事项

1. 钢梁吊装前，应由技术人员检算临时支架和钢梁结构的强度、刚度及稳定性，不得擅自吊装。

2. 钢梁节段在运输和吊装过程中，应采用专用吊具，钢梁不得扭转、翘曲和侧倾。钢梁整体吊装就位时，应轻吊轻放，支垫平稳，防止碰撞。

3. 作业用的料具应放置稳妥，小型工具、材料应随时放入工具袋，上下传递工具时，严禁抛掷。

4. 节段采用焊接时，应设立防风设施。箱形梁内采用 CO_2 气体保护焊时，应使用通风防护安全设施。

5. 连续结合梁桥面板应按设计要求的顺序分段浇筑正、负弯矩区段混凝土，顶落梁前应由技术人员确认混凝土强度及龄期已符合设计要求。

6. 严禁作业人员酒后或疲劳作业。

7. 作业人员不得穿拖鞋、硬底易滑鞋进入施工现场。

8. 所有进入施工现场的人员必须戴好安全帽，并按规定佩戴劳动保护用品。

9. 严禁非机械操作人员和维护人员随意开动和维修现场机械设备。

10. 严禁施工人员随意损坏或挪移安全警示标志牌。

续上表

<table>
<tr><td colspan="6">重点强调：
1. 钢梁节段在运输和吊装过程中，应采用专用吊具，钢梁不得扭转、翘曲和侧倾。钢梁整体吊装就位时，应轻吊轻放，支垫平稳，防止碰撞。
2. 节段采用焊接时，应设立防风设施。箱形梁内采用 CO_2 气体保护焊时，应使用通风防护安全设施。
3. 严禁作业人员酒后或疲劳作业。</td></tr>
<tr><td>审核人</td><td></td><td>交底人</td><td></td><td>接受交底负责人</td><td></td></tr>
<tr><td colspan="6">作业班组全体签名：</td></tr>
</table>

第四节　桥梁支座安装安全交底

简支梁支座安装安全交底　　　　编号：

施工单位	
工程名称	
分部分项工程	
工　　种	

交底内容：

一、主要危险源与危害因素

1. 在未设置栏杆、步梯等安全防护设施的墩顶施工。
2. 上支座板与梁底预埋钢板间有空隙。
3. 支座安装过程中将上下板的连接片去除。
4. 支座在墩顶存放时，固定不牢固。
5. 高空作业人员不系安全带，或安全带系挂不符合要求。
6. 支座螺栓未上牢。
7. 上螺栓时，不注意配合，不听从正确指挥。
8. 6 级及以上强风、暴雨、浓雾等恶劣天气，无安全防护设施在墩顶作业。

二、安全注意事项

1. 施工现场设置的醒目安全标志，不得擅自拆除。
2. 严禁在未设置栏杆、步梯等安全防护设施的墩顶进行施工。
3. 遇有 6 级及以上强风、暴雨、浓雾等恶劣天气，无安全防护措施时严禁高空作业。
4. 简支梁梁体吊装架设前，应先将支座安装在预制梁的底部。上支座板与梁底预埋钢板间不得有空隙。经技术人员检测箱梁支座下的灌浆强度达到 20 MPa 后，拧紧下支座板锚栓，并拆除各支座上、下连接钢板及螺栓，再拆除临时千斤顶。
5. 支座安装前，墩顶及支座锚栓孔中的积雪、积冰、积水和其他杂物应清理干净，并采取必要的防滑措施(如作业人员穿软底防滑鞋)。支座在墩顶临时存放时，要固定牢固。
6. 吊运支座时，墩顶作业人员应待支座稳定后再扶正就位。人工抬运支座时，应协调一致。
7. 移动支座时，注意脚底，防止支座砸伤脚。
8. 安装过程中不得将上下板的连接片去除。
9. 发现孔径位置、深度不对等问题时，及时上报。
10. 支座与梁底应安放石棉板，石棉板不得损坏。
11. 班前、班中严禁饮酒。
12. 上螺栓时，应相互配合，听从正确指挥。
13. 支座螺栓必须上牢。
14. 工作吊车有专人指挥，起重半径内及起重臂下严禁站人。

续上表

<table>
<tr><td colspan="6">15. 高空作业人员的衣着要轻便精干，正确系好安全带，脚穿软底防滑鞋，不准穿拖鞋、硬底鞋或带钉易滑鞋。
16. 进入现场的人员必须戴好合格的安全帽。
17. 加强施工用电管理，现场统一布设电力线路，不准私拉乱接电线，照明线路须保证绝缘良好。</td></tr>
<tr><td colspan="6">重点强调：
1. 吊运支座时，墩顶作业人员应待支座稳定后再扶正就位。人工抬运支座时，应协调一致。
2. 移动支座时，注意脚底，防止支座砸伤脚。
3. 安装过程中不得损坏支座，不得将上下板的连接片去除。
4. 发现孔径位置、深度不对等问题时，及时上报。
5. 支座与梁底应安放石棉板，石棉板不得损坏。
6. 班前、班中严禁饮酒。
7. 上螺栓时，应相互配合，听从指挥，防止挤伤、碰伤。</td></tr>
<tr><td>审核人</td><td></td><td>交底人</td><td></td><td>接受交底负责人</td><td></td></tr>
<tr><td colspan="6">作业班组全体签名：</td></tr>
</table>

连续梁支座安装安全交底

编号：

施工单位	
工程名称	
分部分项工程	
工　　种	

交底内容：

一、主要危险源与危害因素

1. 支座在墩顶存放时，固定不牢固。

2. 在未设置栏杆、步梯等安全防护设施的墩顶施工。

3. 高空作业人员不系安全带，或安全带系挂不符合规定要求。

4. 上螺栓时，不注意配合，不听从正确指挥。

5. 6级及以上强风、暴雨、浓雾等恶劣天气，无安全防护设施露天在墩顶作业。

6. 多人同时搬动物品时相互合作不当或搬运方法不当。

7. 顶落梁时未设保险设施。

二、安全注意事项

1. 支座安装前，墩顶及支座锚栓孔中的积雪、积冰、积水和其他杂物应清理干净，并采取必要的防滑措施。支座在墩顶临时存放时，要固定牢固。

2. 严禁在未设置栏杆、步梯等安全防护设施的墩顶进行施工。

3. 遇有6级及以上强风、暴雨、浓雾等恶劣天气，无安全防护措施时严禁高空作业。

4. 吊运支座时，墩顶作业人员应待支座稳定后再扶正就位。人工抬运支座时，应协调一致。

5. 顶落梁时，应有保险设施，随着活塞起落及时安放或撤除。两端支点不得同时起落。施顶或纵横移时，应缓慢平稳进行。

6. 连续梁进行体系转换前，必须对支座进行检查。

7. 移动支座，注意脚底，防止支座砸伤脚。

8. 安装过程中不得将上下板的连接片去除。

9. 发现孔径位置、深度不对等问题时，及时上报。

10. 支座与梁底应安放石棉板，石棉板不得损坏。

11. 班前、班中严禁饮酒。

12. 上螺栓时，注意配合，听从指挥，防止挤伤、碰伤。

13. 安装过程中不得损坏支座，不得将上下板的连接片去除。

14. 支座螺栓必须上牢。

15. 操作人员上岗前，必须按规定穿戴防护用品，施工场所必须佩戴安全帽。

16. 高空作业人员应正确系好安全带，脚穿软底防滑鞋，不准穿拖鞋、硬底鞋或带钉易滑鞋。

17. 施工现场设置的安全标志，不得擅自拆除。

18. 吊车启动前，应仔细检查油压制动部分和升降部分，机械不得带病作业。

19. 进入现场的人员必须戴好合格的安全帽。

20. 工作吊车应有专人指挥，起重半径内及起重臂下严禁站人。

续上表

<table>
<tr><td colspan="6">重点强调：
1. 操作人员上岗前，必须按规定穿戴防护用品，施工场所必须佩戴安全帽。
2. 施工现场设置的安全标志，不得擅自拆除。
3. 吊车启动前，应仔细检查油压制动部分和升降部分，机械不得带病作业。
4. 吊运支座时，墩顶作业人员应待支座稳定后再扶正就位。人工抬运支座时，应协调一致。
5. 支座安装前，墩顶及支座锚栓孔中的积雪、积冰、积水和其他杂物应清理干净，并采取必要的防滑措施。支座在墩顶临时存放时，要固定牢固。
6. 连续梁进行体系转换前，必须对支座进行检查。</td></tr>
<tr><td>审核人</td><td></td><td>交底人</td><td></td><td>接受交底
负责人</td><td></td></tr>
<tr><td colspan="6">作业班组全体签名：</td></tr>
</table>

千斤顶顶梁安放支座安全交底

编号：

施工单位	
工程名称	
分部分项工程	
工　种	

交底内容：

一、主要危险源与危害因素

1. 千斤顶超载使用，加长千斤顶手柄。

2. 顶落梁时违规操作。

3. 使用油压千斤顶时，作业人员站在安全栓的前面。

4. 千斤顶操作人员猛开油门。

5. 支座在墩顶存放时，固定不牢固。

二、安全注意事项

1. 使用千斤顶顶梁安放支座时，应及时落梁到支座，严禁长时间用千斤顶支承梁体。

2. 顶落梁所用的油压千斤顶均须附有球形支撑垫、保险圈、升程限孔。共同作用的多台千斤顶应选用同一类型，并用油管并联。油压千斤顶、油泵、油管、压力表等在使用前应分别进行试验。

3. 支座安装前，墩顶及支座锚栓孔中的积雪、积冰、积水和其他杂物应清理干净，并采取必要的防滑措施。支座在墩顶存放时，要固定牢固。

4. 吊运支座时，墩顶作业人员应待支座稳定后再扶正就位。人工抬运支座时，应协调一致。

5. 千斤顶使用前应检查各部分是否完好，油液是否干净。对于油压式千斤顶应检查其活塞阀门是否良好，油箱中的油量是否充足，一旦发现漏油或机件故障，应立即更换检修。

6. 千斤顶下降时应缓慢，不得猛开油门使其突然下降，造成摇把跳动伤人事故。

7. 顶落梁时，应有保险设施，随着活塞起落及时安放或撤除，严禁违规操作。两端支点不得同时起落。施顶或纵横移时，应缓慢平稳，各道工序应派专人检查，统一指挥。

8. 千斤顶应设置在平整、坚实处，并用垫木垫平。

9. 千斤顶严禁超载使用，不得加长手柄，不得超过规定人数操作。

10. 使用油压式千斤顶时，任何人不得站在安全栓的前面。

11. 千斤顶顶升高度不得超过限位标志线。

12. 操作人员上岗前，必须按规定穿戴防护用品，作业场所必须佩戴安全帽。

13. 班前、班中严禁饮酒或疲劳作业。

14. 发现孔径位置、深度不对等问题时，及时上报。

15. 支座与梁底应安放石棉板，石棉板不得损坏。

16. 高空作业人员应正确系好安全带，脚穿软底防滑鞋，不准穿拖鞋、硬底鞋或带钉易滑鞋。

17. 施工现场设置的安全标志，不得擅自拆除。

18. 工作吊车应有专人指挥，起重半径内及起重臂下严禁站人。

续上表

<table>
<tr><td colspan="6">重点强调：
1. 操作人员上岗前，必须按规定穿戴防护用品。
2. 施工现场设置醒目安全标志，并不得擅自拆除。
3. 使用千斤顶顶梁安放支座时，应及时落梁到支座，严禁长时间用千斤顶支承梁体。
4. 千斤顶应设置在平整、坚实处，并用垫木垫平。
5. 千斤顶严禁超载使用，不得加长手柄，不得超过规定人数操作。
6. 使用油压式千斤顶时，任何人不得站在安全栓的前面。
7. 千斤顶顶升高度不得超过限位标志线。</td></tr>
<tr><td>审核人</td><td></td><td>交底人</td><td></td><td>接受交底
负责人</td><td></td></tr>
<tr><td colspan="6">作业班组全体签名：</td></tr>
</table>

第五章　特殊桥型施工安全交底

第一节　拱桥施工安全交底

一、钢拱桥施工安全交底

钢梁安装安全交底　　　　编号：

施工单位	
工程名称	
分部分项工程	
工　　种	

交底内容：

一、主要危险源与危害因素

1. 酒后或者睡眠不足者上岗作业。

2. 高处（高度 2 m 及以上）作业时人员未系好安全带。

3. 施工现场抛扔物品。

4. 脚手架上有人时移动脚手架。

5. 吊装作业时，吊装物下有人员走动或者逗留。

6. 杆件拼装对孔时，用手指伸入探孔。

二、安全注意事项

1. 施工作业人员必须参加安全教育培训并且经考试合格后方可参加施工作业。

2. 施工作业人员进入施工现场必须按规定戴好安全帽。

3. 杆件堆放场地应平整稳定，杆件支点应设在自重作用下，不超过 3 层，防止杆件变形或堆放不稳滑下伤人。

4. 严禁施工现场抛扔物品。

5. 施工过程中，现场施工作业人员必须听从现场技术管理人员指挥，不得盲目施工。

6. 定期对已安装支架进行检查，确保结构自身的安全稳定。

7. 施工作业人员高处（高度≥2 m）作业时必须按照安全教育的标准系好安全带并做好安全防护措施。

8. 现场安装过程中发现图纸有误或无法操作时严禁自行修改，应立即停止施工，并及时向主管技术人员汇报，待得到明确的处理方法后再进行下一道工序的施工。

9. 钢梁杆件组装，应在技术人员指定的平整的作业台上进行。

10. 拼装杆件时应安好梯子、溜绳、脚手架，斜杆应正确使用安全栓等保险吊具，杆件起吊时，先提升 0.3 m 左右，确认安全后再继续起吊。

续上表

<table>
<tr><td colspan="6">11. 严禁脚手架上有人时移动脚手架。
12. 吊装作业时，严禁在吊装物下有人员走动或者逗留，起重机臂下严禁站人。
13. 装拆脚手架，上紧螺栓、铆合等作业应上下交替进行，避免双层作业。杆件拼装对孔时，应用冲钉探孔，严禁用手指伸入检查。
14. 钢梁表面涂漆作业，作业人员应戴好防毒用品，做好倾倒泄漏的处理，保证作业人员安全和防止环境污染。
15. 在悬臂孔和通航孔的钢梁下面，必须挂好安全网。</td></tr>
<tr><td colspan="6">重点强调：
1. 严禁酒后或者睡眠不足者上岗作业。
2. 施工作业人员进入施工现场必须按规定戴好安全帽。
3. 严禁施工现场抛扔物品。
4. 施工作业人员高处(高度≥2 m)作业时必须按照安全教育的标准系好安全带并做好安全防护措施。
5. 严禁脚手架上有人时移动脚手架。
6. 吊装作业时，严禁在吊装物下有人员走动或者逗留，起重机臂下严禁站人。
7. 装拆脚手架，上紧螺栓、铆合等作业应上下交替进行，避免双层作业。杆件拼装对孔时，严禁用手指伸入检查，应用冲钉探孔。</td></tr>
<tr><td>审核人</td><td></td><td>交底人</td><td></td><td>接受交底负责人</td><td></td></tr>
<tr><td colspan="6">作业班组全体签名：</td></tr>
</table>

斜拉扣挂系统安全交底

编号：

施工单位	
工程名称	
分部分项工程	
工　　种	

交底内容：

一、主要危险源与危害因素

1. 施工过程中违章用电，私搭乱接电线。

2. 患有心脏病、高血压、癫痫病以及贫血症等患者及年老体弱者，从事高处作业。

3. 睡眠不足或者饮酒人员进入施工现场作业。

4. 大风(6 级及以上)、暴雪、浓雾或大雨时进行起吊作业。

5. 高处(2 m 及以上)作业时未做好防护措施(如:人员未系好安全带)。

6. 塔吊吊人。

二、安全注意事项

1. 作业人员必须在施工作业前经过安全教育培训并考试合格后才能进入施工现场施工作业。

2. 进入施工现场人员必须戴好安全帽。

3. 患有心脏病、高血压、癫痫病以及贫血症等患者及年老体弱者，不得从事高处作业。

4. 严禁睡眠不足或者饮酒人员进入施工现场作业。

5. 安装需要时应经常检查临时固结和铰接位置的质量。

6. 设备操作人员，要对安装设备进行定期的检查，并做好运转日志记录。

7. 经技术人员对吊装构件的单件重量进行验算、控制后，方可进行吊装。

8. 安装时做好人员上下通道并挂设安全网，严禁塔吊吊人。

9. 起重作业人员严格遵守起重作业安全操作规程。

10. 斜拉索安装时，应在技术人员指导下采取措施防止风雨振，施工期间适时配合技术人员对斜拉索的振幅、频率、索力进行监测，防止出现意外。

11. 大风(6 级及以上)、暴雪、浓雾或大雨等恶劣天气时禁止吊装作业。

12. 高处(2 m 及以上)作业时必须做好防护措施，作业人员系好安全带。

续上表

<table>
<tr><td colspan="6">重点强调：
1. 严禁施工过程中违章用电，严禁私搭乱接电线。
2. 严禁患有心脏病、高血压、癫痫病以及贫血症等患者及年老体弱者，从事高处作业。
3. 严禁睡眠不足或者醉酒人员进入施工现场作业。
4. 严禁大风、暴雪、浓雾或大雨时进行吊装作业。
5. 高处作业人员必须做好防护措施并系好安全带。
6. 严禁塔吊吊人。</td></tr>
<tr><td>审核人</td><td></td><td>交底人</td><td></td><td>接受交底
负责人</td><td></td></tr>
<tr><td colspan="6">作业班组全体签名：</td></tr>
</table>

临时系杆安装安全交底

编号：

施工单位	
工程名称	
分部分项工程	
工　　种	

交底内容：

一、主要危险源与危害因素

1. 系杆安装人员未系安全带。

2. 患有高血压、心脏病、低血糖、恐高症等高空作业禁忌症的人员进行高空作业。

3. 酒后作业。

4. 大风(6 级及以上)、雨、雪、浓雾天气进行施工作业。

二、安全注意事项

1. 所有施工人员必须经过安全教育培训并考核合格后，方能上岗。

2. 系杆安装作业人员必须做好安全防护工作并系好安全带，确认安全后方可施工。

3. 所有从事系杆安装人员都必须进行健康检查，凡患有高血压、心脏病、低血糖、恐高症等高空作业禁忌症的人员，不得进行高空作业。

4. 严禁酒后作业，严禁在施工现场嬉戏打闹。

5. 严禁大风(6 级及以上)、雨、雪、浓雾天气进行施工作业。

6. 锚箱加工时应进行摩擦面防锈处理，节点摩擦面应进行防护处理，确保摩擦系数满足技术要求，防止因锚杆滑落造成结构不稳定。

7. 在结构上行走或移动的人员必须系好安全带。

8. 临时系杆钢绞线避免被电击、电弧气割损坏，需要切割时应采用砂轮切割机进行切割，并采取安全防护措施，防止切割的钢渣飞入眼睛。

9. 临时系杆安装过程中利用梳理器防止钢绞线打绞。

10. 临时系杆架设完成后，采取将 6 束钢绞线串联的方式，每隔 50 m 设置一道防振阻尼器，减小风力对临时系杆的影响。

11. 牵引系统和临时系杆过江时应在技术人员指导下严格按施工程序进行，确保施工安全。

续上表

<table>
<tr><td colspan="6">重点强调：
1. 所有施工人员必须经过安全教育培训并考核合格后，方能上岗。
2. 系杆安装作业人员必须做好安全防护工作并系好安全带，确认安全后方可施工。
3. 所有从事系杆安装人员都必须进行健康检查，凡患有高血压、心脏病、低血糖、恐高症等高空作业禁忌症的人员，不得进行高空作业。
4. 严禁酒后作业，严禁在施工现场嬉戏打闹。
5. 严禁大风(6 级及以上)、雨、雪、浓雾天气进行施工作业。
6. 采用砂轮切割机进行钢绞线切割，并采取安全防护措施，防止切割的钢渣飞入眼睛。</td></tr>
<tr><td>审核人</td><td></td><td>交底人</td><td></td><td>接受交底
负责人</td><td></td></tr>
<tr><td colspan="6">作业班组全体签名：</td></tr>
</table>

桁拱合龙及永久系杆合龙施工安全交底　　编号：

施工单位	
工程名称	
分部分项工程	
工　　种	

交底内容：

一、主要危险源与危害因素

1. 合龙人员未做好安全防护措施。

2. 患有高血压、心脏病、低血糖、恐高症等高空作业禁忌症的人员，进行高空作业。

3. 酒后作业。

二、安全注意事项

1. 所有施工人员必须经过安全教育培训并考核合格后，方能上岗。

2. 进入施工现场人员必须戴好安全帽。

3. 进行合龙作业的人员，必须做好安全防护工作并系好安全带，确认安全后方可施工。

4. 所有从事高空都必须进行健康检查，凡患有高血压、心脏病、低血糖、恐高症等高空作业禁忌症的人员，不得进行高空作业。

5. 大雨、大风、大雪等恶劣天气禁止施工。

6. 严禁酒后作业，严禁在施工现场嬉戏打闹。

7. 严格按照技术人员技术交底规定的合龙顺序进行合龙施工作业。

8. 进行合龙施工前，应在技术人员指导下做好施工脚手架和安全通道架设，并挂设安全网。

9. 施工前对合龙施工需要的工索具进行检查，确保其完好。

10. 合龙时确保信息畅通，服从统一指挥。

11. 需要临时固定时应在技术人员指导下及时做好支座的临时固定。

12. 在技术人员对杆件应力及构件的位移、变形进行监测，满足要求后才能进行下一步工作。

续上表

<table>
<tr><td colspan="6">重点强调：
1. 所有施工人员必须经过安全教育培训并考核合格后，方能上岗。
2. 合龙作业人员必须做好安全防护工作并系好安全带，确认安全后方可施工。
3. 所有从事高空作业人员都必须进行健康检查，凡患有高血压、心脏病、低血糖、恐高症等高空作业禁忌症的人员，不得进行高空作业。
4. 严禁酒后作业，严禁在施工现场嬉戏打闹。
5. 大雨、大风、大雪等恶劣天气禁止施工。</td></tr>
<tr><td>审核人</td><td></td><td>交底人</td><td></td><td>接受交底负责人</td><td></td></tr>
<tr><td colspan="6">作业班组全体签名：</td></tr>
</table>

二、混凝土拱桥施工安全交底

砌筑拱圈施工安全交底

编号：

施工单位	
工程名称	
分部分项工程	
工　　种	

交底内容：

一、主要危险源与危害因素

1. 酒后作业。

2. 私接乱拉电线。

3. 从事高处(2 m及以上)作业时未做安全防护措施。

4. 吊装作业过程中起重机或者卷扬机下站人。

5. 未听从技术人员指导，随意拆除拱架构件。

6. 上下作业平台未安装安全梯、斜道等攀登设施。

二、安全注意事项

1. 严禁酒后作业，严禁在施工作业过程中嬉戏打闹。

2. 规范用电，电线的安装与拆除必须由专业的电工进行操作。

3. 拱上结构砌筑应符合以下要求：

(1)拱上结构在卸落拱架前砌筑时，应由质检人员确认封拱砂浆强度达到设计强度的30%后，方可进行。

(2)拱上结构在卸落拱架后砌筑时，应由质检人员确认封拱砂浆强度达到设计强度的70%后，方可进行。

(3)分环砌筑的拱圈，应由质检人员确认最上环封拱砂浆强度达到设计强度的70%后，方可落架，砌筑拱上结构。

(4)拱圈采用预施压力调整应力时，应由质检人员确认封拱砂浆强度达到设计强度后，方可落架，砌筑拱上结构。

4. 拱圈砌筑应严格按技术人员的指导作业程序进行。

5. 从事高处作业的人员必须做安全防护措施，并系好安全带。

6. 拱圈砌筑前应由技术人员及相关人员检查支架、拱架和模板的安装质量，经验收合格并形成文件后，方可进行砌筑作业。

7. 使用起重机、卷扬机、金属索具及其他类型的索具均应符合要求，吊装作业施工过程中起重机、卷扬机下方不得站人、不得穿行。

8. 拱圈砌筑过程中应随时观测拱架、支架变形情况，发现变形过大，必须立即停砌，在技术人员的指导下采取安全技术措施，并验收合格后，方可继续砌筑。

9. 拱桥上施工采用外吊架临边防护时，在拱圈结构施工中应同步完成临边防护设施的预留孔或预埋件，并在拱圈完成并达到规定强度后，安设临边防护设施。

续上表

<table>
<tr><td colspan="6">10. 必须听从技术人员指导进行作业，严禁随意拆除拱架构件。
11. 封拱合龙前采用千斤顶施压调整拱圈应力时，拱圈砂浆必须在技术人员检验并达到设计强度后方可进行。
12. 高处作业必须搭设作业平台，搭设与拆除脚手架应符合要求；作业平台临边必须在技术人员指导下设防护栏杆；作业平台的脚手板必须铺满、铺稳。严禁人员在没有做好安全防护措施的情况下，在未安装完好的作业平台临边走动。
13. 上下作业平台必须设安全梯、斜道等攀登设施。</td></tr>
<tr><td colspan="6">重点强调：
1. 严禁酒后作业。
2. 规范用电，电线的安装与拆除必须由专业的电工进行操作。
3. 从事高处作业的人员必须做安全防护措施，并系好安全带。
4. 严禁随意拆除拱架构件。
5. 吊装作业施工过程中起重机、卷扬机下方不得站人、不得穿行。
6. 上下作业平台必须设安全梯、斜道等攀登设施。
7. 严禁人员在没有做好安全防护措施的情况下，在未安装完好的作业平台临边走动。</td></tr>
<tr><td>审核人</td><td></td><td>交底人</td><td></td><td>接受交底负责人</td><td></td></tr>
<tr><td colspan="6">作业班组全体签名：</td></tr>
</table>

拱架上浇筑混凝土拱圈施工安全交底　　编号：

施工单位	
工程名称	
分部分项工程	
工　　种	

交底内容：

一、主要危险源与危害因素

1. 酒后作业。

2. 违章用电，电线的安装与拆除由非专业的电工人员进行。

3. 从事高处作业的人员未做好安全防护措施。

4. 随意拆除拱架构件。

5. 拱圈浇筑过程中，发现拱架、支架变形过大时，仍继续施工。

6. 上下作业平台未走安全梯、斜道等攀登设施。

7. 吊装作业施工过程中，起重机、卷扬机底下站人或者有人员穿行。

8. 人员在没有做好安全防护措施的情况下，在未安装完好的作业平台临边走动。

二、安全注意事项

1. 作业人员必须参加安全教育培训，考核合格后方可进入施工现场施工作业。

2. 严禁酒后作业，严禁在施工作业过程中嬉戏打闹。

3. 规范用电，电线的安装与拆除必须由专业的电工人员进行。

4. 拱架上浇筑混凝土拱圈应在技术人员检查支架、拱架和模板的安装质量，经验收合格并记录后方可浇筑。

5. 在技术人员对分段浇筑的混凝土拱圈强度检验合格后，方可由拱脚向拱顶对称浇筑间隔槽混凝土。

6. 拱圈浇筑应严格按技术人员的指导作业程序进行。

7. 严禁随意拆除拱架构件，造成拱架结构不稳定。

8. 从事高处作业的人员必须做好安全防护措施，并系好安全带。

9. 拱桥上施工采用外吊架临边防护时，在拱圈结构施工中应同步完成临边防护设施的预留孔和预埋件，并在技术人员对完成拱圈检测达到规定强度后，在技术人员指导下安设临边防护设施。

10. 拱架上浇筑混凝土，无论连续浇筑还是分段浇筑都要从拱脚向拱顶对称进行。若大跨度拱圈混凝土分段浇筑时，要按照技术人员指导的浇筑程序和监控措施进行施工。

11. 拱圈封拱合龙时，应在技术人员对砌体砂浆强度进行检测，并符合施工要求后方可封拱合龙；封拱合龙前采用千斤顶施压调整拱圈应力时，拱圈和已浇筑的间隔槽混凝土必须达到设计强度后方可进行封拱合龙。

12. 拱圈浇筑混凝土过程中应随时观测拱架、支架变形情况，发现变形超过技术人员所交代的变形程度时，必须立即停筑，在技术人员指导下采取安全控制措施并验收合格后，方可继续砌筑。

续上表

13. 模板及其支架和拱架的安装、拆除顺序必须按照技术人员的要求操作，禁止乱拆乱扔；钢筋混凝土、砌体施工等作业项目应按照技术人员要求进行操作。 14. 高处作业必须搭设作业平台，搭设与拆除脚手架应符合要求；作业平台临边必须在技术人员指导下设防护栏杆；作业平台的脚手板必须铺满、铺稳。上下作业平台必须设安全梯、斜道等攀登设施。 15. 使用起重机、卷扬机、金属索具及其他类型的索具均应符合要求，吊装作业施工过程中起重机、卷扬机底下不得站人、人员不得穿行。 16. 严禁人员在没有做好安全防护措施的情况下，在未安装完好的作业平台临边走动。					
重点强调： 1. 严禁酒后作业。 2. 规范用电，电线的安装与拆除必须由专业的电工人员进行。 3. 从事高处作业的人员必须做好安全防护措施，并系好安全带。 4. 严禁随意拆除拱架构件。 5. 上下作业平台必须设安全梯、斜道等攀登设施。 6. 拱圈砌筑过程中应随时观测拱架、支架变形情况，发现变形超过技术人员所交代的变形程度时，必须立即停筑，在技术人员指导下采取安全控制措施并验收合格后，方可继续砌筑。 7. 吊装作业施工过程中起重机、卷扬机底下不得站人、人员不得穿行。 8. 严禁人员在没有做好安全防护措施的情况下，在未安装完好的作业平台临边走动。					
审核人		交底人		接受交底负责人	
作业班组全体签名：					

劲性骨架浇筑混凝土拱圈安全交底　　　　编号：

施工单位	
工程名称	
分部分项工程	
工　　种	

交底内容：

一、主要危险源与危害因素

1. 酒后作业。

2. 违章用电，电线的安装与拆除由非专业的电工人员进行。

3. 从事高处(2 m 及以上)作业的人员未做好安全防护措施。

4. 拱圈混凝土浇筑过程中，发现拱架、支架变形过大时，仍继续施工。

5. 人员上下爬梯时，多人在同一个爬梯同时下上。

6. 吊装作业施工过程中起重机、卷扬机底下站人或者有人员穿行。

7. 人员在没有做好安全防护措施的情况下，在作业平台临边走动。

二、安全注意事项

1. 严禁酒后作业，严禁在施工作业过程中嬉戏打闹。

2. 规范用电，电线的安装与拆除必须由专业的电工人员进行。

3. 模板及其支架和拱架的安装、拆除顺序必须按照技术人员的要求操作，禁止乱拆乱扔；钢筋混凝土、砌体施工等作业项目应按照技术人员要求进行操作。

4. 从事高处作业的人员必须做好安全防护措施，并系好安全带。

5. 拱圈混凝土浇筑过程中，应注意观察拱圈变形，若发现拱架、支架变形过大等异常情况应立即停工，并及时报告技术管理人员。

6. 拱桥上施工采用外吊架临边防护时，在拱圈结构施工中应同步完成临边防护设施的预留孔和预埋件，并在技术人员对完成拱圈检测达到规定强度后，在技术人员指导下安设临边防护设施。

7. 高处作业必须搭设作业平台，并应符合下列要求：

(1)作业平台的脚手板必须铺满、铺稳。搭设与拆除脚手架应按技术交底要求执行。

(2)使用前应经相关人员检查、验收，确认合格并形成文件后方可使用。使用中应随时检查，确认安全。

(3)临边作业必须设防护栏杆，防护栏杆应由上、下两道栏杆和栏杆柱组成，上栏杆离作业平台高度应为 1.2 m，下栏杆离作业平台高度应为 50～60 cm，按技术人员确定的栏杆柱间距进行搭设。

(4)防护栏杆的底部必须设置牢固的、高度不低于 18 cm 的挡脚板；挡脚板下的空隙不得大于 1 cm；挡脚板上有孔眼时，孔径不得大于 2.5 cm；高处临街的防护栏杆应加挂安全网，或在技术人员指导下采取其他封闭措施。

8. 上下作业平台必须在技术人员指导下搭设安全梯、斜道等攀登设施；采用固定式直爬梯时，爬梯应用金属材料制成。梯子宽度应为 0.5 m，埋设与焊接必须牢固。梯子顶端应设

续上表

<table>
<tr><td colspan="6">1.0～1.5 m 高的扶手。攀登高度超过 7 m 以上部分宜加设护笼；超过 13 m 时，必须设梯间平台；人员上下梯子时，必须面向梯子，双手扶梯；梯子上有人时，他人不宜上梯；采用斜道(马道)时，脚手架必须置于坚固的地基上，斜道宽度不得小于 1 m，纵坡不得陡于 1∶3，支搭必须牢固。
9. 使用起重机、卷扬机、金属索具及其他类型的索具均应符合要求，吊装作业施工过程中起重机、卷扬机底下不得站人、人员不得穿行。
10. 严禁人员在没有做好安全防护措施的情况下，在作业平台临边走动。</td></tr>
<tr><td colspan="6">重点强调：
1. 严禁酒后作业。
2. 规范用电，电线的安装与拆除必须由专业的电工人员进行。
3. 从事高处作业的人员必须做好安全防护措施(如：系好安全带)。
4. 拱圈混凝土浇筑过程中，应注意观察拱圈变形，若发现拱架、支架变形过大等异常情况应立即停工，并及时报告技术管理人员。
5. 人员上下梯子时，必须面向梯子，双手扶梯；梯子上有人时，严禁他人上梯。
6. 使用起重机、卷扬机、金属索具及其他类型的索具均应符合要求，吊装作业施工过程中起重机、卷扬机底下不得站人、人员不得穿行。
7. 严禁人员在没有做好安全防护措施的情况下，在作业平台临边走动。</td></tr>
<tr><td>审核人</td><td></td><td>交底人</td><td></td><td>接受交底
负责人</td><td></td></tr>
<tr><td colspan="6">作业班组全体签名：</td></tr>
</table>

装配式混凝土拱桥施工安全交底　　编号：

施工单位	
工程名称	
分部分项工程	
工　种	

交底内容：

一、主要危险源与危害因素

1. 酒后作业。

2. 违章用电，非专业的电工人员进行电线的安装与拆除。

3. 随意拆除拱架构件。

4. 从事高处作业的人员未做好安全防护措施。

5. 悬吊设施和起重设备安装完毕后，未进行试运转、试吊就投入使用。

6. 塔架风缆与电杆、树木、脚手架及建(构)筑物相连。

7. 吊装作业施工过程中，吊装物下方站人或者有人员穿行。

二、安全注意事项

1. 作业人员必须参加安全教育培训，考核合格后，方可上岗作业。

2. 严禁酒后作业，严禁在施工过程中嬉戏、打闹、追逐。

3. 规范用电，电线的安装与拆除必须由专业的电工人员进行。

4. 拱桥装配应严格按技术人员的指导作业程序进行。

5. 严禁因随意拆除拱架构件，造成拱架结构不稳定的事件发生。

6. 从事高处作业的人员必须做好安全防护措施，并系好安全带。

7. 悬吊设施和起重设备安装完毕后，应进行试运转、试吊，经技术人员确认合格后，方可投入使用。

8. 拱圈、拱肋采用无支架安装应符合下列要求：

(1)拱肋分段吊装时，除拱顶段外，每段拱肋应各设一组扣索悬挂。

(2)多孔拱桥吊装应由桥台或单向推力墩开始依次进行，吊装时要锁扣牢固。

(3)中小跨拱圈、拱肋分两段或整根吊装时，如横向稳定系数不满足施工技术要求时，禁止单肋合龙，防止发生意外。

(4)拱肋分段吊装，应待吊装段与已就位段连接后，并设扣索和分缆临时固定后方可摘除起重索。

(5)各拱肋松索应自拱脚向拱顶进行，先松拱脚段扣索一次，然后按比例对称均匀进行；每次松索应配合技术人员监测拱轴线平面的垂直度和接头高程，防止非对称变形造成拱肋失稳。

(6)扣架底座应与墩、台固定，扣架顶部应在技术人员指导下设风缆，使用经技术人员允许使用的扣索、扣架；各扣索位置必须与所吊拱肋在同一竖直面内。

(7)拱肋分段吊装，由扣索悬挂时，必须设缆风绳。拱肋分三段或五段平装时，至少应保持两根基肋设置固定缆风；固定风缆应在技术人员检测全孔合龙、横系梁强度达到设计规定

续上表

<table>
<tr><td colspan="6">后，方可拆除。
9. 安装前，应由技术等相关管理人员对墩、台、支承结构和预制构件进行检查、验收，确认符合设计及吊装要求后，方可吊装。
10. 缆索吊机架设应符合下列要求：
(1)吊机组装完毕后，应进行全面检查，并经试运转、试吊满足施工技术要求后，方可投入使用。
(2)承重主索、塔架、索鞍、风缆、地锚等设施的强度和稳定性与地基承载力均应由技术人员检测，确认安全后才能施工。
(3)塔架应设风缆，风缆地端必须系在地锚上，严禁与电杆、树木、脚手架和建(构)筑物相连。风缆要在技术人员指导下进行安装。
11. 拱圈、拱肋采用少支架安装应符合下列要求：
(1)拱肋分段吊装到支架上后，应及时安设支撑和横向联系。
(2)支架基础必须由技术人员确定有足够的承载力，且未受冲刷、冻胀影响后方可施工。
(3)支架卸落宜分次逐渐进行。已合龙的拱圈，经技术人员检查混凝土强度和拱轴线符合设计要求后，方可卸落。拱肋接头和横系梁混凝土强度经技术人员检测满足要求后，方可卸落。
(4)吊装过程中严禁吊装物下方站人或者有人员穿行。</td></tr>
<tr><td colspan="6">重点强调：
1. 严禁酒后作业。
2. 规范用电，电线的安装与拆除必须由专业的电工人员进行。
3. 严禁随意拆除拱架构件，造成拱架结构不稳定。
4. 从事高处作业的人员必须做好安全防护措施，并系好安全带。
5. 悬吊设施和起重设备安装完毕后，应进行试运转、试吊，经技术人员确认合格后，方可投入使用。
6. 塔架应设风缆，风缆地端必须系在地锚上，严禁与电杆、树木、脚手架和建(构)筑物相连。
7. 吊装作业过程中严禁吊装物下方站人或者有人员穿行。</td></tr>
<tr><td>审核人</td><td></td><td>交底人</td><td></td><td>接受交底
负责人</td><td></td></tr>
<tr><td colspan="6">作业班组全体签名：</td></tr>
</table>

三、拱桥转体施工安全交底

竖向转体施工安全交底 编号：

施工单位	
工程名称	
分部分项工程	
工　　种	

交底内容：

一、主要危险源与危害因素

1. 施工现场违章用电。
2. 转体锚固体系锚固力不足。
3. 高处作业人员未正确佩戴安全帽、未系安全带、未穿防滑鞋等。
4. 人员为便捷在脚手架、模板、吊篮、吊斗等处攀爬。
5. 转动体系、锚固体系和动力体系在施工期间未按规定进行检查维护。
6. 转体时转动速度不均衡，转动过程中监控不到位。
7. 焊接前，未清除焊接作业周围易燃易爆物品。
8. 竖转场地、设施及设备未进行试运转。
9. 作业人员未进行施工前培训即上岗。

二、安全注意事项

1. 墩台前应有适合预制拱圈或拼装钢管拱肋和竖转所需的地形和场地。地基应坚固不沉陷。
2. 竖转铰应转动灵活，设有水平限位装置。
3. 竖转起吊设备使用前，千斤顶、油泵、控制柜必须试运行。
4. 竖转前，拱上杂物须清除，多余约束须解除。
5. 高处作业时人员必须正确佩戴好安全帽、系好安全带、穿好防滑鞋并擦干净脚底泥砂，防止滑倒坠落。
6. 不得在脚手架、模板、吊篮、吊斗等处攀爬。
7. 移动电器设备时要断开电源再移动，规范用电，电线不得乱拉乱拖。
8. 施工时严禁上下层重叠作业，应在技术人员指导下在上下层设置防护安全网，禁止下层作业人员在防护栏、平台下面休息。
9. 焊接作业时周围有易燃易爆物品，在未清除干净以前不得焊接。
10. 施工现场所有有可能坠落的物体，应一律先撤出现场或加以固定。
11. 扣索同步提升，速度均匀、可控。
12. 在竖转中不间断地观测吊塔顶部位移、检测后锚索与扣索的索力差，控制在允许范围内。对索塔、地锚、轴铰等设施、设备应有专人检查，保持正常施工。
13. 竖转合龙作业中，人员应系好安全带等安全防护用品。
14. 经技术人员确认封铰混凝土强度达到设计要求后，方可放松扣索。

续上表

<table>
<tr><td colspan="6">15. 放松扣索、后锚索时，必须对称、均衡、分级进行。
16. 特种设备操作人员必须持证上岗并应在上岗前接受培训。</td></tr>
<tr><td colspan="6">重点强调：
1. 扣索同步提升，速度均匀、可控。
2. 竖转合龙作业中，人员应系好安全带等劳动保护用品。
3. 竖转起吊设备使用前，千斤顶、油泵、控制柜必须试运行。
4. 墩台前应有适合预制拱圈或拼装钢管拱肋和竖转所需的地形和场地。地基应坚固不沉陷。
5. 转体施工安全风险极高，所有作业人员均须严格按照指挥人员的指挥进行作业。</td></tr>
<tr><td>审核人</td><td></td><td>交底人</td><td></td><td>接受交底负责人</td><td></td></tr>
<tr><td colspan="6">作业班组全体签名：</td></tr>
</table>

有平衡重转体施工安全交底

编号：

施工单位	
工程名称	
分部分项工程	
工　　种	

交底内容：

一、主要危险源与危害因素

1. 施工区域未做好安全保护措施(例如,作业人员未戴安全帽、系安全带,未放置警示标志)。

2. 转体锚固体系锚固力不足。

3. 上下重叠作业。

4. 平转时速度太快,牵引时猛拉或骤停。

5. 跨越公路、铁路时无防护措施。

6. 平转前拱肋多余物料未清理。

7. 转体时转动速度不均衡,转动过程中监控不到位。

8. 转动体系、锚固体系和动力体系在施工期间未按规定进行检查维护。

9. 竖转场地、设施及设备未进行试运转。

二、安全注意事项

1. 高处作业时作业人员必须正确佩戴好安全帽、系好安全带、穿好防滑鞋并擦干净脚底泥砂,防止滑倒坠落。

2. 施工时严禁上下层重叠作业,上下层应按工程师要求设置防护安全网,禁止下层作业人员在防护栏、平台下面休息。

3. 钢制球铰下球缺与球冠之间的滑动垫层在承受转体全部重量后,在牵引力作用下应能绕定位轴转动自如。

4. 平转前,拱肋上多余物料应清理干净。拱肋上应铺设防滑软梯和架设栏杆,挂设安全网。

5. 跨越公路、铁路时,按工程师要求设置安全防护网、警戒线,设置危险标志。

6. 按工程师要求,转动铰低于水面时,应在技术人员指导下做好围堰保护,低于地表面要在基坑周围砌护墙,围堰和基坑周围应设护栏,禁止非转体施工人员入内。

7. 在平转过程中,两台千斤顶应同步牵引;角速度不得大于 0.5°/min,严禁猛拉、骤停。

8. 平转时,在技术人员跟踪观测塔顶位移、拱肋标高的同时,还应对塔架、保险撑脚等仔细检查。

9. 应有专人清除下转盘滑道上的障碍物。

10. 应有专人做好限位准备,防止超转。

11. 在平转前,应在拱肋前端安装合龙工作吊篮。

12. 合龙后,及时施工合龙段,在技术人员指导下浇筑球铰处混凝土。

13. 转体前平转场地、设施及设备必须进行试运转。

续上表

<table>
<tr><td colspan="6">重点强调：
1. 转体前平转场地、设施及设备必须进行试运转。
2. 在平转过程中，两台千斤顶应同步牵引；速度不得太快，严禁猛拉、骤停。
3. 转体施工安全风险极高，所有作业人员均须严格按照指挥人员的指挥进行作业。</td></tr>
<tr><td>审核人</td><td></td><td>交底人</td><td></td><td>接受交底负责人</td><td></td></tr>
<tr><td colspan="6">作业班组全体签名：</td></tr>
</table>

无平衡重平面转体施工安全交底

编号：

施工单位	
工程名称	
分部分项工程	
工　　种	

交底内容：

一、主要危险源与危害因素

1. 转体锚固体系锚固力不足。

2. 转动体系不灵活，位控体系不能灵敏地控制转动体的速度和位置。

3. 转动体系、锚固体系和动力体系在施工期间未按规定进行检查维护。

4. 转体时转动速度不均衡，转动过程中监控不到位。

5. 违章用电。

6. 未经技术人员检查就卸架转体。

二、安全注意事项

1. 所有从事钢筋工程的施工人员都必须戴好安全帽和劳保手套，不准穿拖鞋或赤脚。

2. 发生人身触电时，应立即切断电源。严禁在未切断电源之前与触电者直接接触。

3. 扣索应锚固可靠，张拉扣索，拱圈（肋）脱架并对称拴扣风缆，静置 24 小时，经技术人员检查各部位（件）满足设计要求后，方可卸架转体，不得擅自卸架作业。

4. 转动体系应灵活自如，安全可靠。位控体系应能控制转动体的转动速度和位置。

5. 高处作业人员必须系好安全带，安全带应挂在牢固的物件上，严禁在一个物件上拴挂多根安全带或一根安全带上拴多人。

6. 高处作业所用的物料、机具、工具等，必须堆放平稳，不得妨碍通行和装卸。对有可能坠落的物件必须先行撤除或加以固定。

7. 高处作业禁止用拱圈替代脚手架作业。

8. 梁体在转动时，应对称同步、均匀、慢速，保持转体稳定。

9. 尾索、扣索张拉应按设计张拉力分级对称、均衡加力。

10. 临近就位时，应控制转速。就位后应对称收紧风缆，微调、合龙。

11. 合龙卸扣时应对称、均衡、分级进行。

续上表

<table>
<tr><td colspan="6">重点强调：
1. 高处作业所用的物料、机具、工具等，必须堆放平稳，不得妨碍通行和装卸。对有可能坠落的物件必须先行撤除或加以固定。
2. 吊装作业中，当重物吊起、转向、移动、接近人员、重物下落时，必须鸣铃示警。吊装物上严禁站人。
3. 梁体在转动时，应对称同步、均匀、慢速，保持转体稳定。
4. 转体施工安全风险极高，所有作业人员均须严格按照指挥人员的指挥进行作业。</td></tr>
<tr><td>审核人</td><td></td><td>交底人</td><td></td><td>接受交底负责人</td><td></td></tr>
<tr><td colspan="6">作业班组全体签名：</td></tr>
</table>

第二节　斜腿刚构桥施工安全交底

钢斜腿施工安全交底　　　　编号：

施工单位	
工程名称	
分部分项工程	
工　　种	

交底内容：

一、主要危险源与危害因素

1. 作业人员疲劳作业，酒后作业。

2. 作业人员未正确佩戴安全帽，未正确系安全带。

3. 施工时，上下同时作业。

4. 钢斜腿拼装时，地锚固定不牢。

5. 施工现场违章用电。

6. 随意开动机械和设备。

二、安全注意事项

1. 进入施工现场，作业人员必须正确佩戴安全帽，正确系安全带。

2. 需要用电时，必须按施工现场要求用电。

3. 作业时应保持作业道路通畅、环境整洁。

4. 必须按照相应的操作规程进行，不得违章作业。

5. 施工现场，禁止人员追逐打闹，禁止酒后作业。

6. 钢斜腿拼装与旋转下放作业应规定统一信号，设专人统一指挥。桥下车船及行人不得通行，并设安全防护。

7. 钢斜腿施工前，地锚应固定牢固。

8. 钢斜腿杆件吊装应按计算位置拴吊具，杆件与吊具间应加防护垫。

9. 钢斜腿拼装前应搭设脚手架，安装栏杆和安全网。

10. 钢斜腿斜拼时固定用的控制缆索绳，或采用竖拼(水平拼)后旋转就位用的控制滑车组的地锚，应满足受力要求。

11. 钢斜腿竖直拼装时，每一定位面应设定位销钉。已拼好的杆件应与塔架或桥墩临时连接。

12. 钢斜腿拼装使用的工具、冲钉、螺栓均应装在工具箱(袋)内。打冲钉时，里外应互相照应。每个框架单元拼装时，按设计装好定量的冲钉和螺栓后，方可松开吊钩。

13. 钢斜腿竖转时，应按斜腿长度、重量、刚度确定吊点位置，拴好溜绳，吊钩应封钩。

14. 发现有安全隐患时，必须及时解决，危及人身安全的，必须停止作业。

15. 拼装过程中，严禁用手指进行对位。

16. 焊接作业须符合焊接操作规程。

续上表

重点强调：					
1. 钢斜腿杆件吊装前，杆件与吊具间应加防护垫。 2. 钢斜腿拼装前应搭设脚手架，安装栏杆和安全网。 3. 钢斜腿拼装与旋转下放作业应规定统一信号，设专人统一指挥。桥下车船及行人不得通行，并设安全防护。					
审核人		交底人		接受交底负责人	
作业班组全体签名：					

斜腿刚构钢箱梁施工安全交底

编号：

施工单位	
工程名称	
分部分项工程	
工　　种	

交底内容：

一、主要危险源与危害因素

1. 酒后作业，疲劳作业，带病作业。

2. 未正确佩戴安全帽，未正确系安全带。

3. 在施工箱梁的下方休息。

4. 随意开动机械和设备。

5. 上下重叠作业。

二、安全注意事项

1. 作业人员必须参加班前安全交底培训，明确个人任务和职责，掌握操作要求，熟悉安全措施等。

2. 进入施工现场，人员必须正确佩戴安全帽，正确系安全带。

3. 施工现场禁止人员追逐打闹，禁止酒后作业。

4. 不得随意翻越防护栏，不得随意挪动安全警示标志。

5. 发现有安全隐患时，必须及时解决，危及人身安全的，必须停止作业。

6. 作业时应保持作业道路通畅、环境整洁。

7. 休息时，应到指定地点休息，严禁在箱梁下方休息。

8. 经技术人员的指挥，相互配合后，方可开动机械，严禁私自开动机械。

9. 箱形构件需要翻转时，严禁构件一端着地拖拉翻转。

10. 箱梁整体吊装时，压载重量不得超过吊重的10%。试吊时，在梁段吊离工作台20 cm左右时，应停吊检查。确认正常后，方可正式吊装。整体吊装中间梁段时，两端应同步吊装，并保持梁体的平衡和稳定。

11. 梁体悬臂拼装工作吊篮和其他施工设施，应安装牢固可靠，悬臂两端严禁超载。

12. 梁段悬拼起吊应平稳，吊钩(一个吊点时)应在梁段重心处，尾部应拴溜绳以控制其摆动。吊运到位后，应将溜绳拉紧，待梁段不摆动时再徐徐下落。梁段对接时，应先控制在10 cm以内的间距，再在梁体内设倒链滑车，帮助拉紧对接。

13. 在箱梁上通过吊机或吊机立于箱梁上架设边孔桥梁时，经技术人员事先进行检算(考虑偏载的影响)，必要时应采取结构局部加固措施或施工临时加固措施。

14. 不得在高压线下方、配电柜周围堆土、堆料、支搭临时设施。

续上表

<table>
<tr><td colspan="6">重点强调：
1. 进入施工现场，人员必须正确佩戴安全帽，正确系安全带。
2. 发现有安全隐患时，必须及时解决，危及人身安全的，必须停止作业。
3. 严禁人员在箱梁下方休息。
4. 箱梁整体吊装时，压载重量不得超过吊重的 10%。试吊时，在梁段吊离工作台 20 cm 左右时，应停吊检查。确认正常后，方可正式吊装。整体吊装中间梁段时，两端应同步吊装，并保持梁体的平衡和稳定。</td></tr>
<tr><td>审核人</td><td></td><td>交底人</td><td></td><td>接受交底负责人</td><td></td></tr>
<tr><td colspan="6">作业班组全体签名：</td></tr>
</table>

预应力混凝土斜腿刚构桥支架法施工安全交底

编号：

施工单位	
工程名称	
分部分项工程	
工　　种	

交底内容：

一、主要危险源与危害因素

1. 作业人员未正确佩戴安全帽，未正确系安全带。

2. 人员在施工现场，追逐打闹，酒后作业。

3. 支架搭设完毕后未进行验收；未进行支架预压或预压荷载不能满足设计要求。

4. 预应力张拉未设防护屏障。

5. 随意开动机械和设备。

6. 在高压线下方、配电柜周围堆土、堆料、支搭临时设施。

7. 随意翻越防护栏；随意挪动安全警示标志。

8. 当有6级及以上大风或雨雪等恶劣天气时，仍进行施工作业。

二、安全注意事项

1. 作业人员必须参加班前安全交底培训，明确个人任务和职责，掌握操作要求，熟悉安全措施等。进入施工现场，必须正确佩戴安全帽，正确系安全带。必须按照相应的操作规程执行，不得违章作业。

2. 不得随意翻越防护栏。

3. 施工现场，禁止人员追逐打闹，禁止酒后作业。

4. 梁底模及支架卸载顺序，应严格按照从梁体挠度最大处的支架节点开始，逐步卸落相邻节点。当达到一定卸落量后，支架方可拆除。

5. 支架基础必须具有足够的承载力，不得出现不均匀沉降，并做好地面的纵向和横向排水处理。

6. 支架预压所用砂袋应注意防雨。

7. 支架应严格按照设计搭设，设置足够的斜撑、剪力撑、缆风绳和落架设施，应有施工平台、栏杆、梯子、安全网等防护设施。

8. 支架安装完毕后，应对其垂直度、落架设施、部件连接、地锚、缆风绳等进行全面检查。

9. 在支架承重期间，不得随意拆除任何受力杆件。

10. 经技术人员的指挥，相互配合后，方可开动机械，严禁私自开动机械。

11. 模板及支架拆除应遵循先支后拆、后支先拆的顺序，严禁强拉硬拽。

12. 拆除支架时，应自上而下进行，严禁上下同时拆除。

13. 不得将手、脚深入模板缝内和模板底端。

14. 不得在位于上层施工可能坠落物半径以内进行施工作业。

续上表

<table>
<tr><td colspan="6">重点强调：
1. 梁底模及支架卸载顺序，应严格按照从梁体挠度最大处的支架节点开始，逐步卸落相邻节点。当达到一定卸落量后，支架方可拆除。
2. 支架应严格按照设计搭设，设置足够的斜撑、剪力撑、缆风绳和落架设施，应有施工平台、栏杆、梯子、安全网等防护设施。
3. 在支架承重期间，不得随意拆除任何受力杆件。
4. 拆除支架时，应自上而下进行，严禁上下同时拆除。</td></tr>
<tr><td>审核人</td><td></td><td>交底人</td><td></td><td>接受交底负责人</td><td></td></tr>
<tr><td colspan="6">作业班组全体签名：</td></tr>
</table>

预应力混凝土斜腿刚构桥无支架法施工安全交底

编号：

施工单位	
工程名称	
分部分项工程	
工　　种	

交底内容：

一、主要危险源与危害因素

1. 在施工现场追逐打闹，酒后作业。

2. 作业人员未正确佩戴安全帽，未正确系好安全带。

3. 随意翻越防护栏。

4. 跨越公路、铁路施工时无防护措施。

二、安全注意事项

1. 作业人员必须参加班前安全交底培训，明确个人任务和职责，掌握操作要求，熟悉安全措施等。进入施工现场，必须正确佩戴安全帽，正确系安全带。

2. 禁止人员追逐打闹、酒后作业、疲劳作业、带病作业。

3. 不得随意翻越防护栏。禁止随意挪动警示标志。

4. 振捣器试振时，不得在初凝的混凝土或干硬地面上进行。

5. 梁体混凝土浇筑过程中，如发现较大变形时，应立即采取措施。

6. 施加预应力时，预应力钢筋、锚具和千斤顶应位于同一轴线上。

7. 张拉过程中，发现油泵、千斤顶、锚具、夹具等有异常情况时，应立即停止作业。

8. 在斜腿施工完毕后，应在技术人员指导下将斜腿固定，形成稳定结构。

9. 跨越公路、铁路施工时，需要在技术人员指导下搭建防护网等防护措施。

10. 经技术人员的指挥，相互配合后，方可开动机械，严禁私自开动机械。

11. 发现有安全隐患时，必须及时解决，危及人身安全的，必须停止作业。

重点强调：

1. 采用无支架施工时，在斜腿施工完毕后，应在技术人员指导下将斜腿固定，形成稳定结构。

2. 禁止随意挪动警示标志。

3. 梁体混凝土浇筑过程中，如发现较大变形时，应立即采取措施。

审核人		交底人		接受交底负责人	

作业班组全体签名：

预应力混凝土斜腿刚构桥钢拱架法施工安全交底

编号：

施工单位	
工程名称	
分部分项工程	
工　　种	

交底内容：

一、主要危险源与危害因素

1. 疲劳作业，酒后作业，带病作业。
2. 混凝土浇筑过程中，发现异常情况时，仍然继续进行作业。
3. 预应力张拉未设防护屏障。
4. 违章操作机械设备。
5. 拱架施工上下同时作业。
6. 跨越公路、铁路施工时无防护措施。

二、安全注意事项

1. 施工现场，禁止人员追逐打闹，禁止酒后作业。
2. 作业时应保持作业道路通畅、环境整洁。
3. 施加预应力时，预应力钢筋、锚具和千斤顶应位于同一轴线上。
4. 在拱架施工中，不得上下同时作业。人员不得在拱架下面停留或穿行。
5. 跨越公路、铁路施工时，需要搭建防护网等防护措施。
6. 混凝土输送管道应注意：①不得过度弯曲输送管道；②不应直接将垂直输送管道接在输送泵的输出口上；③必须在管道和固定物之间设置缓冲；④不得将输送管道与钢筋模板相连；⑤严禁人员站立在输送泵输出口前方。
7. 不得将泵送混凝土管道等固定或悬挂在支架上。
8. 振捣器试振时，不得在初凝的混凝土或干硬地面上进行。
9. 钢拱架必须经有关人员验收合格后，方可进行混凝土浇筑施工。
10. 梁体混凝土浇筑过程中，发现有较大变形时，应立即停止作业。
11. 经技术人员确认，混凝土达到规定的强度后，方可施加预应力。
12. 严禁在未设置防护挡板区域进行张拉作业。
13. 必须正确使用锚具和夹具，防止机具飞出伤人。
14. 严禁敲击锚具钢筋。
15. 切断钢筋时，机械未达到正常转速，不得进行切割。
16. 必须按照相应的操作规程执行，不得违章作业。
17. 应在斜腿与中跨梁部形成门式刚构和预施应力全部完成后，方可拆除拱架。用砂箱或楔子松动拆除拱架时，应按设计顺序进行。在拆除工程中，应统一指挥，不得在拱架上下同时作业或用机械强拽拱架。

续上表

重点强调： 1. 在拱架施工中，不得上下同时作业。 2. 混凝土泵送作业应严格按规定执行。 3. 梁体混凝土浇筑过程中，发现有较大变形时，应立即停止作业。 4. 在拆除钢拱架工程中，应统一指挥，不得在拱架上下同时作业或用机械强拽拱架。					
审核人		交底人		接受交底负责人	
作业班组全体签名：					

斜腿刚构桥平面转体施工安全交底　　编号：

施工单位	
工程名称	
分部分项工程	
工　　种	

交底内容：

一、主要危险源与危害因素

1. 斜腿拼装前未搭设脚手架，未安装栏杆和安全网。
2. 转体锚固体系锚固力不足。
3. 斜腿拼装使用的工具乱放乱摆。
4. 用砂箱或楔子松动拆除拱架时，未按顺序进行。
5. 在拆除工程中，在拱架上下同时作业或用机械强拽拱架。
6. 斜腿施工完毕后，未固定斜腿（易造成坍塌）。
7. 梁体悬臂拼装工作吊篮和其他施工设备未安装牢固，悬臂两端超载。
8. 转动场地、设施及设备未进行试运转。
9. 违章用电。
10. 转体时转动速度不均衡，转动过程中监控不到位。

二、安全注意事项

1. 斜腿杆件吊装应按安全交底位置拴吊具，杆件与吊具间应加防护垫。
2. 斜腿拼装前应搭设脚手架，安装栏杆和安全网。
3. 水平拼装时，支架应设在坚固的基础上。
4. 转动体系应灵活自如，安全可靠。位控体系应能控制转动体的转动速度和位置。
5. 斜腿拼装使用的工具、冲钉、螺栓均应装在工具袋（箱）内。
6. 斜腿拼装平转时，应按设计吊点位置进行，并拴好溜绳，吊钩应封钩。
7. 斜腿拼装与旋转下放作业应统一信号，由专人统一指挥。桥下车船及行人不得通行，并设安全防护。
8. 梁体悬臂拼装工作吊篮和其他施工设备，应安装牢固，严禁悬臂两端超载。
9. 预应力混凝土斜腿刚构桥采用无支架施工时，在斜腿施工完毕后，应固定斜腿。
10. 用砂箱或楔子松动拆除拱架时，应按顺序进行。
11. 在拆除工程中，不得在拱架上下同时作业或用机械强拽拱架。
12. 非专业电工禁止乱动电气设备，不得进入配电室，不准打开配电箱。
13. 转体前要进行环道清理，解除临时支座，结构平转范围内障碍物的清除。
14. 梁体在转动时，应对称同步，均匀、慢速，保持转体稳定。
15. 转体前拆除上、下盘之间的固定装置以及支垫，清理环道，并涂润滑油以减小摩阻力。
16. 转体前平转场地、设施、设备等要进行试运转。

续上表

<table>
<tr><td colspan="6">重点强调：
1. 斜腿拼装前应搭设脚手架，安装栏杆和安全网。
2. 在拆除工程中，不得在拱架上下同时作业或用机械强拽拱架。
3. 梁体在转动时，应对称同步，均匀、慢速，保持转体稳定。
4. 转体前平转场地、设施、设备等要进行试运转。
5. 非专业电工禁止乱动电气设备，不得进入配电室，不准打开配电箱。</td></tr>
<tr><td>审核人</td><td></td><td>交底人</td><td></td><td>接受交底负责人</td><td></td></tr>
<tr><td colspan="6">作业班组全体签名：</td></tr>
</table>

第三节 斜拉桥施工

斜拉索施工安全交底(通用) 编号：

施工单位	
工程名称	
分部分项工程	
工　　种	

一、主要危险源与危害因素

1. 作业人员未正确佩戴安全防护用品。

2. 斜拉索桥面展开时，操作人员与索体间距离不足 1 m。

3. 遇恶劣天气仍继续斜拉索高空作业。

4. 采用钢丝绳等硬性绳索捆绑、提吊斜拉索。

5. 当桥塔较高时，直接牵引索体。

二、安全注意事项

1. 参加斜拉索施工的人员高空作业必须戴好安全帽，系好安全带，水上作业应穿好救生衣。严格执行各自岗位及设备的安全操作规程。

2. 参加斜拉索施工的特殊工种人员必须经培训合格并持有效特种作业人员操作证，方能上岗操作。指挥人员与操作人员距离较远时必须用对讲机联系，对讲机应始终处于良好的状态。

3. 斜拉索桥面展开时，操作人员保持与索体 1 m 以上的距离，防止斜拉索的扭力作用，导致索体翻转伤人。

4. 在不良气候条件下，如暴雨或风力达 6 级以上时，停止斜拉索高空作业。

5. 严格遵守高空作业操作规程；为防止使用的工具不慎掉落，需要对工具绑上防落绳，并系于身边。

6. 高空所有施工走道均应设置栏杆及安全网，所有悬吊作业均采用封闭式吊篮。

7. 斜拉索起吊、挂设提升、牵引、压锚等所有施工过程中，斜拉索吊点或拉伸受力点必须采用大直径纤维绳或与索直径配套的专用夹具捆绑或夹索，索夹内应垫 10 mm 厚保护橡胶。

8. 索夹螺栓应按指定紧固力进行紧固。不得采用钢丝绳等硬性绳索捆绑、提吊斜拉索。

9. 拉索装卸过程中必须采用纱绳或专用吊具。放索展开时宜采用展布支架，严禁放索展开时使用钢丝绳等硬质吊具扣吊拉索。

10. 斜拉索起吊、挂设提升、牵引、压锚前应清楚各种障碍物，对与斜拉索接触处或有可能接触处均需加设保护橡胶垫或软布，避免斜拉索与硬性物体直接接触或碰撞。

11. 机械作业时注意油污污染成品，作业前应对机械(如千斤顶、油泵等)进行检查或试验，确保不因发生意外故障(如密封圈漏油、油管爆裂等)而污染成品。

12. 当桥塔较高时，应采用斜拉索牵引装置牵引。严禁直接牵引索体。

13. 起重用钢丝绳应符合规定要求，定期检查钢丝绳磨损状况，并及时更换。斜拉索在

续上表

<table>
<tr><td colspan="6">起吊过程中，吊具建议采用大直径纤维绳，宽度大于 10 cm。每根斜拉索用 3 根纤维吊带在指定吊点处起吊斜拉索，以保证吊运过程中斜拉索保持平衡。
14. 当放索距离较长，为防止斜拉索在桥面拖拉摩擦造成损伤，宜采用专用支架。支架与索体间用橡胶垫片隔离保护。</td></tr>
<tr><td colspan="6">重点强调：
1. 斜拉索桥面展开时，操作人员要与索体保持 1 m 以上的距离。
2. 在不良气候条件下，如暴雨或风力达 6 级以上时，停止斜拉索高空作业。
3. 不得采用钢丝绳等硬性绳索捆绑、提吊斜拉索。严禁放索展开时使用钢丝绳等硬质吊具扣吊拉索。
4. 当桥塔较高时，应采用斜拉索牵引装置牵引。严禁直接牵引索体。</td></tr>
<tr><td>审核人</td><td></td><td>交底人</td><td></td><td>接受交底负责人</td><td></td></tr>
<tr><td colspan="6">作业班组全体签名：</td></tr>
</table>

斜拉索运输与吊装安全交底

编号：

<table>
<tr><td>施工单位</td><td colspan="5"></td></tr>
<tr><td>工程名称</td><td colspan="5"></td></tr>
<tr><td>分部分项工程</td><td colspan="5"></td></tr>
<tr><td>工　　种</td><td colspan="5"></td></tr>
<tr><td colspan="6">交底内容：
一、主要危险源与危害因素
1. 运输斜拉索时，放索船垫模板放置不正确（易导致放索船因放索变化重心不稳，造成颠簸倾斜）。
2. 斜拉索桥面展开时，操作人员与索体距离不足（斜拉索在扭力作用下，翻转伤人）。
3. 挂索过程中没有及时检查钢丝绳、滑车、卷扬机等起吊机具设备。
二、安全注意事项
1. 斜拉索在吊装或运输过程中，应避免与任何坚硬物发生接触或碰撞。
2. 运输斜拉索时，索盘架在船上放置应垫模板，保持放索船的平衡，防止索船随放索变化而偏心倾覆。
3. 上索船的索架必须焊牢，索架的四个承重点必须焊在船的主要骨架上，索架两边应焊斜支撑，确保索架的稳固。
4. 用塔吊（或卷扬机）把斜拉索吊至桥面孔口时应上两副夹片，夹片螺栓必须拧紧。
5. 制作的成品斜拉索从江中船上牵拉至桥面，为防止损伤索体，应用橡胶滑轮。
6. 斜拉索到现场后，根据现场具体布置情况选择合适的堆放地点，尽量与其他硬性材料隔离，因场地原因不能隔离堆放的，需在与硬性材料可能发生碰撞部位加垫橡胶。堆放地点应远离气割、焊接作业区，距塔柱中心线距离大于 15 m。
7. 挂索过程中应经常检查钢丝绳、滑车、卷扬机等起吊设备的完好程度，保证吊装安全。
8. 为防止意外，塔内塔外挂索时，在拉索上拴挂保险绳。
9. 挂索前，专门清除索塔及主梁锚管内混凝土等杂物，以保证挂索、张索过程中冷铸锚头丝口不被刮伤。</td></tr>
<tr><td colspan="6">重点强调：
1. 运输斜拉索时，索盘架在船上放置应垫模板，保持放索船的平衡，防止索船随放索变化而偏心倾覆。
2. 挂索过程中应有专门人员经常检查钢丝绳、滑车、卷扬机等起吊设备的完好程度，保证吊装安全。</td></tr>
<tr><td>审核人</td><td></td><td>交底人</td><td></td><td>接受交底
负责人</td><td></td></tr>
<tr><td colspan="6">作业班组全体签名：</td></tr>
</table>

斜拉索牵引安全交底

编号：

施工单位	
工程名称	
分部分项工程	
工　　种	

交底内容：

一、主要危险源与危害因素

1. 放索限位架连接位置不正确(易造成作业人员被放索车碰伤绊倒)。

2. 千斤顶工作过程中工具夹片无人看管。

3. 电工、机械修理工擅自离岗,出现紧急事故时,未能及时处理。

4. 起重钢丝绳久用未检或纤维绳直径过细(易因斜拉索过重造成崩断,造成现场人员伤亡及设备损害)。

二、安全注意事项

1. 放索限位架由螺栓连接于放索机尾部,放索时注意控制斜拉索的摆动,防止放索小车翻倒,损伤斜拉索及作业人员。

2. 在拉索锚具牵引进入拉索钢导管时,将千斤顶严格对中,并由导向装置来调整拉索的不同角度入管道,防止拉索锚具碰撞、损伤,影响施工。

3. 桥面前端牵引导向必须用槽钢预埋在桥面混凝土里,确保受拉点牢固。桥面索前端牵引运行时,索头小车应保持平衡,防止小车横侧翻倒。

4. 起重用钢丝绳符合规定要求,定期检查钢丝绳磨损状况,并及时更换。斜拉索在起吊过程中,吊具建议采用大直径纤维绳,宽度大于 10 cm。每根斜拉索用 3 根纤维吊带在指定吊点处起吊斜拉索,以保证吊运过程中斜拉索保持平衡。

5. 斜拉索起吊上升开始前,在斜拉索上挂设抗风缆减小斜拉索上升过程中的摆动与旋转。

6. 在千斤顶工作的初始几个行程,由于斜拉索与钢绞线在制作完成后均有扭应力存在或受力不匀,钢绞线束易发生扭绞现象。因此在张拉开始前,应在工具夹片外表涂润滑油脂,并在千斤顶工作过程中严密注意夹片是否松开,以便及时停机。

7. 电工、机械修理工必须在现场待命,随叫随到,及时排除电器及机械故障。卷扬机应选出有经验的工人定岗定人专职操作,以便遇到紧急情况能及时作出正确的反应。

8. 张拉时,千斤顶安装悬吊或支垫保险措施,以免掉落伤人。

9. 张拉油管接头采用防护套,以免喷油伤人。

10. 安装吊点抱箍及软牵引,抱箍应有足够的长度,其夹紧用的螺栓应有足够的强度,拧紧后应使抱箍与斜拉索之间(垫有橡胶)产生足够的摩擦力,以防止抱箍受力后滑移。

续上表

<table>
<tr><td colspan="6">重点强调：
1. 放索限位架由螺栓连接于放索机尾部，放索时注意控制斜拉索的摆动，防止放索小车翻倒，损伤斜拉索及作业人员。
2. 在千斤顶工作过程中应安排专人严密注意夹片是否松开，以便及时停机。
3. 电工、机械修理工必须在现场待命，随叫随到，及时排除电器及机械故障。
4. 起重用钢丝绳应符合规定要求，吊具建议采用大直径纤维绳。</td></tr>
<tr><td>审核人</td><td></td><td>交底人</td><td></td><td>接受交底
负责人</td><td></td></tr>
<tr><td colspan="6">作业班组全体签名：</td></tr>
</table>

斜拉索挂设安全交底

编号：

施工单位	
工程名称	
分部分项工程	
工　　种	

交底内容：

一、主要危险源与危害因素

1. 压索时，工作人员离斜拉索过近。

2. 塔肢内未按要求配备灭火器，违章动火或吸烟。

3. 桥面卷扬机性能不良，仍继续使用。

4. 压索前未按规定仔细检查张拉机构。

二、安全注意事项

1. 在挂边跨合龙桥面压索时，人员应远离斜拉索，防止夹片滑松，索松回伤人。

2. 边跨用于上螺帽的小吊篮，必须安设牢固，并用钢丝绳套在钢筋上，吊篮上的安全网、脚手板应牢固，防止松散掉落。

3. 塔肢挂索前要检查塔顶卷扬机的性能是否完好，卷扬机与塔顶平台的连接焊缝，导向轮钢丝绳是否有断裂、断丝，确认无误后方能进行塔肢挂索。

4. 塔内框的脚手架稳定可靠，操作平台用厚 5 cm 模板满铺并用铁丝捆牢。每提升一次操作平台，必须在平台下面挂好安全网，索孔内严禁掉物至桥面。

5. 每个塔肢内配 4～6 个灭火器，任何作业人员不得挪作他用。

6. 塔框内禁止吸烟，不准放置易燃易爆物品。塔肢内照明和油泵张拉用电，必须安好漏电保护装置。

7. 塔肢内撑脚千斤顶的吊点用钢板焊牢，手拉葫芦应严格检查，有问题的葫芦应及时更换。

8. 挂索或桥面压索、夹板不能变形，焊缝无裂纹，螺栓无损伤。

9. 压索前，检查张拉机构是否正常，连接丝杆与斜拉索应顺直，严禁使用变形和损伤的连接杆作业。

10. 叉头、连接杆安装时，不得用手摸，安装好之后，连接杆与斜拉索应顺直，严禁连接杆不直。

11. 斜拉索挂好之后，在拆卸斜拉索起吊夹片时，采用的吊笼要牢固，用四点吊。其底部用铁皮满封，防止物件坠落伤人，拆卸操作人员必须挂好安全带。

12. 软牵引斜拉索，牵引头的夹片上平整齐，封钢绞线的钢板螺栓必须拧紧，坏丝滑丝的螺栓严禁使用。

13. 夹板安装时内用 1 cm 的橡胶，以保持斜拉索索皮不受损伤，螺栓要拧紧。

14. 应保证挂篮前端 50 t 滑车始终处于完好状态，吊耳焊缝牢固，销轴不得变形。

续上表

<table>
<tr><td colspan="6">重点强调：
1. 在挂边跨合龙桥面压索时，人员应远离斜拉索，防止夹片滑松，索松回伤人。
2. 塔框内禁止吸烟，不准放置易燃易爆物品；塔肢内照明和油泵张拉用电，必须安好漏电保护装置。
3. 桥面挂篮压索前应检查桥面卷扬机的性能，其锚固绳卡是否松动，钢丝绳是否断丝，钢丝绳走向是否与其他物体相摩擦。
4. 压索前，应检查张拉机构是否正常，连接丝杆与斜拉索应顺直，严禁使用变形和损伤的连接杆作业。</td></tr>
<tr><td>审核人</td><td></td><td>交底人</td><td></td><td>接受交底
负责人</td><td></td></tr>
<tr><td colspan="6">作业班组全体签名：</td></tr>
</table>

斜拉桥桥塔施工安全交底 编号：

施工单位	
工程名称	
分部分项工程	
工　种	

交底内容：

一、主要危险源与危害因素

1. 桥塔施工人员未进行体检（血压、血糖、恐高）就进行高空作业；不合格人员仍进行高空作业。

2. 高空作业随意放置、抛掷工具和物料。

3. 在一个物件上拴挂多根安全带或在一根安全带上拴多人。

4. 立体交叉作业时，在同一竖直方向上下同时操作。

二、安全注意事项

1. 所有从事桥塔施工的人员都必须进行健康检查，凡患有高血压、心脏病、低血糖、恐高症等高空作业禁忌症的，不得进行高空作业。

2. 凡服用含有麻醉、安眠成分药剂的人员，在药性有效期间不得安排高空作业。

3. 为避免施工材料及工具高空坠落，在主塔支架外侧应设细眼安全网，所有施工操作均在网内进行。

4. 高空作业所需的工具，应放在工具包内，材料及小型设备应临时加固，严禁上下抛掷工具及物件。

5. 氧气、乙炔瓶应分类装入吊篮吊运，作业平台处的氧气、乙炔瓶应用绳索加固绑扎，防止其滚动和坠落。

6. 模板、爬架施工实行定员定岗，控制人员数量及设备、材料的重量，合理摆放。

7. 孔道灌浆应严格按规定压力进行，并要求输浆管畅通，接头牢固。操作人员应戴好防护眼镜，以防水泥浆喷出伤及操作人员的脸部和眼睛。

8. 桥塔需设置避雷器。

9. 桥塔施工人员必须系安全带，安全带应挂在牢固的物件上。严禁在一个物件上拴挂多根安全带或在一根安全带上拴多人。

10. 遇有6级及以上强风、暴雨、浓雾等恶劣天气，严禁进行桥塔作业。在恶劣天气来临前，应做好现场施工人员及有关设备的撤离、转移及加固工作，确保人、机、设施的安全。

11. 立体交叉作业时，不得在同一竖直方向上下同时操作。下层作业的位置，必须处于依上层高度确定的可能坠落半径范围之外。

12. 上、下横梁施工，一般采用全支架施工，支架材料可用大直径钢管支撑加贝雷架或万能杆件两种形式。

13. 钢锚箱现场吊装必须采用专用吊具。钢锚箱就位时，严禁将用手指摸探螺栓孔。

14. 钢塔柱间连接与定位时，应确保螺栓拧紧到规定的扭力矩。

续上表

<table>
<tr><td colspan="6">重点强调：
1. 桥塔施工人员都必须进行健康检查，凡患有高血压、心脏病、低血糖、恐高症等高空作业禁忌症的，不得进行高空作业。
2. 高空作业所需的工具，应放在工具包内，材料及小型设备应临时加固，严禁上下抛掷工具及物件。
3. 桥塔施工人员必须系安全带，安全带应挂在牢固的物件上。严禁在一个物件上拴挂多根安全带或在一根安全带上拴多人。
4. 立体交叉作业时，不得在同一竖直方向上下同时操作。下层作业的位置，必须处于依上层高度确定的可能坠落半径范围之外。</td></tr>
<tr><td>审核人</td><td></td><td>交底人</td><td></td><td>接受交底负责人</td><td></td></tr>
<tr><td colspan="6">作业班组全体签名：</td></tr>
</table>

斜拉桥加劲梁施工安全交底

编号：

施工单位	
工程名称	
分部分项工程	
工　　种	

交底内容：

一、主要危险源与危害因素

1. 挂篮后端未设置保险。

2. 桥塔施工人员随意向下抛物。

3. 张拉时，工作人员正时千斤顶。

二、安全注意事项

1. 挂篮走行，必须保持同步，后端设置保险，防止倾覆。

2. 挂篮精轧螺纹钢吊杆、后锚固等严防电焊弧，螺纹钢外需套 PVC 管或刷绝缘漆保护。

3. 挂篮四周平台，必须满铺脚手板，设置栏杆，挂设安全网，已浇筑梁段两边也要设置临时栏杆。

4. 挂篮平台、桁架上严禁堆放大重量物体，特别是翼缘板悬臂端部位。

5. 施工梁段下面严禁人员进入。

6. 桥塔施工人员严禁向下抛物，以免伤及桥下行人。

7. 搅拌水泥浆时人员必须戴好防尘口罩。

8. 悬臂浇筑两端挂篮必须同步进行，已浇筑梁段堆放物体，也必须两端对称放置，以免不平衡荷载对墩身产生不利影响。

9. 张拉时，应搭设必要的作业平台，临空作业人员应挂设安全带，施工人员不得站在千斤顶的正后方，应站在侧面，对顶时要注意防止挤伤手指。

10. 大风、浓雾等恶劣天气严禁起吊钢箱梁。

重点强调：

1. 挂篮走行，必须保持同步，后端设置保险，防止倾覆。

2. 挂篮平台、桁架上严禁堆放大重量物体，特别是翼缘板悬臂端部位。

3. 桥塔施工人员严禁向下抛物。

4. 张拉时，施工人员不得站在千斤顶的正后方，应站在侧面。

审核人		交底人		接受交底负责人	

作业班组全体签名：

斜拉桥转体施工安全交底　　编号：

施工单位	
工程名称	
分部分项工程	
工　　种	

交底内容：

一、主要危险源与危害因素

1. 转体前未检查各关键部位，如：塔梁固结点、上转盘、塔柱锚固区、球铰等部位。

2. 转动体系、锚固体系和动力体系在施工期间未按规定进行检查维护。

3. 转动场地、设施及设备未进行试运转。

二、安全注意事项

（一）转体前注意事项

1. 严禁作业人员酒后作业，带病作业，疲劳作业。

2. 规范用电，电线不得乱拉乱拖，钢筋不得搭靠在电线上。

3. 转体前检查各关键部位，包括塔梁固结点，上转盘，塔柱锚固区，球铰等部位。

4. 转体前平转场地、设施及设备必须进行试运转。

5. 转动体系、锚固体系必须平衡可靠，四周的保险支腿应有良好的保险和稳定作用。

6. 在风力达到 5 级以上应停止施工，并做好高空设备的紧固，防止坠落。

（二）转体作业注意事项

1. 转体作业天气要求：风力小于 3 级，无雨。

2. 转体过程中，上部结构覆盖面范围内不得有影响转体正常进行的障碍物。

3. 位控体系控制转动体的转动速度和位置时，严禁人员打闹及大声喧哗。

重点强调：

1. 严禁人员酒后或带病高空作业。

2. 转体前平转场地、设施及设备必须进行试运转。

3. 在风力达到 5 级以上应停止施工，并做好高空设备的紧固，防止坠落。

审核人		交底人		接受交底负责人	

作业班组全体签名：

第四节 悬索桥施工安全交底

悬索桥锚碇基坑开挖与混凝土灌注作业安全交底

编号：

施工单位	
工程名称	
分部分项工程	
工　　种	

交底内容：

一、主要危险源与危害因素

1. 锚碇系统未设专人负责检查。

2. 吊送材料和模板时，吊物下方站人或人员通行。

3. 锚碇基坑开挖边缘范围内堆放物料。

4. 吊运土方的吊车钢丝绳、吊钩等吊索具，未进行每班检查。

二、安全注意事项

1. 锚碇基坑土方开挖前，应在技术人员带领下对邻近的设备、设施、电缆线路等进行详细了解，如开挖工作有可能对其造成影响，需在技术人员指导下采取必要措施后才可进行施工，同时应在技术人员指导下，在开挖范围内采取必要的安全防护隔离及警戒标志等措施。

2. 锚碇基坑开挖时，应在每个土方吊运点设置一层防护棚，以防土方坠落伤人。所有大型机械设备禁止进入距开挖边缘 1 m 以内范围，距开挖边缘 0.8 m 范围内严禁堆放物料。

3. 锚碇施工人员应穿反光背心，施工过程中应尽量避开土方吊运点。

4. 输送混凝土的导管安放处，应设置固定的挂篮，以便施工人员安放导管。

5. 导管移位时，必须用钢丝绳固定料斗后方可与导管一起吊运，严禁在料斗未固定时与导管一起吊运。

6. 吊运土方的吊车钢丝绳、吊钩等吊索具，应每班检查，以防发生机械故障事故。

7. 施工用的小型机具，应装在专用的吊篮里，用吊车吊运。吊送材料和模板时，吊物下方不得站人及通行。

8. 每开挖一层前，应在接到技术部门下发的开挖令方可施工。

9. 混凝土运输车下料口应用土工布设置一道布帘，以防砂石冲出料斗伤人。

10. 在地下连续墙上设置两道楼梯以供人员上下，楼梯随锚碇开挖应及时向下延伸。

11. 锚碇混凝土浇筑至地面以上时应设置挂架，施工人员应在挂架内施工。

12. 锚碇开挖边缘范围内严禁堆放物料。

续上表

<table>
<tr><td colspan="6">重点强调：
1. 吊送材料和模板时，吊物下方不得站人及人员通行。
2. 锚碇开挖边缘范围内严禁堆放物料。
3. 锚碇施工人员应穿反光背心，施工过程中应尽量避开土方吊运点。
4. 吊运土方的吊车钢丝绳、吊钩等吊索具，应每班检查，以防发生机械故障事故。</td></tr>
<tr><td>审核人</td><td></td><td>交底人</td><td></td><td>接受交底负责人</td><td></td></tr>
<tr><td colspan="6">作业班组全体签名：</td></tr>
</table>

悬索桥锚碇锚固系统安装安全交底

编号：

施工单位	
工程名称	
分部分项工程	
工　　种	

交底内容：

一、主要危险源与危害因素

1. 安装作业前未对相关装备做安全检查。

2. 用电设备绝缘不良；违章用电。

3. 多人共同操作或扛抬预埋钢束、锚头不注意密切配合。

4. 搬运组件、部件时，附近有无障碍物、架空电线和其他临时电气设备，且未加以注意。

5. 起吊组件、部件、钢束时下方站人。

6. 起吊长度差异较大的部件。

7. 高空作业时，将部件、组件、钢束集中堆在支架和脚手板上。

二、安全注意事项

（一）安装作业前对锚管定位架、模板系统、型钢支架安全检查的要求

1. 锚管支架搭设必须按照施工方案要求执行，搭设作业的施工人员应佩戴安全带、安全帽，穿防滑鞋，衣着装束应严实，防止衣物被钩、挂、绊、卡而导致意外伤害。

2. 检查锚管支架是否已放点，且按放点进行布设，是否在浇筑过程中受到相应的监控。

3. 检查锚管定位架的扣件螺钉有无松动，立柱垂直度、水平杆的顺直和水平是否符合要求，立柱底部是否松动或悬空，上顶托是否松动，保证锚管定位架至使用前完整、稳固。

4. 检查模板对拉螺杆是否锁紧，螺母露杆长度是否满足要求；对拉螺杆是否斜拉；模板之间及模板底部是否存在过大缝隙而产生漏浆，防止施工人员在安装作业时部分模板倾翻、漏浆等事故而造成伤害。

5. 检查底模支撑系统是否虚位过大，模板孔封堵材料及工具是否准备到位，在浇筑过程中是否准备有模板监控检查机具，防止模板在浇筑过程中致施工人员受伤。

6. 检查型钢支架的钢管立柱地基、底梁、分布梁等间距，型钢支架是否已设置监控点，以便管理与控制，保障施工人员的安全。

7. 散索鞍及附近索股必须清除硬物，防止硬物冲击。

（二）锚固系统安装施工安全管理要求

1. 施工临时照明及机电设备的电源线应绝缘良好，不得直接架设在支架或模板上，应用绝缘支撑物使电线与组合钢模板隔离，防止线路漏电。

2. 尽可能避免夜间安装作业，如工期紧迫需要进行夜间作业时，要有足够的照明。照明灯的电压一般不超过 36 V 的安全电压，照明行灯及机电设备的移动线路要采用绝缘套管。

3. 在 3 m 以上高度，安装前锚面锚固单元、后锚面锚固单元、拉杆及组件、连接器、预应力钢束、预埋钢管、防护油脂、锚头防护帽时，应在稳固的支架或作业平台上进行，易发坠落以及在陡峭的坡面上作业时，如有可能，应设置安全网。

续上表

4. 多人共同操作或扛抬预埋钢束、锚头时，要密切配合，协调一致，相互呼应；高处作业时人员要精神集中，不得逗闹和酒后作业。

5. 安装过程中如遇中途停歇，应将已就位的锚头、拉杆、组件、连接器连接牢固，不得架空浮搁，防止坠落伤人或人员扶空坠落。

6. 高处作业时，不得将组件、工具乱堆乱放，支架或工作平台上堆放的物品应放置牢固，防止超重或滑落。

7. 施工人员的操作工具要随手放入工具袋或拴系稳妥。

8. 锚固系统组装前，应对各部件、组件的编号、规格和数量进行详细检查，及时剔除不合格部件、组件。

9. 锚固系统按照安装施工要求安装完后，应进行全面检查，确认安全可靠后，方可进行下一工序的工作。

10. 安装锚固系统时，应按安装施工要求的顺序进行。作业人员必须遵守工地的一般安全规定，并佩戴规定劳动保护用品。

11. 钢束或较大型组件的提升必须在支架稳固、混凝土达到规定的强度后方可进行。提升时应有专人指挥，且必须满足下列要求：提升的物件稳固、无松动；保险绳必须拴牢；必须有专人检查。

（三）锚固系统安装施工安全技术要求

1. 进入现场的施工作业人员必须戴好安全帽、扣好帽带，并正确使用个人劳动防护用具。

2. 作业人员必须身体健康，并经过专业培训考试合格，或取得有关部门颁发的操作证或特殊工种操作证后，方可独立操作。新员工必须在技术人员的指导下进行操作。

3. 组件、部件必须完成编号、检查后，方能在锚面进行安装作业。不得在高空进行编号、检查。

4. 搬运组件、部件时要注意附近有无障碍物、架空电线和其他临时电气设备，防止部件、钢束在移动过程中碰撞电线或发生触电事故。

5. 起吊组件、部件、钢束时下方禁止站人，必须待骨架降到距安装面 1 m 以下才能靠近，就位支撑好后方可摘钩。

6. 起吊部件、组件时，规格必须统一，禁止长短参差不齐，禁止一点起吊。

7. 锚固系统的部件、组件、废弃品、包装品应及时清理，堆放要整齐，工作台（支架）要稳，照明灯必须装防护罩。

8. 高空作业时，不得将部件、组件、钢束集中堆在支架和脚手板上，也不得把工具、钢箍、短钢筋随意放在脚手板上，以免滑下（跌落）伤人。

9. 雷雨时必须停止露天操作，预防雷击钢筋造成人员伤亡事故。

重点强调：

1. 安装作业前应对锚管定位架、模板系统、型钢支架进行安全检查。

2. 施工临时照明及机电设备的电源线应绝缘良好，不得直接架设在支架或模板上，应用绝缘支撑物使电线与组合钢模板隔离，防止线路漏电。

续上表

<table>
<tr><td colspan="6">3. 多人共同操作或扛抬预埋钢束、锚头时，要密切配合，协调一致，相互呼应。
4. 搬运组件、部件时要注意附近有无障碍物、架空电线和其他临时电气设备，防止部件、钢束在移动过程中碰撞电线或发生触电事故。
5. 起吊组件、部件、钢束时下方禁止站人，必须待骨架降到距安装面 1 m 以下才能靠近，就位支撑好后方可摘钩。
6. 起吊部件、组件时，规格必须统一，禁止长短参差不齐，禁止一点起吊。
7. 高空作业时，不得将部件、组件、钢束集中堆在支架和脚手板上，也不得把工具、钢箍、短钢筋随意放在脚手板上。</td></tr>
<tr><td>审核人</td><td></td><td>交底人</td><td></td><td>接受交底
负责人</td><td></td></tr>
<tr><td colspan="6">作业班组全体签名：</td></tr>
</table>

悬索桥桥塔施工电梯安装和调试安全交底　　编号：

施工单位	
工程名称	
分部分项工程	
工　　种	

交底内容：

一、主要危险源与危害因素

1. 利用施工电梯的井架、横竖支撑牵拉缆绳、标语等。

2. 放钢丝绳时下方有人。

3. 打膨胀螺栓时人员未佩戴好安全防护用品；戴手套持榔头；上下交叉作业。

4. 吊升轨道时下方站人。

5. 轨道调整时，人员爬架子上下。

6. 井道安全防护门在梯门系统正式安装完毕前拆除。

7. 吊装井道内运行设备时，井道内有人；吊装上梁、轿顶等重物时，倒链操作人员位于重物下方；放钢丝绳时，人员站在钢丝绳盘线圈内作业。

8. 在井道内进行线槽及钢管安装时，线槽或钢管等大量堆于脚手板上。

9. 施工电梯未经检查验收合格前，擅自提前使用。

二、安全注意事项

1. 施工电梯周围 5 m 以内不得堆放易燃、易爆物品及其他杂物，不得在此范围内挖沟、坑、槽。

2. 梯笼维修时，若拆下零部件后，梯笼的重量低于配重时，必须将梯笼锁在导轨架上。

3. 严禁利用施工电梯的井架、横竖支撑牵拉缆绳、标语和其他与电梯无关的物品。

4. 同一现场施工的塔式起重机或其他起重机械应距施工电梯 5 m 以上，并应有可靠的防撞措施。

5. 电梯安装要求。

(1)样板架设应遵守以下规定：

① 架样板用的木方，其木质和强度必须符合规定要求。

② 架样板木方应按工艺规定牢固地安装在井道壁上，不允许作其他承重用。

③ 放钢丝绳时，钢丝绳上临时所拴重物的重量不得过大并必须捆扎牢固，放绳时下方不得站人。

(2)导轨及其部件在安装前应遵守以下规定：

① 打膨胀螺栓前作业人员应站立好(位置)、系好安全带、戴好防护眼镜，手(不得戴手套)持榔头，不得上下交叉作业。

② 电锤应用保险绳拴牢，打孔不得用力过猛，以防遇钢筋卡住。

③ 剔下的混凝土块等物应随时清理，不得留在脚手架上。

④ 用气焊切割的导轨支架必须冷却后再焊接。

⑤ 导轨支架应随用随取，不得大量堆积在脚手板上。

续上表

⑥ 导轨支架与承埋铁每侧必须有上、中、下三点焊牢，待导轨调整完毕之后再全面施焊。

⑦ 在井道内紧固膨胀螺栓时必须站好位置，扳子口应与螺栓规格协调一致，紧固时用力不得过猛。

(3)导轨安装应遵守以下规定：

① 应根据操作需要，由架子工对脚手板等进行重新铺设，准备好导轨吊装通道，挂滑轮处要按照技术人员的要求进行加固以满足吊装轨道承重的安全要求。

② 采用卷扬机立道时必须检查起重工具设备，确认符合规定方可操作，操作时起吊速度必须低于 8 m/分钟。

③ 立轨道应统一行动、密切配合，指挥信号应清晰明确，吊升轨道时下方不得站人，并应设专人随层进行监护。

④ 轨道就位连接或暂时立于脚手架上，回绳不得过猛；导轨上端未与导轨支架固定好时，严禁摘下吊钩。

⑤ 导轨凹凸榫头相接时必须听从接道人员的信号，落道要稳。

⑥ 紧固压道螺栓和接道螺栓时要上下配合好。

(4)轨道调整应遵守以下规定：

① 轨道调整时，人员上下必须走梯道，严禁爬架子。

② 使用的工具器材(如垫片、螺栓等)应随时装入工具袋内，不得乱放。

③ 无围墙的梯井如观光梯等，严禁将后缘的护身栏作为梯子，梯外必须按高处作业规定进行安全防护。

(5)梯门及其部件的安装应遵守以下规定：

① 安装上坎时(尤其是货梯)人员必须互相配合，重量大的部件宜使用滑轮等起重工具。

② 梯门门扇的安装必须按防坠落安全技术措施操作。

③ 井道安全防护门在梯门系统正式安装完毕前严禁拆除。

④ 安装机锁和电锁，用电钻打定位销孔时，人员必须站好位置，工具应按规定随身携带。

(6)机房内机械设备的安装应遵守以下规定：

① 搬抬钢架、主机、控制柜等设备时应互相配合，在尚无机房地板的梯井上安装钢梁，作业人员必须站在操作平台上操作。

② 当机房在控制室下面，其顶层钢梁正式安装前，禁止将绳轮放在上面；钢梁应稳装在梯井承重墙或承重梁的上方，在此之前，不允许将主机和抗绳轮置于钢梁上。

③ 采用曳引机吊装前，必须校核吊装环的承载强度。

④ 安装抗绳轮应采用倒链等工具进行，可先安装轴承架，再进行全部安装；操作时下方严禁站人。

(7)井道内运行设备的安装应遵守以下规定：

① 安装配重前应检查倒链及承重点是否符合安全要求。

② 应使用溜绳将配重框架放入井道内，吊装时，井道内不得站人。

③ 导靴安装前及安装过程中不可拆除倒链，并应将配重框架支牢、扶稳。

④ 安装配重块时应先放入一端再放入另一端，两人必须配合协调；配重块重量较大时宜

续上表

使用吊装工具。 ⑤ 轿厢安装前，其下面的脚手架必须满铺脚手板。 ⑥ 倒链固定要牢固，不得长时间吊挂重物。 ⑦ 轿厢载重量为 1 000 kg、井道进深不大于 2.3 m 时，可用两根截面不小于 200 mm×200 mm 的坚硬木方支撑；载重量在 3 000 kg 以下、井道进深不大于 4 m 时，可用两根 18 号工字钢或 20 号槽钢作支撑；如果载重量及井道进深超过上述规定时，应增大支撑物的规格尺寸，具体增大值应由技术人员确定，安装作业人员不得擅自决定。 ⑧ 两人以上扛抬重物(如上下底盘)时，应密切配合，部件必须拴牢。 ⑨ 吊装底盘就位时应用倒链或溜绳缓慢进行，操作人员不得站在井道内侧。 ⑩ 吊装上梁、轿顶等重物时必须捆绑牢固，倒链操作人员严禁站立于重物下方。 ⑪ 轿厢调整完毕，所有螺栓必须拧紧。 ⑫ 为安装钢丝绳而施放的测量绳，其绳头必须挂牢，下方不得站人。 ⑬ 使用电炉熔化钨金时，炉架应做好接地保护；绳头灌钨金时，应将勺及绳头进行预热，熔化钨金用的锅不得滴进水，操作时操作人员必须戴手套及防护目镜。 ⑭ 放钢丝绳时要有足够的人员，严禁站在钢丝绳盘线圈内作业，手脚应远离导向物体；采用直接挂钢丝绳工艺制作绳头时，辅助人员必须将钢丝绳拽稳，不得滑落。 ⑮ 对于复线式电梯，用大绳等牵引钢丝绳时，绳头拴绑处必须牢固，严禁钢丝绳坠落。 (8)电线管、电线槽的制作安装应遵守以下规定： ① 使用砂轮锯切割电线管时应将工件放平，压力不得过猛，管槽锯口应去掉毛刺。 ② 在井道内进行线槽及钢管安装时，物件应随用随取，不得大量堆于脚手板上；使用电钻时严禁戴手套。 ③ 穿线和拉送线双方的呼叫应答联系要准确，送线人员的手应远离管口，双方用力不可过急过猛。 ④ 机房内采用沿地面厚板明线槽走线时，穿线后应确认没有损伤导线并必须加盖固定。 6. 电梯调试要求。 (1)慢车准备及运行应遵守以下规定： ① 慢车运行之前必须具备以下条件。 a. 缓冲器安装调整完毕，液压缓冲器注油。 b. 限速器调整完毕。 c. 抱闸调整完毕且动作可靠无误。 d. 急停回路中各开关的启闭灵敏可靠。 e. 上下极限开关安装调整完毕并投入使用。 ② 轿顶护身栏安装完毕，轿顶照明完备。 ③ 井道内障碍物应清除并盖严孔洞。 ④ 厅门因故暂不能关闭时必须设专人监护，并设置安全防护门(栏)和警告牌。 ⑤ 若在初次运行之前未装修好门套时，必须将门厅两侧空隙封严，不得将物料伸入梯井。

续上表

⑥ 暂时不用的按钮应用铁盖等进行封闭。 ⑦ 任何人在机房、轿顶、轿内等地方使轿厢运行时，事先必须与项目经理取得联系。 ⑧ 轿顶操作人员应选好位置并注意井道器件、建筑物凸出部、错车位(与对重交错位置以及复绕绳轮)，到达预定位置开始工作前，必须断开电梯轿顶(或轿内)的急停开关，再次运行时方可恢复。 ⑨ 在任何情况下人员均不得跨在轿厢与厅门门口之间进行工作，严禁探头到中间梁下、门厅口下及各种支架之下进行操作，遇特殊情况必须切断电源。 ⑩ 多部并列电梯同时调试时，各电梯操作人员应互相照应，如果确实难以保证安全时，必须错开相邻电梯的调试时间。 ⑪ 轿厢顶上的操作人员必须站好位置并停止其他工作，轿厢行驶中严禁人员出入。 ⑫ 轿厢因故停驶时，轿厢底坎如果高于厅门底坎 600 mm，轿内人员不得向外跳出，必须从轿顶爬出。 ⑬ 机房内的曳引绳、曳引轮、抗绳轮、限速器等运动部分必须设置防护罩、围栏或防护装置，防护应严密、结实，严禁手扶；机房门应上锁，由维修或管理人员掌握钥匙。 (2)快车准备及运行(试车)应遵守以下规定： ① 快车运行之前，上述慢车运行的各条款必须满足。 ② 经过慢车全程试车，各部位均正常无误。 ③ 各种安全装置、安全开关等均灵敏可靠。 ④ 各层厅门完全关闭，机、电锁功能可靠。 ⑤ 快车运行中，轿顶不得站人。 ⑥ 电梯试车过程中严禁携带乘客。 (3)电梯局部检查及调整应遵守以下规定： ① 在机房工作时应将主电源切断、挂好标志牌并设专人监护。 ② 盘车时应将主电源切断并采取断续动作方式，随时准备停车；无齿轮电梯不准盘车。 ③ 在各层操作时，进入轿厢前必须确认其停在本层，不得只看楼层灯即进入；在底坑操作时应切断停车开关或将动力电源切断。 ④ 电梯的动力电源有改变时，再次送电之前必须核对相序，防止电梯失控或电机烧毁。 ⑤ 冬季试梯，曳引机应加低温齿轮油；若停梯时间较长，检查润滑油有凝结现象时，则必须采取措施处理后方可开车。 7. 施工电梯安装完毕后必须经有关人员检查验收合格后方可投入使用，作业人员不得擅自提前使用。
重点强调： 1. 严禁利用施工电梯的井架、横竖支撑牵拉缆绳、标语和其他与电梯无关的物品。 2. 样板架设过程中放钢丝绳时，其下方不得站人。 3. 打膨胀螺栓前人员应站立好(位置)，系好安全带、戴好防护眼镜，手(不得戴手套)持榔头，不得上下交叉作业。 4. 导轨安装过程中，立轨道应统一行动、密切配合，指挥信号应清晰明确，吊升轨道时下

续上表

<table>
<tr><td colspan="6">方不得站人，并应设专人随层进行监护。
5. 轨道调整时，人员上下必须走梯道，严禁爬架子。
6. 井道安全防护门在梯门系统正式安装完毕前严禁拆除。
7. 安装井道内运行设备过程中，应使用溜绳将配重框架放入井道内，吊装时，井道内不得站人；吊装上梁、轿顶等重物时必须捆绑牢固，倒链操作人员严禁站立于重物下方；放钢丝绳时，严禁站在钢丝绳盘线圈内作业，手脚应远离导向物体。
8. 在井道内进行线槽及钢管安装时，物件应随用随取，不得大量堆于脚手板上；使用电钻时严禁戴手套。
9. 电梯调试过程中，慢车运行之前、快车准备及运行（试车）均须具备相关条件。
10. 施工电梯安装完毕后必须经有关人员检查验收合格方后可投入使用，作业人员不得擅自提前使用。</td></tr>
<tr><td>审核人</td><td></td><td>交底人</td><td></td><td>接受交底
负责人</td><td></td></tr>
<tr><td colspan="6">作业班组全体签名：</td></tr>
</table>

悬索桥桥塔施工电梯使用安全交底　　编号：

施工单位	
工程名称	
分部分项工程	
工　　种	

交底内容：

一、主要危险源与危害因素

1. 电梯司机无证上岗；酒后作业。

2. 利用施工电梯的井架、横竖支撑牵拉缆绳、标语等。

3. 施工电梯每班首次运行前，未试运行检查其工作性能。

4. 电梯超载作业。

5. 电梯运行至最上层和最下层时，以行程限位开关自动碰撞的方法停机。

6. 双笼电梯当一只梯笼在进行笼外保养或检修时，另一只梯笼仍运行。

7. 电梯运行中，司机擅离操作岗位；电梯带病工作。

8. 遇大雨、大风(6 级以上)、大雾、导轨结冰、灯光不明、信号不清、机械发生故障未排除、钢丝绳断丝磨损超过报废标准等情况时，仍继续使用电梯。

二、安全注意事项

1. 电梯司机必须经专门安全技术培训，考试合格，持证上岗。严禁酒后作业。

2. 电梯司机必须熟悉所操作电梯的性能、构造、保养、维修知识，按规定及时填写机械履历表和规定的报表。

3. 施工电梯周围 5 m 以内不得堆放易燃、易爆物品及其他杂物，不得在此范围内挖沟、坑、槽。

4. 严禁利用施工电梯的井架、横竖支撑牵拉缆绳、标语和其他与电梯无关的物品。

5. 同一现场施工的塔式起重机或其他起重机械应距施工电梯 5 m 以上，并应有可靠的防撞措施。

6. 施工电梯每班首次运行前，必须空载及满载运行，梯笼升离地面 1 m 左右停车，检查制动器灵敏性，然后继续上行楼层平台，检查安全防护门、下限位、前门与后门限位，确认正常方可投入运行。

7. 梯笼乘人、载物时必须使荷载均匀分布，严禁超载作业。

8. 电梯运行至最上层和最下层时应操纵按钮，严禁以行程限位开关自动碰撞的方法停机。

9. 施工电梯启动前必须先鸣笛示警，夜间操作应有足够照明。

10. 双笼电梯当一只梯笼在进行笼外保养或检修时，另一只梯笼不得运行。

11. 电梯运行中，司机不准有妨碍电梯运行的动作，不得离开操作岗位。应随时观察电梯各部声响、温度、气味和外来障碍物等，发现异常应及时停机检查处理，故障未排除严禁运行。

12. 施工电梯停止运行后应遵守以下规定：

续上表

<table>
<tr><td colspan="6">(1)电梯未切断总电源开关前,司机不得离开操作岗位。
(2)作业后,将梯笼降到底层,各控制开关扳至零位,切断电源,锁好闸箱和梯门。
(3)班后按规定进行清扫、保养,并做好当班记录。
13. 凡遇有下列情况时应停止电梯运行:
(1)大雨、大风(6级以上)、大雾、导轨结冰等。
(2)灯光不明、信号不清。
(3)机械发生故障未排除。
(4)钢丝绳断丝磨损超过报废标准。</td></tr>
<tr><td colspan="6">重点强调:
1. 电梯司机必须持证上岗,严禁酒后作业。
2. 严禁利用施工电梯的井架、横竖支撑牵拉缆绳、标语和其他与电梯无关的物品。
3. 施工电梯每班首次运行前,必须空载及满载运行,检查电梯工作性能。
4. 严禁施工电梯超载作业。
5. 电梯运行至最上层和最下层时应操纵按钮,严禁以行程限位开关自动碰撞的方法停机。
6. 双笼电梯当一只梯笼在进行笼外保养或检修时,另一只梯笼不得运行。
7. 电梯运行中,司机不准有妨碍电梯运行的动作,不得离开操作岗位,应随时观察电梯各部声响、温度、气味和外来障碍物等,发现异常应及时停机检查处理,故障未排除严禁运行。
8. 遇必须停止电梯运行的情况时,禁止电梯运行。</td></tr>
<tr><td>审核人</td><td></td><td>交底人</td><td></td><td>接受交底负责人</td><td></td></tr>
<tr><td colspan="6">作业班组全体签名:</td></tr>
</table>

悬索桥桥塔施工电梯维修与拆除作业安全交底

编号：

施工单位	
工程名称	
分部分项工程	
工　　种	

交底内容：

一、主要危险源与危害因素

1. 在梯笼下面作业时，未用枕木支撑牢固。

2. 拆卸无专人统一指挥，未按规定设置禁区并设专人监护。

3. 雨天、雾天及6级大风的天气，仍进行拆卸作业。

4. 拆卸和维修的人员在井架上作业时，未穿好防滑鞋、未系好安全带。

5. 拆卸时，抛投传递工具和器件。

6. 双手操作扳手紧固或松开螺栓(如此操作，易发生高处坠落事故)。

二、安全注意事项

(一)电梯维修

1. 梯笼维修时，若拆下零部件后，梯笼的重量低于配重时，必须将梯笼锁在导轨架上。

2. 维修人员在井架上作业时，必须穿防滑鞋、系安全带，不得以投掷方式传递工具和器件；紧固或松开螺栓时，严禁双手操作，应一手扳扳手，一手握住井架杆件。

(二)电梯拆除

1. 拆除前，应按要求做好基础、电源、光源、工具和电梯进场道路及堆放场地的准备工作。

2. 清点和检查施工电梯的内外梯笼、配重、钢丝绳、井架、横竖支撑、过桥、围栏等是否齐全完好，不符合要求应更换或修理。

3. 检查电梯井架与建筑物连接处的预埋件和基础的状况，必须符合安全要求。

4. 在梯笼下面作业时，必须用枕木支撑牢固。

5. 拆卸必须有专人统一指挥，作业区上方及地面10 m范围内划为禁区并设专人监护。

6. 在梯笼顶部进行拆卸作业时，必须使用可移动电钮。

7. 在拆卸时，严禁超过架设荷载量(即无配重时的荷载量)的规定。

8. 用起重机拆卸井架时，组装井架不得超过4节。

9. 拆卸井架时，必须先吊好井架，再松螺栓，导向轮必须降到应拆下井架之下。

10. 横竖支撑的安装与拆卸，必须随井架高度同步进行。

11. 雨天、雾天及6级风的天气，不得进行拆卸作业。

12. 拆卸人员在井架上作业时，必须穿防滑鞋、系安全带，不得以投掷方式传递工具和器件；紧固或松开螺栓时，严禁双手操作，应一手扳扳手，一手握住井架杆件。

续上表

<table>
<tr><td colspan="6">重点强调：
1. 在梯笼下面作业时，必须用枕木支撑牢固。
2. 拆卸作业必须有专人统一指挥，作业区上方及地面 10 m 范围内划为禁区并设专人监护。
3. 雨天、雾天及 6 级风的天气，不得进行拆卸作业。
4. 拆卸和维修的人员在井架上作业时，必须穿防滑鞋、系安全带，不得以投掷方式传递工具和器件；紧固或松开螺栓时，严禁双手操作，应一手扳扳手，一手握住井架杆件。</td></tr>
<tr><td>审核人</td><td></td><td>交底人</td><td></td><td>接受交底
负责人</td><td></td></tr>
<tr><td colspan="6">作业班组全体签名：</td></tr>
</table>

悬索桥桥塔滑模施工安全交底　　编号：

施工单位	
工程名称	
分部分项工程	
工　　种	

交底内容：

一、主要危险源与危害因素

1. 操作平台四周防护栏杆和安全网缺失，平台板间有空隙。

2. 操作平台上多人聚集一处。

3. 抛扔拆下的模板、设备与机具及配件。

二、安全注意事项

1. 滑升机具和操作平台应严格按照施工设计安装。

2. 操作平台四周要有防护栏杆和安全网，平台板铺设不得留间隙。

3. 滑升机具和操作平台安装施工区域下面必须设围栏，经常出入的通道要搭设防护顶棚。

4. 进入上料两用罐笼(外用电梯)，应安装柔性安全卡、限位开关等安全装置，并且规定上下联络信号。

5. 滑升过程中，要经常调整水平、垂直偏差，防止平台扭转和水平位移。

6. 夜间施工应准备手电筒或应急灯，预防停电。

7. 操作平台上不得多人聚集一处，下班时应清扫和整理好料具。

8. 模板拆除应均衡对称，拆下的模板、设备与机具及配件应用绳索吊下，不得投扔。

重点强调：

1. 操作平台四周要有防护栏杆和安全网，平台板铺设不得留间隙。

2. 操作平台上不得多人聚集一处，下班时应清扫和整理好料具。

3. 模板拆除应均衡对称，拆下的模板、设备与机具及配件应用绳索吊下，不得投扔。

审核人		交底人		接受交底负责人	

作业班组全体签名：

悬索桥桥塔翻模安装施工安全交底　编号：

施工单位	
工程名称	
分部分项工程	
工　　种	

交底内容：

一、主要危险源与危害因素

1. 翻模安装无安全技术交底。

2. 高处作业人员攀登翻模或绳索上下。

3. 高处支模时，乱堆乱放钢模板。

4. 支模过程中遇中途停歇，架空浮搁钢模板或支承件。

5. 操作工具随意放置。

6. 用塔吊提升爬架。

7. 同时提升两块大模板。

8. 当吊装大块钢模板时，大块钢模板脱钩前未固定可靠。

二、安全注意事项

1. 必须在接受技术人员关于翻模安装的安全技术交底后，方可进行翻模的安装作业，安装作业应严格按照技术交底要求执行。

2. 安装翻模，应遵守高处作业有关规定。

3. 施工临时照明及机电设备的电源线应绝缘良好，不得直接架设在组合钢模板上，应用绝缘支持物使电线与组合钢模板隔开，并严格防止线路绝缘因破损而漏电。

4. 翻模夜间施工时，要有足够的照明，行灯电压一般不超过 36 V 的安全电压，照明行灯及机电设备的移动线路要采用橡胶套电缆。

5. 安装钢模板，高度在 3 m 及以上时，应搭设脚手架或工作平台，并设置防护栏杆或安全网(高度在 3 m 以下时，可使用马凳操作)。

6. 高处作业人员应通过斜道或施工电梯上下通行，严禁攀登翻模或绳索等上下。

7. 模板的预留孔洞、井口等处，应加盖或设防护栏杆。

8. 多人共同操作或扛抬翻模板时，要密切配合，协调一致，相互呼应；高处作业时要精神集中，不得逗闹和酒后作业。

9. 高处支模时，不得乱堆乱放，脚手架或工作平台上临时堆放的钢模板不宜超过 3 层，堆放的钢模板、部件、机具及操作人员的总荷载不得超过脚手架或工作平台设计控制荷载，当设计无规定时，一般不超过 2 700 N/m^2。支模过程中如遇中途停歇，应将已就位的钢模板或支承件连接牢固，不得架空浮搁。

10. 操作人员的操作工具要随手放入工具袋，不便放入工具袋的要拴绳系在身上或放在稳妥的地方。

11. 组装模板前，应对各部件的材质、规格和数量进行详细检查，以便剔除不合格部件。

12. 模板安装完后，应进行全面检查，确认安全可靠后，方可进行下一工序的工作。

续上表

<table>
<tr><td colspan="6">13. 安装翻模时，一般应按自下而上的顺序进行。模板就位后，要及时安装好U形卡和L形插销，连杆安装好后，应将螺栓紧固。同时，架设支撑以保证模板整体稳定。
14. 翻模操作人员必须遵守工地的一般安全规定，并佩戴规定的劳动保护用品。
15. 翻架必须在混凝土达到规定的强度后方可提升，提升时应有专人指挥，且必须满足下列要求：
(1)大模板的穿墙螺栓全部均未松动。
(2)保险钢丝绳必须拴牢，并设专人检查确认无误。
16. 提升到位后，安装附墙螺栓，并按规定垫好垫圈，拧紧螺帽，用测力扳手测定达到要求转矩后，方可松掉倒链(或千斤顶)。严禁用塔吊提升爬架。
17. 提升大模板时，其对应模板只能单块提升，严禁两块大模板同时提升。提升模板应注意下列事项：
(1)大模板必须在悬空的情况下，拆除全部穿墙螺栓。
(2)保险钢丝绳必须拴牢，并有专人检查。
(3)用多个倒链提升时，应先将各倒链调整到工作状态，方可拆除穿墙螺栓。
18. 预拼装大块翻模模板，应边就位边校正并及时插置连接件、安设支承件或临时支撑，防止大块钢模板倾覆。当吊装大块钢模板时，大块钢模板必须固定可靠后方可脱钩。
19. 翻模模板的内外支撑必须坚固可靠，确保组合钢模板的整体稳定。</td></tr>
<tr><td colspan="6">重点强调：
1. 必须在接受技术人员关于翻模安装的安全技术交底后，方可进行翻模的安装作业，安装作业应严格按照技术交底要求执行。
2. 高处作业人员应通过斜道或施工电梯上下通行，严禁攀登翻模或绳索等上下。
3. 高处支模时，不得乱堆乱放钢模板。
4. 支模过程中如遇中途停歇，应将已就位的钢模板或支承件连接牢固，不得架空浮搁。
5. 操作人员的操作工具要随手放入工具袋，不便放入工具袋的要拴绳系在身上或放在稳妥的地方。
6. 严禁用塔吊提升爬架。
7. 严禁两块大模板同时提升。
8. 当吊装大块钢模板时，大块钢模板必须固定可靠后方可脱钩。</td></tr>
<tr><td>审核人</td><td></td><td>交底人</td><td></td><td>接受交底
负责人</td><td></td></tr>
<tr><td colspan="6">作业班组全体签名：</td></tr>
</table>

悬索桥桥塔翻模拆除安全交底

编号：

施工单位	
工程名称	
分部分项工程	
工　　种	

交底内容：

一、主要危险源与危害因素

1. 翻模拆除无安全技术交底。

2. 翻模拆除顺序错误。

3. 抛掷拆下的钢模板。

4. 高处作业人员攀登翻模或绳索等上下。

5. 用钩扣住模板吊环；急速吊运模板。

6. 歪拉斜吊模板。

7. 操作人员随模板起落。

8. 拆模时，附近和下面无专人把守警戒。

9. 操作工具随意放置。

二、安全注意事项

1. 拆除翻模模架、模板要由专人进行，设专人指挥，严格按照规定的拆除程序进行。

2. 堆放模架的场地，应在事前平整夯实，并比周围垫高 15 cm，防止积水，堆放前应铺垫长垫木。

3. 必须在接受技术人员关于翻模拆除的安全技术交底后，方可进行翻模的拆除作业。拆除翻模还应遵守高处作业的有关规定。

4. 一般应先拆除侧模，后拆底模；先拆非承重部分，后拆承重部分。

5. 拆除钢模板，高度在 3 m 及以上时，应搭设脚手架或工作平台，并设置防护栏杆或安全网(高度在 3 m 以下时，可使用马凳操作)。

6. 高处作业人员应通过斜道或施工电梯上下通行，严禁攀登翻模或绳索等上下。

7. 松开爬架顶上挑扁担的垫铁螺栓，以便观察塔吊是否真正将模板吊空。

8. 拆除现场散拼的模板，一般应逐块拆卸，不得成片送扣撬落或拉倒。拆除平台等模板，应设临时支撑，防止大片模板坠落。拆下的钢模板，严禁向下抛掷，应用溜槽或绳索系下，上下传递时，要互相接应，防止伤人。

9. 大块钢模板等整体拆除时，应先挂好吊绳或倒链，然后拆卸连接件。拆模时，要用手锤敲击板体，使之与混凝土脱离，再吊运到指定地点堆放整齐。

10. 检查索具，用卸扣(严禁用钩)扣住模板吊环，用塔吊轻轻吊紧，并在两端用绳拉紧，防止转动，然后抽去顶杆，吊运时稳运、稳落，防止大模板大幅度晃动、碰撞造成倒塌事故。

11. 起吊时，应采用吊环和安全吊钩，卸扣不得斜牵起吊，严禁操作人员随模板起落。

12. 进行拆除模架的工作时，其附近和下面应设安全警戒线，并派专人把守，以防物件坠落伤人。

续上表

13. 拆模间歇时，应将已松扣的钢模板、支承件拆下运走，防止坠落伤人或人员扶空坠落。

14. 高处拆模时，不得乱堆乱放，脚手架或工作平台上临时堆放的钢模板不宜超过 3 层，堆放的钢模板、部件、机具及操作人员的总荷载不得超过脚手架或工作平台设计控制荷载，当设计无规定时，一般不超过 2 700 N/m^2。

15. 操作人员的操作工具要随手放入工具袋，不便放入工具袋的要拴绳系在身上或放在稳妥的地方。

16. 多人共同操作或扛抬翻模板时，要密切配合，协调一致，相互呼应；高处作业时要精神集中，不得逗闹和酒后作业。

重点强调：

1. 必须在接受技术人员关于翻模拆除的安全技术交底后，方可进行翻模的拆除作业，拆除作业应严格按照技术交底执行。

2. 一般应先拆除侧模，后拆底模；先拆非承重部分，后拆承重部分。

3. 拆除现场散拼的模板，一般应逐块拆卸，不得成片送扣撬落或拉倒。拆下的钢模板，严禁向下抛掷，应用溜槽或绳索系下，上下传递时，要互相接应，防止伤人。

4. 检查索具，用卸扣（严禁用钩）扣住模板吊环，用塔吊轻轻吊紧，并在两端用绳拉紧，防止转动，然后抽去顶杆，吊运时稳运、稳落，防止大模板大幅度晃动、碰撞造成倒塌事故。

5. 起吊时，应采用吊环和安全吊钩，卸扣不得斜牵起吊，严禁操作人员随模板起落。

6. 进行拆除模架的工作时，其附近和下面须有专人把守警戒。

7. 操作人员的操作工具要随手放入工具袋，不便放入工具袋的要拴绳系在身上或放在稳妥的地方。

审核人		交底人		接受交底负责人	

作业班组全体签名：

悬索桥主索鞍与散索鞍门架安装与检查安全交底

编号：

施工单位	
工程名称	
分部分项工程	
工　　种	

交底内容：

一、主要危险源与危害因素

1. 安装作业前，作业人员未接受安全技术交底。

2. 门架架体安装时，未设置缆风绳或斜支撑固定，未立即焊接牢固。

3. 安装主横梁、天车时，未使用绳索作导向定位。

4. 高空作业人员未系好安全带；垂直交叉作业；工具、构件零星物料随意放置。

5. 安装完毕进行空载试验前，风力大于6级。

6. 主索鞍、散索鞍门架投入使用前未经验收合格。

二、安全注意事项

1. 参加安装的作业人员必须经过安全技术培训并考核通过才准上岗，特种作业人员，如电工、焊割工、起重工等，应持证上岗。其他配合施工的作业人员在起重司机或班长的指导下进行安装作业。

2. 安装作业前，作业人员必须接受施工队、作业班组的安全技术交底，并明白施工的工作内容及相关的安全技术要求。

3. 安装作业前应有专人作为现场吊装施工的指挥员，负责现场吊装施工的总体指挥工作，其他的施工人员必须按照指挥员的指令进行作业。

4. 根据施工方案的要求及场地的实际情况，在施工作业前划分安全警戒区并设监护人员，警戒区设置安全告示牌和安全警戒标志。

5. 门架的安装必须按照施工工艺流程的顺序进行。

6. 门架架体安装时，要设置缆风绳或斜支撑固定，然后必须立即焊接牢固，检查确认安全可靠后才可松放钢丝绳。

7. 门架架体安装后，应及时设置剪刀撑，将架体整体连接稳固。

8. 安装主横梁、天车时，应使用麻绳作导向定位，待吊至要求高度并确认稳定后，作业人员方可上去操作，防止吊运时碰撞架体引发事故。

9. 高空作业人员应按规定系好安全带，不得垂直交叉作业，正下方不得有人员停留或通过；使用的工具、构件、零星物料必须放稳固，防止高处坠物伤人。

10. 架体各节点焊接必须符合设计要求，焊缝要饱满，不得有漏焊。

11. 架体安装的垂直偏差，最大不应超过架体高度的3‰。

12. 天车滑道设置必须顺直。

13. 门架、起重系统、电气系统安装完毕，使用前必须进行检查、试吊、验收，检验员应将检验的结果记录在检查表上并做保存。

续上表

14. 散索鞍、主索鞍门架安装好后应做空载试验。 15. 空载试验前的准备应符合下列规定： (1)试验前应采取可靠措施，以保证试验人员的安全。 (2)对试验的散索鞍、主索鞍门架场地环境进行全面检查，确认符合要求和具备试验条件。 (3)风力不得大于 6 级。 (4)电压波动不大于±20 V。 (5)荷载与标准相差不大于±3%。 (6)架体及构件、设备安装符合设计要求。 16. 空载试验应符合下列要求： (1)空载试验，不得少于 3 次。 (2)在进行试验的同时，应对各安全装置进行灵敏性试验。 (3)空载试验过程中，应检查各机构动作是否平稳、准确，不允许有振颤、冲击等现象。 17. 额定荷载试验应符合要求：被吊物重心要垂直准确，观察架体是否有变形，各焊点、焊缝是否有脱焊裂焊；将吊物提升 0.5 m 停住，观察钢丝绳是否符合安全要求，制动器是否可靠。 18. 超载试验应符合规定：取额定荷载的 125%(按 5%逐级加荷)，做上升、下降变速、制动试验，动作准确可靠、无异常现象，金属结构不得出现永久变形、可见裂纹、油漆脱落以及连接损坏、松动等现象。 19. 主索鞍、散索鞍门架未经验收或验收不合格，禁止投入使用。 20. 门架在进行主索鞍、散索鞍吊装作业前，施工队应派出专人负责检查各金属构件、架体、塔吊、吊钩、钢丝绳等是否符合有关安全要求，发现问题必须立即妥善解决。 21. 门架使用前安全检查要求： (1)金属结构(架体)有无开焊或明显变形。 (2)卷扬机、转向滑轮、定向滑轮是否锚固牢固可靠。 (3)滑轮组、钢丝绳的固结情况。 (4)电气设备及操作系统的可靠性。 (5)安全防护装置、制动系统是否灵敏可靠。 (6)指挥与操作通信系统是否畅通有效。 22. 门架的使用必须指定专人进行定期检查，定期检查的频次为每月进行 1 次，检查结果应做记录。检查内容包括： (1)金属结构有无开焊、锈蚀、永久变形。 (2)提升机构和运行系统磨损情况及钢丝绳的完好性。 (3)安全防护装置有无缺少、失灵或损坏。 (4)电气设备的情况是否符合安全要求。

续上表

<table>
<tr><td colspan="6">重点强调：
1. 安装作业前，作业人员必须接受施工队、作业班组的安全技术交底，并明白施工的工作内容及相关的安全技术要求。
2. 门架架体安装时，要设置缆风绳或斜支撑固定，然后必须立即焊接牢固，检查确认安全可靠后才可松放钢丝绳。
3. 安装主横梁、天车时，应使用麻绳作导向定位，待吊至要求高度并确认稳定后，作业人员方可上去操作，防止吊运时碰撞架体引发事故。
4. 高空作业人员应按规定系好安全带，不得垂直交叉作业，正下方不得有人员停留或通过；使用的工具、构件、零星物料必须放稳固，防止高处坠物伤人。
5. 安装完毕进行空载试验前，风力不得大于 6 级。
6. 主索鞍、散索鞍门架未经验收或验收不合格，禁止投入使用。</td></tr>
<tr><td>审核人</td><td></td><td>交底人</td><td></td><td>接受交底负责人</td><td></td></tr>
<tr><td colspan="6">作业班组全体签名：</td></tr>
</table>

悬索桥主索鞍与散索鞍门架操作安全交底 编号：

施工单位	
工程名称	
分部分项工程	
工　　种	

交底内容：

一、主要危险源与危害因素

1. 操作人员身体不适时仍开机操作。

2. 酒后操作。

3. 起重区域周围有非作业人员通行。

4. 起重物下方站人，重物起吊时人员上下吊架。

5. 遇有6级以上大风、台风、暴雨、打雷、暴雪等天气，仍进行起吊作业。

6. 维修保养时，未切断主电源，未在闸箱处挂“禁止合闸”标志。

二、安全注意事项

1. 一般要求：

(1)散索鞍、主索鞍门架操作人员须经过安全操作培训并考核合格后，方可进行操作。

(2)作业人员须明确分工，定人定机定岗。

(3)操作人员应身体健康，当身体不适时不能进行开机操作。

(4)作业时，严格遵守施工劳动纪律，禁止酒后作业，作业时要集中精神，操作过程中严禁做与工作无关的事情(如看书报、接听手机、听MP3、戏闹等)。

(5)严格遵守《起重吊装安全技术规程》及安全技术交底有关规定。

2. 操作、使用安全要求及注意事项：

(1)起重作业指挥人员信号要统一明确，起重区域周围严禁非作业人员通行。

(2)卷扬机操作人员及指挥必须经考试合格，持证上岗；参加吊装的人员必须服从指挥，对任何人发出的紧急叫停信号都应立即执行。

(3)卷扬机及手拉葫芦在每次起吊前均需检查维护，卷扬机检修时必须切断电源，并在开关控制箱内放置“禁止合闸，维修作业”的警示牌。

(4)起重物下方严禁站人，重物起吊时严禁人员上下吊架，重物起吊时不准进行检修和调整机件。

(5)运行中发生突然停电，必须将开关放置到零位，起吊件未放下或起重绳未锁死，卷扬机操作人员不准离开控制箱。

(6)吊架在试吊时，吊架上严禁站人，观测人员应站在安全位置，借助仪器和望远镜进行观测。

(7)吊物平移过程中，横梁两端需等速前移，应在滑道两侧标出距离，方便检查及调整。

(8)遇有6级以上大风、台风、暴雨、打雷、暴雪等天气，不得进行起吊作业。

(9)吊架及机电系统在试吊前及每次吊重前，均需进行如下检查：

①立柱脚和滑轮支脚焊缝是否完好，主柱、横梁等构件是否正常。

续上表

<table>
<tr><td colspan="6">②卷扬机及滑轮组锚固是否牢固。
③钢丝绳在卷筒及滑轮上缠绕情况及死头固定是否完好。
④卷扬机上制动器有无松弛，是否灵敏可靠，并应指定专人负责检查。
⑤电气系统的绝缘情况、接线是否正确。
⑥操作人员与指挥人员的通信信号是否清晰，确保指挥和操作保持一致。
3. 门架吊装操作人员的安全管理要求：
(1)操作人员按规定对门架运行系统的各润滑部位，进行注油润滑。
(2)维修保养时，应将所有的控制开关拨至零位，切断主电源，并在闸箱处挂“禁止合闸”标志，必要时设专人监护。
(3)操作人员按规定对门架进行保养后，应做好检查、维修、保养记录。
(4)禁止擅自拆除各种安全防护装置。</td></tr>
<tr><td colspan="6">重点强调：
1. 操作人员身体不适时不能进行开机操作。
2. 作业时，严格遵守施工劳动纪律，禁止酒后作业，作业时要集中精神，操作过程中严禁做与工作无关的事情(如看书报、接听手机、听 MP3、戏闹等)。
3. 起重区域周围严禁非作业人员通行。
4. 起重物下方严禁站人，重物起吊时严禁人员上下吊架，重物起吊时不准进行检修和调整机件。
5. 遇有 6 级以上大风、台风、暴雨、打雷、暴雪等天气，不得进行起吊作业。
6. 吊架及机电系统在试吊前及每次吊重前，均需进行相关检查。
7. 维修保养时，应将所有的控制开关拨至零位，切断主电源，并在闸箱处挂“禁止合闸”标志，必要时设专人监护。</td></tr>
<tr><td>审核人</td><td></td><td>交底人</td><td></td><td>接受交底
负责人</td><td></td></tr>
<tr><td colspan="6">作业班组全体签名：</td></tr>
</table>

悬索桥主索鞍与散索鞍门架拆除作业安全交底

编号：

施工单位	
工程名称	
分部分项工程	
工　　种	

交底内容：

一、主要危险源与危害因素

1. 拆除主索鞍、散索鞍前，参加作业的人员未接受安全技术交底培训。

2. 拆除主索鞍、散索鞍时，无专人指挥作业。

3. 夜间照明不良时进行门架拆除作业。

二、安全注意事项

1. 拆除主索鞍、散索鞍时应注意：

(1)认真做好人力、物资等各项准备工作。

(2)拆除前参加作业的人员须接受安全技术交底培训。

(3)作业前，投入使用的吊装机械设备必须安全可靠。

(4)拆除时，有专人指挥作业，并划分警戒区和做好监护工作。

(5)停电后方可拆除散索鞍、主索鞍门架，清理作业区的障碍物。

(6)参加作业的人员必须遵守《高空作业安全操作规程》和正确使用个人劳动防护用品。

(7)按施工流程和技术安全交底进行拆除，不得擅自随意操作。

2. 门架拆除应注意：

(1)起重吊装必须正确挂吊，做好钢丝绳的保护工作。

(2)起重吊装必须遵守安全操作规程。操作司机必须先与指挥人员互通信号，确保指挥和操作一致。

(3)作业人员必须按安全规定穿戴好个人劳动保护用品。

(4)拆除作业应在白天进行，夜间作业应有良好的照明。因故中断拆除作业时，应采取临时稳固措施。

(5)拆除的构件应及时运走，并做到完工后立即清理场地。

续上表

<table>
<tr><td colspan="6">重点强调：
1. 拆除主索鞍、散索鞍前，参加工作的人员须接受安全技术交底培训。
2. 拆除拆除主索鞍、散索鞍时，应有专人指挥作业，并划分警戒区和做好监护工作。
3. 门架拆除作业应在白天进行，夜间作业应有良好的照明。因故中断拆除作业时，应采取临时稳固措施。</td></tr>
<tr><td>审核人</td><td></td><td>交底人</td><td></td><td>接受交底负责人</td><td></td></tr>
<tr><td colspan="6">作业班组全体签名：</td></tr>
</table>

悬索桥先导索过江(海)施工安全交底 编号:

施工单位	
工程名称	
分部分项工程	
工　　种	

交底内容:

一、主要危险源与危害因素

1. 作业人员未佩戴好安全防护用品。

2. 在主塔瞭望与观察的人员及卷扬机操作人员,站立位置错误。

3. 现场指挥人员身体条件不符合相关要求;作业前喝酒。

二、安全注意事项

1. 应由技术人员选择晴朗、能见度高、江(或海)面风力小、浪高较低的时间进行先导索过江(海),作业人员不得擅自更改。

2. 准备好必要的安全防护装备,如救生衣、救生艇、防滑(轻便)鞋、安全帽、安全带、安全绳;并准备适当的警示标牌、警告牌等。

3. 准备先导索过江(海)的无线通信装备,如准备同一频次的多台对讲机,并拟定分发的岗位。

4. 先导索过江(海)前应对所有机械设备、机具如塔吊、吊笼、工作船、拖轮、海事指挥船、卷扬机、转向滑轮、卡环、绳卡、焊机、氧割机、手拉葫芦等完好性进行全面检查,及时做好保养、做好标识准备待用。

5. 所有钢丝绳连接头应事前严格检查,发现有裂缝、磨损严重的,必须报废、清理。检查个人工具的完好性,发现磨损严重、活动不灵的锁紧工具必须立即作出更换。

6. 施工前作业人员应接受安全技术交底,统一指挥,服从组织纪律要求。

7. 先导索过江(海)时应注意:

(1)作业人员精神状况良好,穿好救生衣、系好安全带、扎好安全绳、扣好安全帽,穿上轻便的防滑鞋,佩戴必要的通信工具、作业工具。

(2)按照施工方案的要求,固定安置好安全警示标牌和警告牌。

(3)先导索、副先导索和制动索等的连接宜采用U形卡(卸扣)连接方式,利于快捷拆装。

(4)驳船上的制动索应设置制动拉销锁紧机构。

(5)在主塔瞭望与观察的人员及卷扬机操作人员,必须注意高处上下的安全及站立位置的安全。

(6)索引过程中,由专人对塔顶支架上、塔顶承台上的转向滑轮及先导索的运行情况进行观察,以便及时处理可能出现的意外情况。

(7)先导索过江(海)过程中,操作人员必须听从指挥人员的指挥命令。拖船需根据当时的江(海)面状况及拖拉绳索的状况,以合适的速度控制拖轮航行,并与卷扬机的放索速度保持一致,防止牵引过猛,尽量控制导索不落水。

(8)先导索拖拉至江(海)中驳船上进行对接时,作业人员动作应利索,配合协调,注意站立的位置以及对他人站立(工作)位置的影响情况。

续上表

(9)作业船只(包括交通船)必须配备足够的救生设备和消防器材,预防突发事故发生。

8. 现场指挥人员应注意:

(1)指挥人员必须经专门安全技术培训,考试合格并持证上岗;身体健康,视力均不得低于1.0,无色盲、听力障碍,无高血压、心脏病、癫痫病、眩晕、突发性昏厥及其他影响起重吊装作业的疾病与生理缺陷。作业前严禁喝酒。

(2)指挥信号发出前,必须使用对讲机确认一切准备就绪,可以作业,方能发出牵引过江(海)启动信号。

(3)熟练地运用手势、旗语、哨声和通信设备;熟悉先导索过海(江)的操作步骤和施工要求。

(4)细致观察拖船、卷扬机、工作船的作业进度,关注两塔卷扬机收放牵引绳索的速度与配合协调情况,当观察不明时,使用对讲机及时了解情况;发现异常时,及时做出判断并发出指令;如不能及时作出决定时,应立即请示总指挥发出指令。

(5)服从总指挥的指令,及时掌握海事部门的水面情况反馈,保障有效指挥牵引绳索的过江(海)。

重点强调:

1. 作业人员精神状况良好,穿好救生衣、系好安全带、扎好安全绳、扣好安全帽,穿上轻便的防滑鞋,佩戴必要的通信工具、作业工具。

2. 在主塔瞭望与观察的人员及卷扬机操作人员,必须注意高处上下的安全及站立位置的安全。

3. 现场指挥人员的身体条件须符合相关要求,作业前严禁喝酒。

审核人		交底人		接受交底负责人	

作业班组全体签名:

悬索桥猫道系统施工作业安全交底　　编号：

施工单位	
工程名称	
分部分项工程	
工　　种	

交底内容：

一、主要危险源与危害因素

1. 机械设备负责人未对机械设备进行检查；机械设备带病使用。

2. 船上作业人员未穿救生衣；塔上人员未系好安全带、安全绳。

3. 发现有风力加速、大雨、台风来临征兆，人员未及时撤离。

4. 安装吊索前，底网缺口未临时封闭。

二、安全注意事项

1. 猫道系统架设施工作业使用较多的机械设备，同时人员与设备皆为高空(高处)、水上、地面联合作业，为了保证机械设备以及人员的安全，所有的机械设备必须由专人负责管理。

2. 每天在作业前，机械设备负责人必须对定点的机械设备进行例行检查和专项点检(如卷扬机的制动系统、临时用电等)，发现问题应及时检修或停机处理，不得强行作业。导索牵引前应对所有钢丝绳连接严格检查，牵引过程中随时观察接头情况，及时发现和消除隐患。

3. 所有作业人员应在每天作业前，有针对性地、定点定人地接受相关的安全技术交底，要求各个位置的人员必须清楚工作的要领及安全作业要求；并配备无线通信设备，保证通信的顺畅。

4. 在船上作业的施工人员应穿好救生衣，在塔上工作的人员应佩戴好安全带、安全绳，临边作业的人员要密切留意下方是否有作业人员，时刻防范高处坠物的发生；船上作业、塔顶作业的人员要密切关注天气条件的变化，发现有风力加速、大雨、台风来临征兆，作业班班长必须随时做好撤离安排。

5. 猫道安装过程中，作业班组必须安排专人时刻监视塔顶支架、支墩支架的滑轮及转向索鞍等运行情况，发现隐患或问题必须立即报告班长并(或)及时作出有效的处理，防止意外事故的发生。

6. 猫道安装施工过程中，桥位上下游需布设警戒船、封航通告船，观察上下游可能出现的意外船只。

7. 滑轮组上要采用限位装置，防止先导索从旁边滑落。

8. 塔吊、卷扬机等设备设施要按照相关的规定，指定专人做好安全检查、安全防护、现场监督等管理。

9. 施工人员必须按规定正确使用安全防护用品，特种作业人员要有相应的操作证。

10. 施工作业搭设的扶梯、工作平台、脚手架、护栏、安全网等安全设施必须符合《建筑施工高处作业安全技术规范》和《公路工程施工安全技术规范》的相关要求。

11. 猫道全程一般采用钢丝密网作底网、采用尼龙密网作两侧安全网，其高度应在 1.2 m 以上。

续上表

<table>
<tr><td colspan="6">12. 猫道网块之间必须扎紧扎好。
13. 猫道需要安装吊索时，在未安装吊索前应将剪裁的底网缺口用临时的网块做临时封闭；在安装好吊索后，应用尼龙网或其他的网块将吊索安装处不严密的底网缺口封堵。</td></tr>
<tr><td colspan="6">重点强调：
1. 每天在作业前，机械设备负责人必须对定点的机械设备进行例行检查和专项点检（如卷扬机的制动系统、临时用电等），发现问题应及时检修或停机处理，不得强行作业。
2. 在船上作业的施工人员应穿好救生衣，在塔上工作的人员应佩戴好安全带、安全绳，临边作业的人员要密切留意下方是否有作业人员，时刻防范高处坠物的发生；船上作业、塔顶作业的人员要密切关注天气条件的变化，发现有风力加速、大雨、台风来临征兆，作业班班长必须随时做好撤离安排。
3. 猫道需要安装吊索时，在未安装吊索前应将剪裁的底网缺口用临时的网块做临时封闭；在安装好吊索后，应用尼龙网或其他的网块将吊索安装处不严密的底网缺口封堵。</td></tr>
<tr><td>审核人</td><td></td><td>交底人</td><td></td><td>接受交底负责人</td><td></td></tr>
<tr><td colspan="6">作业班组全体签名：</td></tr>
</table>

悬索桥大吨位无级调速卷扬机(主缆架设用)汽车吊安装施工安全交底

编号:

施工单位	
工程名称	
分部分项工程	
工　　种	

交底内容:

一、主要危险源与危害因素

1. 安装卷扬机的底座时,未使用导向索进行导向定位。

2. 高空作业人员未系好安全带;垂直交叉作业;随意放置工具、构件、零星物料。

3. 在斜坡或较滑的坡面作业时,未清理坡面的泥砂、杂物。

4. 卷扬机试验时风力大于6级。

5. 卷扬机投入使用前未经验收或验收不合格。

二、安全注意事项

1. 参加吊装、使用作业人员必须经过安全技术培训并考核通过才准上岗,特种作业人员如电工、焊割工、起重工等,应持证上岗,其他配合作业的人员应在起重司机或班长的指导下进行安装作业。

2. 安装作业前,作业人员须接受安全技术交底,清楚自己的工作内容及相关的安全技术要求。

3. 安装作业前,安排专人做吊装施工指挥员,负责现场吊装施工的总体指挥工作,其他的施工人员必须按照指挥员的指令进行作业。

4. 根据施工方案的要求及场地的实际情况,在施工作业前划分安全警戒区并设监护人员,警戒区应设置安全告示牌和安全警戒标志。

5. 大型无级调速卷扬机的安装必须遵循施工工艺流程进行。

6. 大型无级调速卷扬机如果安装在塔顶时,可以在塔顶上直接安装;如果卷扬机安装在锚碇上面或锚碇周边时,则必须设定分拆安装的施工工艺。

7. 卷扬机底座若有机座预埋件时,吊装时可直接将底座与地脚螺栓相连;卷扬机底座若无结构物时,必须采用人造地桩,预埋地脚螺栓,方能进行卷扬机的底座安装。

8. 卷扬机的底座安装时,必须将基底找平,设置必要的支撑底板或斜支撑固定找平,直接将底座螺孔套入地脚螺栓后立即锁紧或焊接牢固,检查确认安全可靠后方可解脱钢丝绳。

9. 安装卷扬机的底座时,应使用麻绳类导向索进行导向定位,待吊至要求高度并确认稳定后,作业人员才可上去操作,防止吊运时碰撞架体引发事故。

10. 高空作业人员应按规定系好安全带,不得垂直交叉作业,正下方不得有人员停留或通过;使用的工具、构件、零星物料必须放置稳固,防止高处坠物伤人。

11. 在斜坡或较滑的坡面作业时,必须清理坡面的泥砂、杂物,指挥员、操作人员的站立必须稳妥,防止作业过程出现人员滑倒、碰伤事故。

12. 进行卷扬机的安装时,如需架高移动电线电缆,架设的电缆线与卷扬机的安全距离

续上表

必须符合规范要求，防止线缆被压、刮、磨导致线缆破损，发生触电意外。 13. 卷扬机的安装应符合施工工艺的技术要求。 14. 卷扬机的底座、起重系统、电气系统安装完毕，必须经相关部门(机材部或安全部)进行检查、试吊，验收合格后方允许使用。检验员应将检验的结果记录在检查表上并作保存。 15. 卷扬机安装好后应做空载、额定荷载、超载试验。试验前的准备应符合下列规定： (1)试验前应采取可靠措施，以保证试验人员的安全。 (2)对试验环境进行全面检查，确认符合要求和具备试验条件。 ①风力不得大于 6 级。 ②电压波动不大于±20 V。 ③荷载与标准值差不大于±3%。 ④机座及构件、设备安装符合设计要求。 16. 空载试验应符合下列要求： (1)空载试验不得少于 3 次。 (2)在进行试验的同时，应对各安全装置进行灵敏度试验。 (3)空载试验过程中，应检查各机构动作是否平稳、准确，不允许有振颤、冲击等现象。 17. 额定荷载试验时，被吊物重心要垂直准确，观察架体是否有变形，各焊点、焊缝是否有脱焊裂焊；将吊物提升至规定的高度停住时，观察人员应反馈钢丝绳是否符合安全要求，操作人员应反馈制动器是否可靠。 18. 超载试验时，取额定荷载的 125%(按 5%逐级加荷)，做上升、下降变速、制动试验，动作准确可靠、无异常现象，金属结构不得出现永久变形、可见裂纹、油漆脱落以及连接损坏、松动等现象。 19. 卷扬机未经验收合格或未经验收，禁止投入使用。 20. 卷扬机在进行钢箱梁吊装作业前，施工队安排专人负责检查各金属构件、架体、吊钩、钢丝绳等是否符合有关安全要求，发现问题必须立即妥善解决。 21. 必须指定专人对卷扬机进行定期检查。定期检查的频次为每月进行 1 次，检查内容包括： (1)金属结构有无开焊、锈蚀、永久变形。 (2)提升机构和运行系统磨损情况及钢丝绳的完好性。 (3)安全防护装置有无缺少、失灵和损坏。 (4)电气设备的状况是否符合安全要求。

续上表

重点强调： 1. 安装卷扬机的底座时,应使用导向索进行导向定位,待吊至要求高度并确认稳定后,作业人员才可上去操作。 2. 高空作业人员应按规定系好安全带,不得垂直交叉作业,正下方不得有人员停留或通过;使用的工具、构件、零星物料必须放置稳固,防止高处坠物伤人。 3. 在斜坡或较滑的坡面作业时,必须清理坡面的泥砂、杂物,指挥员、操作人员的站立必须稳妥,防止作业过程出现人员滑倒、碰伤事故。 4. 卷扬机安装好后应做空载、额定荷载、超载试验。试验前应特别注意风力不得大于6级。 5. 卷扬机未经验收合格或未经验收,禁止投入使用。					
审核人		交底人		接受交底负责人	
作业班组全体签名：					

悬索桥主缆架设安全交底　　　编号：

施工单位	
工程名称	
分部分项工程	
工　　种	

交底内容：

一、主要危险源与危害因素

1. 作业人员未戴好安全帽、未系好安全带、未穿防滑轻便鞋。

2. 每天作业前，未对机械设备进行例行检查和专项点检；机械设备带病使用。

3. 在猫道上作业人员站立不稳。

4. 在主缆索股架设过程中，出现雷雨、大风等天气未立即停工撤离猫道。

5. 高空作业遗留杂物、材料及工具。

6. 在猫道上奔跑和跳跃。

7. 在猫道上进行焊接作业。

二、安全注意事项

1. 在主缆架设施工前，作业人员应接受施工方案交底及施工安全技术交底。

2. 主缆架设施工作业同时使用多台起重机械及其他机械，人员作业基本在高处和坡度较陡的锚面进行，所以要求作业人员必须佩戴好安全帽、安全带、防滑轻便鞋、工具包等安全防护用品。

3. 为了保证机械设备以及人员的安全，所有的机械设备必须指定专人负责。每天在作业前，负责的人员必须对定点的机械设备进行例行检查和专项点检（如塔吊、电梯及卷扬机的制动系统；临时用电安全及电焊机的安全性能等），发现问题及时检修或停机处理，不得强行作业；主缆架设前要对所有钢丝绳连接进行严格检查，在架设过程中随时观察接头情况，及时发现和消除隐患。

4. 各个作业班应在每天作业前，有针对地、定点定人地进行相关的安全技术交底，要求各个位置的人员必须清楚工作的要领及安全作业要求。

5. 应指定专人负责观察长时间工作的卷扬机运转情况，时刻注意卷扬机是否有突发机械故障的征兆，将安全隐患消灭在萌芽状态。主缆牵引卷扬机在每使用 4 小时后应停机保养半小时，保证卷扬机的正常运转。一旦发生意外，必须立即停机，及时处置。

6. 由于钢丝绳的受力较大且使用时间较长，容易磨损而导致断裂，所以应指定专人观察索股横移入鞍的作业情况。当发现钢丝绳有磨损或出现疲劳变形、弯曲严重的状况时，应立即停止作业，更换新的钢丝绳。

7. 由于索股整形入鞍使用手拉葫芦居多，工作较频繁，而且每个受力不一样，存在因单个手拉葫芦受力过大葫芦链断裂的危险。因此施工队、作业班必须指定专人负责观察多个手拉葫芦的受力情况，发现异常应立即停止作业并作出有效处理。

8. 由于猫道属于柔性结构的工作平台，受大风的影响会出现摆动，因此主缆架设的施工人员必须要稳固站立在猫道后方能进行作业，应避免因站立不稳而发生人员高空坠落、淹溺的事故。

续上表

9. 由于索股提升用的握索器在使用中存在因螺栓紧固力不足或衬垫磨损严重而打滑，非常容易造成人员受到打击或站立不稳而导致受伤的事故，因此要求作业班必须经常检查握索器的使用状况及螺栓和铜垫片的磨损情况，发现异常应立即停止作业，马上更换。

10. 在主缆索股架设过程中，施工队、作业班应随时关注天气状况的变化，如出现雷雨、大风等天气应立即停工，人员撤离猫道，以保证施工人员的人身安全。

11. 提升索股握索器的紧固螺栓，必须采用力矩扳手来紧固，保证紧固力均匀；应由专人定时检查握索器的铜衬垫，磨损严重的立即更换。

12. 每次高空作业必须做到"工完场清"，不得遗留杂物、材料及工具。

13. 主缆架设施工所用的卷扬机、塔吊等起重机械，要求操作人员有丰富的工作经验和良好身体素质；现场的专职指挥员必须具有丰富的现场指挥经验。

14. 架设施工现场应配备性能良好的通信工具，以保障现场架设施工的指挥命令通畅。作业人员必须严格按照指挥员的指令进行作业，严禁违章作业和擅自施工。

15. 高处固定点作业人员必须按照高处作业的安全要求挂好安全带，严禁在猫道上奔跑和跳跃。

16. 夜间作业的人员应做好防寒衣物的准备，作业时各岗位应派出协助人员随从，防止出现意外。夜间作业的照明应在白天时作检查；必要时应给夜间作业的人员发放信号灯或强光手电筒，用以显示其作业位置；相距较远的夜间作业岗位，在上班前应互通对讲机或手机号码。

17. 施工队、作业班组应派出专人经常检查猫道承重索等钢丝绳的锚固情况，发现问题及时处理。在猫道上严禁焊接作业，防止猫道绳索受伤，影响猫道的使用安全。

续上表

<table>
<tr><td colspan="6">重点强调：
　　1. 作业人员必须佩戴好安全帽、安全带、防滑轻便鞋、工具包等安全防护用品。
　　2. 每天在作业前，机械设备负责人须对所管机械设备进行例行检查和专项点检，发现问题及时检修或停机处理，不得强行作业。
　　3. 施工人员必须要稳固站立在猫道后方能进行作业。
　　4. 在主缆索股架设过程中，应随时关注天气状况的变化，如出现雷雨、大风等天气立即停工，人员撤离猫道。
　　5. 每次高空作业必须做到“工完场清”，不得遗留杂物、材料及工具。
　　6. 作业人员必须严格按照指挥员的指令进行作业，严禁违章作业和擅自施工。
　　7. 高处固定点作业人员必须按照高处作业的安全要求挂好安全带，严禁在猫道上奔跑和跳跃。
　　8. 严禁在猫道上进行焊接作业。</td></tr>
<tr><td>审核人</td><td></td><td>交底人</td><td></td><td>接受交底
负责人</td><td></td></tr>
<tr><td colspan="6">作业班组全体签名：</td></tr>
</table>

悬索桥主缆紧缆施工安全交底　　编号：

施工单位	
工程名称	
分部分项工程	
工　　种	

交底内容：

一、主要危险源与危害因素

1. 主缆紧缆机未按规定进行保养。

2. 在猫道上作业前人员站立不稳。

3. 出现雷雨大风等灾害性天气征兆时，未立即停止紧缆作业；撤离前未对主缆与猫道进行临时固定。

4. 高空作业遗留杂物、材料及工具。

5. 人员在猫道上奔跑和跳跃。

6. 在猫道上进行电焊作业。

二、安全注意事项

1. 主缆紧缆施工前，作业人员须进行全面的施工方案确认，接受施工安全技术交底。

2. 紧缆机长时间运转，存在突发机械故障的危险，因此要求施工队、作业班对主缆紧缆机在每使用 4 小时后，必须停机保养半小时，保证紧缆机的正常运转。

3. 紧缆机液压绞车钢丝绳受力较大，而且使用时间较长容易因磨损过大而导致危险。因此，要求紧缆机移动行走液压绞车使用全新钢丝绳，在进行紧缆的过程中应定时对钢丝绳进行全面检查，如发现磨损严重则立即更换。

4. 主缆预紧缆使用手拉葫芦较频繁，而且每个受力不一样，会因手拉葫芦受力过大而导致葫芦链断裂的危险。要求紧缆机使用的手拉葫芦根据受力点的不同而采用不同吨位的手拉葫芦；同时定时检查手拉葫芦的使用情况，如有损坏马上修理或更换，以保证手拉葫芦的使用安全。

5. 猫道属于柔性结构的工作平台，受大风的影响会出现摆动，主缆紧缆过程中，人员在猫道上工作，存在因站立不稳而引起高空坠落的危险，因此要求作业人员必须站立稳妥后方能进行作业。

6. 在主缆紧缆过程中，对雷雨大风等灾害性天气进行严密的跟踪和监测，如出现突发异常天气状况时，应立即停止作业，并妥善处理好紧缆机以及主缆与猫道的临时固定后立即撤离猫道，以保证施工人员的人身安全。

7. 每次高空作业必须做到“工完场清”，不得遗留杂物、材料及工具。

8. 主缆紧缆施工所用的卷扬机、塔吊等起重机械，这些机械的操作人员要有丰富的工作经验和良好的身体素质，现场的专职指挥员必须具有丰富的现场指挥经验。

9. 主缆紧缆施工现场应配备性能良好的通信工具，以保障现场紧缆施工的指令通畅、遵章作业。

10. 高处固定点作业人员在作业前必须挂好安全带，严禁在猫道上奔跑和跳跃。

续上表

<table>
<tr><td colspan="6">11. 施工队、作业班应派出专人经常检查猫道承重索等钢丝绳的锚固情况，发现问题及时处理。在猫道上严禁电焊作业，防止猫道绳索受伤，影响猫道的使用安全。</td></tr>
<tr><td colspan="6">重点强调：
1. 主缆紧缆机每使用 4 小时后，必须停机保养半小时。
2. 施工人员必须要稳固站立在猫道后方能进行作业。
3. 在主缆紧缆过程中，出现雷雨大风等灾害性天气征兆时，应立即停止作业，并妥善处理好紧缆机以及主缆与猫道的临时固定后随即撤离猫道。
4. 每次高空作业必须做到“工完场清”，不得遗留杂物、材料及工具。
5. 严禁在猫道上奔跑和跳跃。
6. 在猫道上严禁焊接作业，防止猫道绳索受伤，影响猫道的使用安全。</td></tr>
<tr><td>审核人</td><td></td><td>交底人</td><td></td><td>接受交底
负责人</td><td></td></tr>
<tr><td colspan="6">作业班组全体签名：</td></tr>
</table>

悬索桥主缆索夹与吊索施工安全交底　　编号：

施工单位	
工程名称	
分部分项工程	
工　　种	

交底内容：

一、主要危险源与危害因素

1. 作业人员未按规定佩戴安全防护用品。

2. 未做好吊索保护工作。

3. 在猫道上进行焊接作业。

4. 索夹及吊索安装过程中，作业人员未佩戴工具包。

5. 离岗交接班。

6. 在恶劣的气候条件下进行索夹、吊索安装施工作业；施工过程中遇恶劣天气，仍进行作业，撤离前未做临时固定。

二、安全注意事项

1. 要求施工队、作业班组内设置一名专职安全员，负责索夹、吊索施工的安全检查与监督管理工作。

2. 吊索、索夹安装施工的危险地域应设置安全警示标牌，在容易引起高空(或高处)坠落的作业周边设置安全护栏、安全网等安全防护措施。

3. 施工队、作业班组在施工作业前应进行施工方案的全面交底和安全技术交底，要求施工人员清楚作业要求和安全操作要求。

4. 作业人员在施工前必须要佩戴安全防护用品如安全帽、安全带、防滑轻便鞋，需要使用工具的作业人员必须佩戴工具包。

5. 长吊索在展开时，如果吊索扭转比较严重，要根据吊索标记线理顺吊索。同时为了防止吊索的扭转，要综合考虑吊索的打盘及放盘方法，防止吊索在打盘或放盘时伤及作业人员。

6. 在吊索堆放的场地必须做好防火工作，在整个施工过程中要求保护好吊索，不能损伤吊索。吊索的展开、下放过程中，必须按照施工要求，保证吊索的安全及周围作业人员的安全。

7. 索夹及吊索安装前，施工队、作业班必须派出人员时刻观察和随时检查起吊系统的安全状况，加强对钢丝绳表面的完好情况、连接稳固性的安全检查，对钢丝绳的断丝数、腐蚀情况、磨损情况及变形量、固定状况等逐一作出细致检查，发生不符合要求的立即作出更换，避免起吊安全事故的发生。

8. 经常对猫道承重索等钢丝绳的锚固进行检查，及时发现问题，立即作出处理。

9. 在猫道上严禁焊接作业，防止猫道绳索受伤，影响猫道的使用安全。

10. 吊索安装前，需要在猫道进行改吊时，必须对改吊猫道的缺口进行加装防护，如在吊索改吊的地方敷设好安全网，或采取其他的方式进行有效的封堵。

11. 索夹及吊索安装过程中，要求施工人员必须佩戴工具包，在施工时必须注意其匹配

续上表

件的使用，以防止配件、工具掉落或掉入水中，造成下方作业人员的意外伤害或坠物砸伤船只、损坏设备机具。

12. 施工队、作业班所有的施工人员均需在岗位上进行交接班，交接班完成后方能离开工作岗位；禁止离岗交接。

13. 施工作业前一天，施工班班长应了解第二天的天气变化情况，确认有无雨雪、雷雨、台风、飓风、大雾、阴霾、晴雨起伏等异常天气；严禁在恶劣的气候条件下进行索夹、吊索安装施工作业。

14. 施工过程中遇到恶劣天气以及 6 级或 6 级以上(速度大于 13 m/s)的大风时，必须停止索夹、吊索安装等一切工作，并做好临时固定和妥善安排后立即离开工作岗位。

15. 吊索安装完毕，吊索与猫道处的缺口应使用尼龙网等将其封严。

重点强调：

1. 作业人员在施工前必须要佩戴安全防护用品如安全帽、安全带、防滑轻便鞋，需要使用工具的作业人员必须佩戴工具包。

2. 在整个施工过程中要求保护好吊索，不能损伤吊索。吊索的展开、下放过程中，必须按照施工要求，保证吊索的安全及周围作业人员的安全。

3. 在猫道上严禁焊接作业。

4. 所有施工人员均需在岗位上进行交接班，交接班完成后方能离开工作岗位；禁止离岗交接。

5. 严禁在恶劣的气候条件下进行索夹、吊索安装施工作业。施工过程中如遇到恶劣天气，则必须停止索夹、吊索安装等一切工作，并做好临时固定和妥善安排后立即撤离。

审核人		交底人		接受交底负责人	

作业班组全体签名：

悬索桥主缆缠丝施工安全交底

编号：

施工单位	
工程名称	
分部分项工程	
工　　种	

交底内容：

一、主要危险源与危害因素

1. 缠丝机越索夹时，施工人员未确认索夹下方猫道是否有空洞。

2. 缠丝机在索夹倾角大于 8°的主缆上时，主机与夹持架同时松开手拉葫芦保险。

3. 缠丝机主机与夹持架安装就位后，同时松开夹持瓦。

4. 在雨（雪）天、大雾天气、潮湿天气进行缠丝作业。

5. 猫道上乱堆乱放杂物或材料。

6. 随意拆除猫道反挂钢丝绳。

二、安全注意事项

1. 缠丝机越索夹时，施工人员应要注意索夹下方猫道是否有空洞，防止人员踩空跌落或物件坠落，导致高空坠落或物体打击事故的发生。

2. 缠丝机在索夹倾角大于 8°的主缆上时，要求施工人员必须遵守主机与夹持架均不能同时松开手拉葫芦保险的规定，防止缠丝机的滑移而导致人员与设备的损伤。

3. 缠丝机主机与夹持架安装就位后，施工人员不得同时松开夹持瓦，以保证设备的稳固与施工人员的安全。

4. 机器自动跨越索夹走行机构，过夹时施工人员必须观察行走机构的稳固情况，并应指定专人检查各机构的动作是否正常及复位情况是否完好。

5. 缠丝施工前要求施工队、作业班负责人必须密切关注天气状况的变化，在雨（雪）天、大雾天气、潮湿天气不得进行缠丝作业，防止缠丝受潮和施工人员在湿滑的条件下造成意外事故。

6. 缠丝施工时必须注意保持主缆及猫道的清洁，猫道上不能乱堆乱放杂物或材料，及时清理猫道的材料及杂物且不得随手乱丢，防止高空物体坠落伤人。

7. 缠丝机在非工作状态必须将主机与夹持架的全部夹紧机构夹紧并拉紧全部手拉葫芦，保障机器设备的安全稳固；下班时必须切断电源方能离开作业岗位。

8. 施工人员在进行缠丝作业时，必须按照高空作业的基本要求，佩戴好安全帽、安全带，穿轻便的防滑鞋，并具有良好的精神状况。

9. 严禁随意拆除猫道反挂钢丝绳，缠丝经过猫道反挂钢丝绳后应立刻恢复，保持猫道反挂绳的间距为 12.5 m。猫道上不允许出现空洞，发现猫道有空洞必须及时补好。

10. 机器装拆时，施工队、作业班必须做到统一指挥、协调分工、专人负责，保障施工人员在装拆作业的人身安全。

11. 缠丝作业必须按工艺要求定岗定员定专人负责，不得随意更换；指定专人负责缠丝排丝作业。

续上表

<table>
<tr><td colspan="6">12. 使用铝热焊剂时，应严禁烟火。
13. 整个缠丝作业过程中一定要注意保护主缆钢丝，严禁明火，确保钢丝不受损伤。
14. 施工队、作业班组在缠丝施工前，施工人员必须接受翔实的安全技术交底，指定专人负责机械设备操作，要求操作人员必须熟悉机械设备（特别是缠丝机）的正确使用方法和使用要求，保证机械设备在使用过程中达到质量、安全和环境保护要求。
15. 缠丝施工时，必须在施工机械设备（设施）旁或其附近，悬挂该机的“机械操作规程”，并要求操作人员严格按照操作规程进行操作。
16. 缠丝施工时项目部派出专人对使用的施工机械进行检查、维修、保养，保证机械设备处于正常和安全的状态。
17. 施工机械在维修保养过程中所产生的废水、废渣、废油要进行回收，集中处理，不能随意排放造成环境污染，导致施工人员的意外伤害。</td></tr>
<tr><td colspan="6">重点强调：
1. 缠丝机越索夹时，施工人员应注意索夹下方猫道是否有空洞。
2. 缠丝机在索夹倾角大于 8°的主缆上时，要求施工人员必须遵守主机与夹持架均不能同时松开手拉葫芦保险的规定。
3. 缠丝机主机与夹持架安装就位后，施工人员不得同时松开夹持瓦。
4. 在雨（雪）天、大雾天气、潮湿天气不得进行缠丝作业。
5. 猫道上不能乱堆乱放杂物或材料，应及时清理猫道的材料及杂物且不得随手乱丢。
6. 严禁随意拆除猫道反挂钢丝绳，缠丝经过猫道反挂钢丝绳后应立刻恢复。</td></tr>
<tr><td>审核人</td><td></td><td>交底人</td><td></td><td>接受交底负责人</td><td></td></tr>
<tr><td colspan="6">作业班组全体签名：</td></tr>
</table>

悬索桥天顶索安装与使用施工安全交底 编号：

施工单位	
工程名称	
分部分项工程	
工　　种	

交底内容：

一、主要危险源与危害因素

1. 作业前，未对施工设备进行检查；设备带病使用。

2. 遇到突然来袭的暴风雨、台风，作业人员不予理会。

3. 放索索盘的转速过快。

4. 天顶索牵引到对岸后，未将绳索固定好(或临时固定)。

5. 使用有碰伤、压伤、绞伤的天顶索。

6. 在天顶索上随意挂设物品和重物。

二、安全注意事项

1. 在天顶索安装前，应了解和掌握施工期有无雨雪、雷雨、台风、飓风、大雾、阴霾、起伏变化的潮汛等征兆，以防范天顶索架设时由于恶劣天气对安装工作所带来的影响。

2. 施工队、作业班应准备好必要的施工安全防护装备，如防滑(轻便)鞋、安全帽、安全带、安全绳等。

3. 作业前，应对使用的施工设备、机具进行例行安全检查，对主要的零部件详细检查，发现异常立即进行妥善处理。

4. 在施工现场设置必要的安全警示标志、安全警告牌。

5. 上岗前，应从技术人员和安全人员处接受关于当天施工的工作内容及安全技术交底。

6. 在作业过程中，随时注意天气变化，遇到突然来袭的暴风雨、台风，作业人员应立即向现场施工主管请示，在做好安全保障措施的前提下，停止安装作业，确保安全。

7. 天顶索在牵引过程中作业人员应密切注意天顶索的运转情况，有效防止天顶索的反拉现象。放索时索体应贴在特制的滚轮上拖拉，并应控制索盘的转速，防止转速突变或索盘倾覆，造成作业人员伤亡。

8. 天顶索牵引到对岸时，必须将绳索固定好(或临时固定)，防止滑移。作业人员必须时刻注意自己站立的位置是否安全。

9. 天顶索安装时，作业人员必须时刻关注自己的工作位置是否安全及协同作业人员是否安全。

10. 天顶索安装时，应严格控制焊机的使用，避免焊弧损坏钢丝或电流导通，以及对猫道造成不良影响。

11. 注意维护放索场秩序，所有的施工人员必须听从现场指挥员的指挥，按照施工方案的要求，有序地进行作业，防止交叉作业可能出现物体坠落而导致打击事故的发生。

12. 在天顶索安装过程中，猫道上站立的作业人员应密切注意周围是否存放不必要的、容易磕绊的物品，防止安装过程出现磕碰、跌倒或高处坠落事故。

续上表

<table>
<tr><td colspan="6">13. 天顶索使用过程中,必须指定专人负责检查天顶索的完好状况,发现有碰伤、压伤、绞伤的天顶索,必须立即停用,安排修补或更换。
14. 在猫道上进行焊接作业时,必须对天顶索采取相关的保护措施,防止天顶索被焊接的火星、废渣损伤。严禁在天顶索上挂设不必要的物品和重物。</td></tr>
<tr><td colspan="6">重点强调:
1. 作业前,应对使用的施工设备、机具进行例行安全检查,对主要的零部件详细检查,发现异常立即进行妥善处理。
2. 在作业过程中,应随时注意天气变化,遇到突然来袭的暴风雨、台风,作业人员应立即向现场施工主管请示,在做好安全保障措施的前提下,停止安装作业。
3. 放索时索体应贴在特制的滚轮上拖拉,并应控制索盘的转速亡。
4. 天顶索牵引到对岸时,必须将绳索固定好(或临时固定),防止滑移。
5. 在天顶索安装过程中,猫道上站立的作业人员应密切注意周围是否存放不必要的、容易磕绊的物品。
6. 发现天顶索有碰伤、压伤、绞伤,必须立即停用。
7. 严禁在天顶索上挂设不必要的物品和重物。</td></tr>
<tr><td>审核人</td><td></td><td>交底人</td><td></td><td>接受交底
负责人</td><td></td></tr>
<tr><td colspan="6">作业班组全体签名:</td></tr>
</table>

悬索桥缆载吊机安装安全交底　　编号：

施工单位	
工程名称	
分部分项工程	
工　　种	

交底内容：

一、主要危险源与危害因素

1. 特种作业人员无证上岗、违章作业。

2. 未撤除或加固有坠落可能的物件。

3. 高处作业时，工具随意放置；任意放置或向下丢弃拆卸下的物件及余料、废料；抛掷传递物件。

4. 雨天和雪天进行高处作业时，无防滑、防寒和防冻措施。

5. 在6级以上强风、浓雾等恶劣天气时，进行攀登与悬空（高处）安装作业。

6. 在猫道上进行电焊作业。

7. 离岗交接班。

8. 遇到恶劣天气（雷雨、大风、暴雨）时，仍在猫道上进行作业。

二、安全注意事项

1. 缆载吊机安装前，在每个专业队内必须设置一名专职安全员，负责本专业队的安全监督及管理。在每个作业班组内设置一名兼职安全员，负责整个作业班组的安全管理工作。

2. 施工人员上岗前，必须参加岗前安全培训，接受安全技术交底，特种作业人员必须持证上岗，严禁无证操作和违章作业。攀登和悬空（高处）作业人员及高处搭设作业人员，必须经过专业技术培训并考核合格，定期进行体格检查；上岗作业前班长应观察施工人员的精神及身体状况，判断其是否能胜任当天的施工作业。

3. 缆载吊机的安装施工大部分属于高空作业，在施工过程中必须注意高空作业的安全防护工作，施工人员必须佩戴安全带、安全帽，穿轻便防滑鞋。施工作业场所所有有坠落可能的物件，应一律先行撤除或加以固定。

4. 在高处作业中所用的物料，均应堆放平稳，不妨碍通行和装卸。工具应随手放入工具袋；作业中的走道、通道板和登高用具，应随时清扫干净；拆卸下的物件及余料、废料均应及时清理运走，不得任意放置或向下丢弃。传递物件禁止抛掷。

5. 雨天和雪天进行高处作业时，必须采取可靠的防滑、防寒和防冻措施。

6. 遇有6级以上强风、浓雾等恶劣气候，不得进行攀登与悬空（高处）安装作业。暴风雪及台风、暴雨后，应对高处作业安全设施逐一检查，发现有松动、变形、损坏或脱落等现象，应立即修理完善。

7. 各段横梁吊装前，需加保险绳将端梁反拉到索鞍吊架上，以防止索夹打滑时出现意外。

8. 缆载吊机下移至跨中时，需对塔顶进行全程连续观测。如塔顶偏位超限，则需暂停下移并反拉回一定距离，待塔顶偏位处理完毕后，再继续下移。

续上表

9. 缆载吊机行走前必须安排专职人员对各项准备工作(如:牵引卷扬机工作是否正常,液压系统是否正常,油缸编号与操作台编号是否一致,牵引钢丝绳锚固是否牢固等)进行检查,在确保每项准备工作准确无误后方可进行缆载吊机的行走。 10. 缆载吊机的整个下滑过程要有专人统一负责指挥,以确保两台牵引卷扬机同步牵引,保证缆载吊机不出现歪斜现象。如果缆载吊机一侧的侧挡轮紧贴主缆而另外一侧的侧挡轮已经脱离主缆,说明缆载吊机已经歪斜,此时,应停止卷扬机牵引,单独开动另外一侧的卷扬机,纠正歪斜现象后再同步牵引。 11. 由于在安装作业中使用的机械设备较多,为了保证机械设备的安全使用,所有设备及操作人员都必须定岗、定人、定机管理。 12. 每天作业前,应派出专人检查猫道承重索等钢丝绳的锚固情况,发现隐患及时解决。 13. 在猫道上严禁电焊作业,防止猫道绳索受伤,影响猫道的使用安全。 14. 缆载吊机安装尽可能避免交叉作业,当安装过程中可能出现交叉作业时,必须事先做好安全交底,将作业内容、安全要求、周边安全问题等逐一向施工人员交代清楚;作业前安全员应检查施工人员的工具包、作业器具的稳妥情况,防止高处交叉作业时高空坠物、物体打击事故的发生。 15. 作业班的交接班必须在岗位进行,禁止离岗交接;交接班时,必须将工作内容、安全注意事项、安全防范要求全面交接清楚。 16. 施工过程遇到恶劣天气(雷雨、大风、暴雨)时,必须停止猫道上的一切工作,做好主缆与猫道的临时固定工作,作业班班长应在撤离前做好安全检查,确认无误方能离开。 17. 需要进行水上施工作业时,必须事先与海事部门联系,取得同意后要严格按照施工航道管制的要求进行水上作业。

续上表

<table>
<tr><td colspan="6">重点强调：
1. 特种作业人员必须持证上岗，严禁无证操作和违章作业。
2. 施工人员必须佩戴安全带、安全帽，穿轻便防滑鞋。施工作业场所所有有坠落可能的物件，应一律先行撤除或加以固定。
3. 高处作业时，工具应随手放入工具袋；作业中的走道、通道板和登高用具，应随时清扫干净；拆卸下的物件及余料、废料均应及时清理运走，不得任意乱置或向下丢弃。传递物件禁止抛掷。
4. 雨天和雪天进行高处作业时，必须采取可靠的防滑、防寒和防冻措施。
5. 遇有 6 级以上强风、浓雾等恶劣气候，不得进行攀登与悬空(高处)安装作业。
6. 严禁在猫道上进行焊接作业。
7. 作业班的交接班必须在岗位进行，禁止离岗交接。
8. 施工过程遇到恶劣天气(雷雨、大风、暴雨)时，必须停止猫道上的一切工作，做好主缆与猫道的临时固定工作。</td></tr>
<tr><td>审核人</td><td></td><td>交底人</td><td></td><td>接受交底
负责人</td><td></td></tr>
<tr><td colspan="6">作业班组全体签名：</td></tr>
</table>

悬索桥缆载吊机试吊施工安全交底

编号：

施工单位	
工程名称	
分部分项工程	
工　　种	

交底内容：

一、主要危险源与危害因素

1. 试吊起吊时吊点不合理。

2. 水上吊装作业的人员未穿救生衣。

3. 施工中出现恶劣天气时，仍继续作业。

4. 在猫道上进行焊接作业。

二、安全注意事项

1. 在缆载吊机试吊施工队设置一名专职安全员，负责本专业队的安全监督及管理。在每个作业班组内设置一名兼职安全员，负责整个作业班的安全管理工作。

2. 各作业班组对卷扬机操作进行定人、定岗管理，操作者必须严格按照操作规程作业，在每天上班前接受安全技术交底；特种工必须持证上岗，严禁无证操作和违章作业。

3. 缆载吊机的试吊施工必须认真做好高空(高处)作业的安全防护。施工人员上班时必须佩戴好安全带、安全帽，穿轻便防滑鞋。

4. 缆载吊机试吊起吊时，要做到吊点合理，防止单方向倾侧；吊点提升高度足够后必须立即停止起升。

5. 缆载吊机的试吊必须配备相应的水上交通工具如救生艇、平驳船等，随时应对可能出现的突发事件。

6. 试吊作业必须统一指挥系统，明确现场指挥员，施工人员必须听从指挥员的指挥，确保试吊、配重起吊、降落的顺利进行。

7. 根据不同的施工作业内容，施工人员必须配备相应的安全防护设施：高处焊接作业人员，除了佩戴安全带、安全帽之外，还必须穿防滑绝缘鞋，戴绝缘防护手套；临边作业的人员必须检查作业场所的安全防护栏、安全网等设施的可靠性；水上吊装作业的人员必须穿救生衣。

8. 试吊过程使用的机械设备较多，所有的设备机具应实行定岗、定人、定机管理；要求所有的施工队、作业班组在开机使用前，操作人员必须对设备机具进行全面检查与确认，发现隐患立即处理，确认无误后方能操作。

9. 试吊前应密切关注天气预报，及时了解是否有台风、突发灾害性天气情况，恶劣天气不安排施工。在施工过程中突然出现雷雨、大风、暴雨、雷电天气时，应立即停止作业，施工人员在撤离前必须妥善处理好手头上的工作，确认安全无误或临时措施得当后方能离开。根据天气情况随时调整试吊安排。

10. 严禁在猫道上进行焊接作业，防止猫道绳索受伤，影响猫道的使用安全。

11. 需要进行水上施工作业时，必须由管理人员事前与海事部门联系，取得同意后要严格按照施工航道管制的要求进行水上作业。试吊时工作船做好抛锚定位等工作，并在试吊前检查安全稳固状况。

续上表

重点强调： 1. 缆载吊机试吊起吊时，要做到吊点合理，防止单方向倾侧；吊点提升高度足够后必须立即停止起升。 2. 水上吊装作业的人员必须穿救生衣。 3. 在施工过程中突然出现雷雨、大风、暴雨、雷电天气时，应立即停止作业，施工人员在撤离前必须妥善处理好手头上的工作，确认安全无误或临时措施得当后方能离开。 4. 严禁在猫道上进行焊接作业。					
审核人		交底人		接受交底负责人	
作业班组全体签名：					

悬索桥缆载吊机使用安全交底　　编号：

施工单位	
工程名称	
分部分项工程	
工　　种	

交底内容：

一、主要危险源与危害因素

1. 缆索跨越公路、铁路等既有障碍物时，未搭设架空支架。

2. 使用缆索吊运送施工人员。

3. 缆索吊司机酒后作业、疲劳作业。

4. 起吊前未检查钢丝绳、卸扣等起重设施。

二、安全注意事项

1. 严禁在制动不良的情况下起吊作业；严禁斜拉、斜吊和超载起吊。

2. 缆索吊应设垂直起吊和水平运输限位装置。

3. 塔架构件、起重机具等进场前，应经技术人员进行检验验收，符合设计要求后方可使用。

4. 缆索跨越公路、铁路等既有障碍物时，应搭设架空支架，并拉好支架风缆。

5. 塔架及风缆、缆索系统、锚碇系统、起重装置等应定期检查维护，确保使用安全。

6. 牵引卷扬机启动应缓慢，行进速度应平稳，起重卷扬机要协调配合。起重作业人员应等吊运构件到位稳定后，方准进行作业。

7. 除正常检修和维护保养外，严禁使用缆索吊运送人员上下或进行其他作业。

8. 吊物悬空时，严禁起重机司机离开操作台；严禁缆索吊司机酒后作业、疲劳作业。

9. 滑轮和索道系统如有冰雪时，应采取措施碾除索道和滑轮上的冰雪。

10. 起吊时先要检查钢丝绳、卸扣等起重设施，确保安全牢固。

11. 吊装前应检查机械、工具、夹具、索具、吊环等是否符合要求并应进行试吊。

12. 吊装时必须有统一的指挥、统一的信号。

13. 高空作业人员必须系安全带、戴安全帽，安全带应高挂低用且安全可靠。

14. 高空作业人员严禁酒后作业，不得嬉戏打闹。

15. 高空作业人员穿着要灵便，禁止穿硬底鞋、高跟鞋、塑料底鞋和带钉鞋。

16. 吊车行车道路和工作地点应坚实平整，以防沉陷发生事故。

17. 拆卸千斤绳时下方不得站人。

18. 使用撬棒等工具，用力要均匀、要慢、支点要稳固，防止撬滑发生事故。

19. 吊装区域应设置警戒线，危险点须设专人监护。

20. 起吊笨重对象时，不可中途长时间悬吊、停滞。

21. 起重吊装所用的钢丝绳，不准触及有电线路和电焊搭铁丝或与坚硬物体摩擦。

22. 在吊梁时为防止人员物料和工具坠落或飞出造成事故，需铺设安全网。安全平网要求在建筑平面范围内满铺。安全竖网铺设在建筑物外围，安全竖网铺设的高度一般为两节柱高度。

续上表

<table>
<tr><td colspan="6">23. 施工用的电动机械和设备均须接地或接零并实行二级漏电保护。绝对不允许使用破损的电线和电缆，严防设备漏电。
24. 施工时应注意防火，提供必要的灭火设备和消防监护人员。
25. 6 级以上大风和雷雨、大雾天气，应停止露天起重和高空作业。
26. 操作人员应按照指挥人员的信号进行作业，当信号不清或者错误时，操作人员可拒绝执行。起吊时，操作人员要听从现场指挥的统一指挥，密切配合确保安全，就位准确。</td></tr>
<tr><td colspan="6">重点强调：
1. 缆索跨越公路、铁路等既有障碍物时，应搭设架空支架，并拉好支架风缆。
2. 除正常检修和维护保养外，严禁使用缆索吊运送人员上下或进行其他作业。
3. 严禁缆索吊司机酒后作业、疲劳作业。
4. 起吊时先要检查钢丝绳、卸扣等起重设施，确保安全牢固。</td></tr>
<tr><td>审核人</td><td></td><td>交底人</td><td></td><td>接受交底
负责人</td><td></td></tr>
<tr><td colspan="6">作业班组全体签名：</td></tr>
</table>

悬索桥钢箱梁吊装施工安全交底

编号：

施工单位	
工程名称	
分部分项工程	
工　　种	

交底内容：

一、主要危险源与危害因素

1. 先行撤除或固定没有坠落可能的物件；立体交叉作业。

2. 高处焊接作业人员未穿防滑绝缘鞋、戴绝缘防护手套；临边作业人员未检查安全设施的可靠性；水上吊装作业的人员未穿戴救生衣。

3. 在猫道上进行焊接作业。

4. 离岗交接班。

5. 遇到恶劣天气仍在猫道上进行作业，未做好紧缆机以及主缆与猫道的临时固定工作。

6. 钢箱梁吊装过程中，与吊装作业无关的人员进入作业区域。

二、安全注意事项

1. 在钢箱梁吊装施工队设置一名专职安全员，负责本专业队的安全监督及管理。每个作业班内设置一名兼职安全员，负责整个作业班的安全管理工作。

2. 施工人员上岗前，必须认真进行岗前安全培训，特种作业人员必须持证上岗，严禁无证操作和违章作业。临边、高处作业人员必须经过专业技术培训，必须定期进行体格检查，作业前班长必须对施工人员的精神状况、身体条件作出判断，难以胜任工作的，做好人员替补的安排。

3. 钢箱梁吊装作业大部分属于超高空(高处)作业，必须时刻关注高空作业的安全防护，要求施工人员必须正确佩戴安全带、安全帽，穿轻便防滑鞋。施工作业场所所有有坠落可能的物件，应一律先行撤除或加以固定；在同一立体范围内，严禁交叉作业。

4. 建立设备、机具的安全检查制度及设备定人、定岗、定机管理制度，要求操作人员在工作前必须检查操作设备的安全。施工班安排设备管理人员对专用设备、起吊设备的安全性能、工作状况进行例检，及时发现安全隐患并采取相应的措施消除隐患，保障设备机具能投入正常的施工作业。

5. 在施工危险地域设置安全警示标牌，在容易引起高空坠落的作业区域周围设置安全护栏、安全网等安全防护措施。

6. 根据不同的施工作业内容，施工作业人员必须配备相应的安全防护设施：高处焊接作业人员，除了佩戴安全带、安全帽之外，还必须穿防滑绝缘鞋、戴绝缘防护手套；临边作业的人员必须检查作业场所的安全防护栏、安全网等安全设施的可靠性；水上吊装作业的人员必须穿戴救生衣等。

7. 每天施工前和作业过程中，项目部应派出专人对猫道承重索等钢丝绳的锚固点进行检查，及时发现问题，及时采取措施，及时消除隐患。

8. 严禁在猫道上进行焊接作业，防止猫道绳索受伤，影响猫道的使用安全。

续上表

9. 尽可能避免交叉作业，当必须交叉作业时，应事前做好安全交底，将作业内容、安全要求、周边安全等一一向施工人员交代清楚。作业前安全员应检查施工人员的工具包、作业器具的稳妥情况，防止交叉作业时造成高空坠物、物体打击事故。 10. 作业班组交接班必须在岗位进行，禁止离岗交接；交接班时，必须将工作的内容、安全注意事项、安全防范要求全面交接清楚。 11. 施工前需密切关注天气预报，遇有雷雨、雷电、暴雨、台风、飓风、能见度极低、阴霾等天气条件，不安排施工作业。 12. 施工过程遇到突然来袭的雷雨、大风、暴雨等恶劣天气时，必须立即停止猫道上的一切工作，并做好紧缆机以及主缆与猫道的临时固定工作，作业班长应在撤离前做好安全检查，确认无误方能离开。 13. 需要进行水上施工作业时，必须事前与海事部门联系，取得同意后要严格按照施工航道管制的要求进行水上作业。 14. 在钢箱梁吊装施工前，项目部应调整好整个指挥系统，指定专门的现场指挥人员。在施工过程中，所有的施工队、作业班组严格执行指挥员的指令，严禁擅自行动或违反操作规程的相关规定。 15. 整个施工过程需按照施工方案严格执行，每个环节需有专人监察、专人负责。在施工前必须对施工人员进行施工作业内容、安全技术要求、作业注意事项等的安全技术交底。 16. 钢箱梁吊装过程中，在猫道上或端梁段应划定作业区域，设置专人把守，与吊装作业无关的人员一律不准进入作业区域。

续上表

<table>
<tr><td colspan="6">重点强调：
1. 施工作业场所所有有坠落可能的物件，应一律先行撤除或加以固定；在同一立体范围内，严禁交叉作业。
2. 高处焊接作业人员，除了佩戴安全带、安全帽之外，还必须穿防滑绝缘鞋、戴绝缘防护手套；临边作业的人员必须检查作业场所的安全防护栏、安全网等安全设施的可靠性；水上吊装作业的人员必须穿戴救生衣等。
3. 严禁在猫道上进行焊接作业。
4. 作业班组交接班必须在岗位进行，禁止离岗交接。
5. 施工过程遇到突然来袭的雷雨、大风、暴雨等恶劣天气时，必须立即停止猫道上的一切工作，并做好紧缆机以及主缆与猫道的临时固定工作，作业班长应在撤离前做好安全检查，确认无误方能离开。
6. 钢箱梁吊装过程中，在猫道上或端梁段应划定作业区域，设置专人把守，与吊装作业无关的人员一律不准进入作业区域。</td></tr>
<tr><td>审核人</td><td></td><td>交底人</td><td></td><td>接受交底负责人</td><td></td></tr>
<tr><td colspan="6">作业班组全体签名：</td></tr>
</table>

悬索桥钢桁加劲梁(桥面板)拼装与安装安全交底

编号：

施工单位	
工程名称	
分部分项工程	
工　　种	

交底内容：

一、主要危险源与危害因素

1. 恶劣天气进行拼装作业；重叠作业；无特殊安全防护措施时在距高压线 10 m 内作业。

2. 在猫道上施工作业时随意放置工具；高空抛物。

3. 违规使用机械设备；操作人员无证上岗。

4. 桥面吊机正式使用前未试吊；吊装作业前未做全面检查。

5. 钢桁加劲梁 6 级(含)风以上天气进行合龙安装。

二、安全注意事项

1. 作业前，施工人员应接受安全技术交底，熟悉施工程序。并按高空作业要求戴好安全帽，系好安全带，水上作业穿好救生衣。严格执行各自岗位及设备的安全操作规程。

2. 所有作业人员必须严格遵守安全劳动纪律，进入施工现场必须戴好安全帽，高处作业必须穿好防滑鞋，扎好衣服口、裤脚口，挂好安全带。

3. 特殊工种人员(包括安装用的桥面吊机等设备操作人员)必须要培训合格并持有效特种作业人员操作证，方能上岗操作，指挥人员与操作人员距离较远时必须用对讲机联系。

4. 在不良天气条件下，如大雾、暴雨、大雪、大风(风速 10.8 m/s，相当于阵风 6 级)等恶劣天气及夜间无照明时应停止施工；不得在同一垂直方向上下同时作业；在距离高压线 10 m 区域内无特殊安全防护措施时禁止作业。

5. 现场施工机具、材料应摆放整齐，在高处作业工具、物品必须采取防坠落措施。在猫道上施工作业必须使用工具箱，所有工具在使用完备后必须放入工具箱内。严禁高空抛物。

6. 高空所有施工走道均应设置栏杆及安全网，所有悬吊作业均采用封闭式吊篮。

7. 所有参加高空作业的人员必须进行体检，凡患有高血压、心脏病、癫痫病、精神病等高空禁忌症者，严禁从事桥面板施工作业。

8. 桥面板拼装和安装前，所有施工人员均须接受安全交底。

9. 拼装场地要根据技术交底的要求进行硬化。

10. 拼装所用机械设备要严格按照操作规程进行作业，严禁违规操作，所有操作人员必须持证上岗。

11. 在运梁小车运输过程中，要加固牢靠；在运输前，要对小车的动力系统、制动系统以及轨道情况进行检查，经检查没有问题时才能起运，从而确保梁(板)在运输过程中的安全。

12. 安装用的桥面吊机必须严格按照设计要求和国家相关规范进行加工，以确保其自身结构安全。

13. 桥面吊机在拼装好后必须进行试吊。桥面吊机在吊装作业前要对其动力系统、制动

续上表

<table>
<tr><td colspan="6">装置、吊具、锚固系统等进行全面的检查，经检查符合作业要求后才能进行安装作业。
14. 桥面吊机在行走前，必须对其行走装置、轨道的固定等进行检查，确保没有问题后才能进行桥面吊机前进工序，否则不得前移。
15. 由于安装作业是在空中进行，为了作业人员的安全，必须在已安装好的钢桁加劲梁底部设置移动防护平台；钢桁加劲梁的水平杆件上设置防护栏杆，悬挂安全网，在竖直杆件上设置笼梯。
16. 钢桁加劲梁在合龙前属于悬浮体，因此，安装施工必须在无风或风速小于 10 m/s 的情况下进行。
17. 钢桁加劲梁提升所用的装置须经技术人员的进行专门设计和计算；每次使用前必须进行检查，经检查合格后才能进行提升作业，否则，不能进行提升作业。</td></tr>
<tr><td colspan="6">重点强调：
1. 恶劣天气及夜间无照明时应停止拼装作业；不得在同一垂直方向上下同时作业；在距离高压线 10 m 区域内无特殊安全防护措施时禁止作业。
2. 在猫道上施工作业必须使用工具箱，所有工具在使用完备后必须放人工具箱内。严禁高空抛物。
3. 拼装所用机械设备要严格按照操作规程进行作业，严禁违规操作，所有操作人员必须持证上岗。
4. 桥面吊机在拼装好后必须进行试吊。桥面吊机在吊装作业前要对其动力系统、制动装置、吊具、锚固系统等进行全面检查，经检查符合作业要求后才能进行安装作业。
5. 钢桁加劲梁在合龙前属于悬浮体，因此，安装施工必须在无风或风速小于 10 m/s(低于 6 级风)的情况下进行。</td></tr>
<tr><td>审核人</td><td></td><td>交底人</td><td></td><td>接受交底
负责人</td><td></td></tr>
<tr><td colspan="6">作业班组全体签名：</td></tr>
</table>

第六章　附属工程施工安全交底

声屏障施工安全交底　　　　　　编号：

施工单位	
工程名称	
分部分项工程	
工　　种	

交底内容：

一、主要危险源与危害因素

1. 吊臂、吊绳、起吊材料触碰带电线路。

2. 机具、材料放置在桥两边护墙上。

3. 声屏障随意码放，起吊时未详细检查吊具。

4. 作业人员将安全带系扣在脚手架下部。

5. 屏体安插时作业人员与之硬性碰撞。

二、安全注意事项

1. 现场起吊作业应配备专人防护，注意严防吊臂、吊绳、起吊材料触碰接触电线。

2. 施工机具及材料严禁放置在桥两边护墙上，以防高空坠物伤人。

3. 声屏障应码放整齐，起吊时，应详细检查吊具。钢丝绳表面磨损或腐蚀超过断面10%，应予报废，不得继续使用。

4. 作业人员应将安全带系扣在脚手架上部，脚手架护栏杆上要铺设有软体毛毯，防止屏体安插时工人与之硬性碰撞，造成人身伤害，同时也保护了屏体不受碰撞而引起质量问题。

5. 明桥面施工期间，桥下严禁人员及机械设备停留或通过，确需通过的应在桥下增设防护棚架。

6. 声屏障施工应注意：

(1)单元板存放、运输及装卸过程中，应保证板正立，使用临时支架应保证单元板不受损伤。装卸时各吊点或支点应受力均匀，各吊点或支点应位于同一平面。

(2)安装时应有防风、防坠落措施，桥下应设防护。

7. 在有工程列车通过的桥上安装作业时，应安排专人防护，加强人员、材料、机具管理，及时下道避车，防止侵限。

8. 施工期间，桥头应封闭或派人看守，禁止无关人员上桥。

续上表

<table>
<tr><td colspan="6">重点强调：
1. 脚手架护栏杆上要铺设有软体毛毯，防止屏体安插时工人与之硬性碰撞，造成人身伤害。
2. 安装时应有防风、防坠落措施，桥下应设防护。
3. 严防吊臂、吊绳、起吊材料触碰接触电线。
4. 禁止无关人员上桥。
5. 施工机具及材料严禁放置在桥两边护墙上，以防高空坠物伤人。</td></tr>
<tr><td>审核人</td><td></td><td>交底人</td><td></td><td>接受交底
负责人</td><td></td></tr>
<tr><td colspan="6">作业班组全体签名：</td></tr>
</table>

桥梁附属工程施工安全交底　　编号：

施工单位	
工程名称	
分部分项工程	
工　　种	

交底内容：

一、主要危险源与危害因素

1. 砌筑片石锥体护坡时，将片石从上面往下翻滚。

2. 砌筑时，施工人员手脚伸入拼砌面。

3. 物件吊装时，未使用缆风绳，吊装物件在空中打转。

4. 进行护栏施工时，未在桥边缘处挂防护网。

二、安全注意事项

1. 工间休息时严禁人员在桥护栏边坐卧休息、嬉戏、打闹。

2. 使用风镐对桥面进行凿毛时，勿使镐钎全部插入破碎物体，防止空击。

3. 砌筑片石锥体护坡时，严禁将片石从上面往下翻滚。

4. 砌筑采用人工抬石就位时，应捆绑牢固，动作一致，缓慢下放。砌块应用撬棍拨移，不得将手脚伸入拼砌面。

5. 物件吊装时，要使用缆风绳，捆绑牵引，保证吊装物件不在空中打转。

6. 进行护栏施工时，应在桥边缘处挂防护网。谨防人、物坠落，发生伤亡事故。

7. 采用小吊机吊送石料至砌筑面时，小吊机机座应固定牢靠。石料吊送到砌筑面时，施工人员应避让。

8. 砌筑桥台护坡时，应采用马凳及跳板等配合施工，马凳应摆放牢靠。

重点强调：

1. 使用风镐对桥面进行凿毛时，勿使镐钎全部插入破碎物体，防止空击。

2. 砌筑片石锥体护坡时，严禁将片石从上面往下翻滚。

审核人		交底人		接受交底负责人	

作业班组全体签名：

第七章　立交结构物施工安全交底

第一节　下穿结构物施工安全交底

涵洞施工安全交底(通用)　　　　编号：

施工单位	
工程名称	
分部分项工程	
工　　种	

交底内容：

一、主要危险源与危害因素

1. 作业人员酒后作业；疲劳作业；带病作业。

2. 基坑开挖，人机同时在坑内作业。

3. 基坑外围没有设置安全防护网和危险警示牌。

4. 基坑开挖不按规定放坡；挡板支撑不符合规定要求。

5. 喷射混凝土时喷嘴面对有人方向。

6. 支架搭设、模板固定不牢固。

7. 模板吊装、拆卸时指挥、操作不当。

二、安全注意事项

1. 禁止作业人员酒后作业、疲劳作业、带病作业。

2. 作业人员必须正确佩戴好安全防护用品。

3. 基坑顶面四周应按要求开挖排水沟，防止地表水流入基坑。

4. 基坑外围必须按要求设置安全防护网和危险警示牌。

5. 基坑开挖中，人机不能同时在基坑内作业，必须作业时，人机必须保持 10 m 以上的安全距离。

6. 基坑开挖时，应观测坡面稳定情况。当发现沿顶面出现裂缝、坑壁松塌或遇涌水、涌砂时，应立即停止施工，加固处理后，方可继续施工。

7. 盖板就位浇筑时，支架、支撑、模板应安装牢固，并应搭设脚手架平台和栏杆进行防护。

8. 喷射混凝土时，喷嘴不得面对有人方向，喷射机发生故障时，应先停风、停水后再处理。

9. 在基坑或围岩内支模时，应检查基坑有无塌方现象，是否牢固。

10. 严禁喷射混凝土作业过程中碾压、踩踏管路。

11. 拆除模板不得重叠作业，高处作业时应将工具装在工具袋内，不得随意乱放。

续上表

<table>
<tr><td colspan="6">12. 在土石松动地层或在粉、细砂层中开挖基坑时，应先做好安全防护措施。
13. 支撑拆除时应自下而上，待下层支撑拆除并回填土后，再拆除上层支撑。
14. 混凝土或钢筋混凝土预制构件在移动、堆放、装卸、运输过程中，应防止碰撞。
15. 预制管节进场后，必须经检验合格，并请监理工程师检验认可后，方可投入使用。
16. 当圆管涵填土厚度小于 0.5 m 时，任何机械及车辆不得直接通过。
17. 人工推运混凝土涵管，下坡道应用大绳控制速度，两管之间应保持 5 m 以上的安全距离。</td></tr>
<tr><td colspan="6">重点强调：
1. 基坑开挖中，人机不能同时在基坑内作业，必须作业时，人机必须保持 10 m 以上的安全距离。
2. 在基坑或围岩内支模时，应检查基坑有无塌方现象，是否牢固。
3. 支撑拆除时应自下而上，待下层支撑拆除并回填土后，再拆除上层支撑。</td></tr>
<tr><td>审核人</td><td></td><td>交底人</td><td></td><td>接受交底负责人</td><td></td></tr>
<tr><td colspan="6">作业班组全体签名：</td></tr>
</table>

通道盖板涵(下穿公路)施工安全交底　　编号：

施工单位	
工程名称	
分部分项工程	
工　　种	

交底内容：

一、主要危险源与危害因素

1. 涵洞基坑无防护时进行施工。

2. 基坑边缘堆放的土方距坑边不足 0.8 m，堆放高度超过 1.5 m。

3. 在临时脚手架或在脚手架下休息；拆除脚手架时，无关人员进入拆除作业现场。

4. 直接推倒拆除脚手架，随意投掷所拆下的杆件和扣件。

5. 吊车操作过程中旋转半径内有人员行走或停留。

6. 防水层沥青熬制和浇注时人员站在下风口，未戴口罩、手套。

二、安全注意事项

1. 涵洞基坑施工严格遵守“先防护后施工，不防护不施工”的原则。

2. 作业人员上岗前，必须经过安全培训，并经考核合格方可上岗。严禁违章操作、酒后上班。电工、电焊工、架子工等特殊工种必须经培训持特种作业操作证方能上岗。

3. 施工人员按规定佩戴好安全防护用品(安全绳、安全帽、防滑鞋等)，保证施工安全。

4. 施工前应检查各类施工机具，及时维修，确认机具安全可靠方可进行操作。钢筋切割机、弯曲机等加工机械的安装场地要进行平整、加固、防护，保证机械安装的稳固性、安全性。

5. 施工中，使用规定的各种联系手势或信号，全部施工人员均应服从指挥人员的指挥，机械操作人员对任何人所发的危险信号均应听从。

6. 基坑边缘堆放的土方应及时清理，暂时堆放土方至少应距坑边 0.8 m 以外，堆放高度不得超过 1.5 m。

7. 机械在危险地段作业时，必须设明显的安全警示标志，并应设专人站在操作人员能看清的地方指挥，驾机人员必须且只有接受指挥人员发出的规定信号，但对于任何人发出的立即停止信号也均应执行。

8. 混凝土灌注必须保证混凝土施工的连续性，其下落高度不得高于 2 m(如高于 2 m 需设棱槽或串筒)，捣固必须专人负责。

9. 脚手架施工时应注意：

(1)架子工在操作过程中，必须系安全带、穿防滑鞋、戴安全帽，施工场所应设置防护栏杆、安全网罩、警示牌等。

(2)搭设脚手架所使用的材料在使用前应经过检查验收，合格后方可使用。

(3)架子工有责任禁止施工人员在临时脚手架或在脚手架下休息，脚手架未搭设完成前禁止其他人员上去，拆除架子时，应将整个施工场地与周围环境隔离，禁止无关人员进入。

(4)脚手架搭设完成后，经专职安全员及施工人员等检查合格后方可使用。

续上表

(5)雨(雪)后应检查脚手架的安全性,要注意脚手架是否有下沉等现象,如有应及时修补加强。

(6)脚手架搭设和拆除过程中要注意工具安放,以免落下伤人,施工人员要注意自身及与其合作的人员的协调。

(7)拆除脚手架前,必须经有关人员许可,并作出安全计划后,方可拆除。

(8)拆除脚手架必须按层次由上而下进行,禁止采用推倒的方法。

(9)拆除脚手架的各种杆件和扣件在绳索上用滑车下传或由吊篮下送,不准随意投掷。

(10)拆除下来的材料应有秩序地堆放在指定地点,符合文明施工要求。

10. 基坑开挖前保证原水沟的排水畅通,做到不淤、不堵,不留施工隐患,不阻塞河道,不污染水体;夜间施工机械修理应减少撞击,车辆运输应减少鸣笛,以防噪声扰民;施工现场的泥浆、污水严禁外排,其他水经处理后方可外排。

11. 施工前设置安全警示牌 2 块,围挡高度不得低于 1.2 m。

12. 盖板预制时严格按交底要求预埋吊钩,保证构件在吊装时的稳定性和安全性;构件尺寸及构件养护严格按交底要求执行。

13. 盖板安装必须经实验室检测构造物各部件混凝土强度达要求方可进行安装;吊装前需对钢丝绳进行检查,确认钢丝绳是否安全;第一次吊装时必须进行试吊安全后,然后按照有关安全施工要求进行盖板安装,吊车操作过程中严禁其旋转半径内有人员行走或停留。

14. 防水层沥青熬制和浇注时施工人员应顺风站立操作,并佩戴口罩、手套等防护用品,以免施工人员被沥青烫伤或毒气中毒。如果发生沥青中毒事件,应立即将中毒者平躺于宽敞通风处,并将中毒者衣扣解开,待中毒者稍休息立即送医院救治。

15. 经实验室检测构造物各部件混凝土强度达到要求后,方可进行台背回填施工。台背回填施工过程中的碾压应按技术交底的要求分层进行。

续上表

<table>
<tr><td colspan="6">重点强调：
1. 涵洞基坑施工严格遵守“先防护后施工，不防护不施工”的原则。
2. 基坑边缘堆放的土方应及时清理，暂时堆放土方至少应距坑边 0.8 m 以外，堆放高度不得超过 1.5 m。
3. 架子工有责任禁止施工工人在临时脚手架或在脚手架下休息，脚手架未搭设完成前禁止其他人员上去，拆除脚手架时，应将整个施工场地与周围环境隔离，禁止无关人员进入。
4. 拆除脚手架必须按层次由上而下进行，禁止采用推倒的方法。拆除脚手架的各种杆件和扣件在绳索上用滑车下传或由吊篮下送，不准随意投掷。
5. 盖板吊装时，吊车操作过程中严禁其旋转半径内有人员行走或停留。
6. 防水层沥青熬制和浇注时施工人员应顺风站立操作，并佩戴口罩、手套等防护用品。</td></tr>
<tr><td>审核人</td><td></td><td>交底人</td><td></td><td>接受交底
负责人</td><td></td></tr>
<tr><td colspan="6">作业班组全体签名：</td></tr>
</table>

框架桥下穿铁路顶进工作坑及顶进后背安全交底

编号：

施工单位	
工程名称	
分部分项工程	
工　　种	

交底内容：

一、主要危险源与危害因素

1. 未探明地下管线等的情况下，盲目开挖。

2. 开挖土体出现异常情况，未及时撤离并上报。

3. 工作坑边缘顶侵入铁路营业线安全限界。

4. 上道作业时，人员不按规定下道避车。

5. 防护员、驻站联络员违反工作制度。

6. 电气化铁路区段施工，未按规定进行铁路接触网停电作业。

二、安全注意事项

1. 开挖工作坑作业前，应先对地下管线进行探明、排查、梳理，在满足开挖条件下，方可施工。

2. 挖土作业时上方必须有专人观察开挖土体及边坡情况，如发现土体出现裂纹等异常情况，应立即停止开挖作业，人、机迅速撤离，并及时上报。

3. 工作坑边缘顶规定范围内不得堆放材料、机具和停放机械设备等侵入安全限界。

4. 工作坑边缘顶四周应设置防护栏杆及明显警示性标志，且夜间应增设预警红灯，预防人、机误入发生伤害事故。

5. 顶进挖土作业必须注意：坚持勤挖快顶原则；严禁掏洞取土或逆坡挖土；列车通过时严禁挖土；顶进设备发生故障时不得挖土；顶进暂停期内不得挖土；没有防范措施，雨天不得挖土。

6. 参与施工作业的所有人员，应掌握本岗位的安全技术操作规程，经过本工种安全技术操作规程的培训及安全教育，并经考核合格后方可上岗。

7. 防护员、驻站联络员在施工作业期间，必须坚守岗位，加强瞭望，准确及时预报、确报来车，确保作业人员、机具及时下道。协助施工负责人检查作业情况，发现违章作业和危及行车的不良现象，应要求作业人员纠正，并向施工负责人汇报。

8. 在工作坑内开挖后背基槽，应有确保坑、槽壁稳定的措施，并有专人观察坑壁的稳定情况；发现边坡裂缝、支护松动等异常情况，必须立即停工，人、机撤至安全地方，采取加固措施，经检查确认安全后，方可继续开挖。

9. 顶进的工作坑位置应根据现场地形、土质、结构物尺寸及施工需要决定，在保证排水和安全的前提下，工作坑边缘距公路、铁路应有足够的安全距离。

10. 顶进工作坑靠近路基一侧的坡顶距路基坡脚不得小于 1.5 m。一般应避开汛期施工，需要汛期施工时，对受工作坑影响的路基边坡应进行防护加固，并做好防洪安全设施。

续上表

11. 工作坑开挖必须按规定进行放坡，分层下挖，不得任意放陡坡度，禁止掏底挖土。坑壁需要支护的，按设计进行支护。机具、材料、弃土等应堆放在基坑顶部周边安全距离以外。

12. 按技术人员要求采取降排水措施，把水位降至基底 50 cm 以下。

13. 工作坑完成后，应经技术人员同意后方可进行下一工序的施工。

14. 施工中应根据现场条件在工作坑的适宜位置设置临时通道，供施工人员、运输车辆和机械设备使用。

15. 工作坑的位置应满足铁路、道路、公路和管线管理单位的要求；靠路基一侧边坡坡度不宜陡于 1∶1.5(下图所示)；顶进铁路桥涵工作坑上口至近侧的边股铁路中心不得小于 3.2 m。

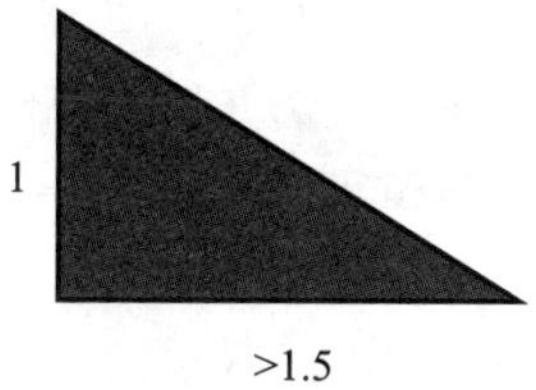

16. 工作坑滑板应满足下列要求：滑板中心线与桥涵中心线一致；具有足够的强度、刚度和稳定性，必要时可在滑板上层配置钢筋网，以防顶进时滑板开裂；表面平整，减小顶进时的阻力；底面设粗糙面或锚梁，增加抗滑能力；宜将滑板做成前高后低的仰坡，坡度为 2‰～5‰，地基承载力较好时取小值，反之取大值；沿顶进方向，在滑板的两侧，距桥涵外缘 50～100 mm 处设置导向墩，以控制桥涵顶入方向。

重点强调：

1. 工作坑边缘顶四周应设置防护栏杆及明显警示性标志，且夜间应增设预警红灯，预防人、机误入发生伤害事故。

2. 机具、材料、弃土等应堆放在基坑顶部周边安全距离以外。

3. 必须坚持勤挖快顶原则。

审核人		交底人		接受交底负责人	

作业班组全体签名：

框架桥下穿铁路顶进纵横抬梁加固线路安全交底

编号：

施工单位	
工程名称	
分部分项工程	
工　　种	

交底内容：

一、主要危险源与危害因素

1. 连接构件及支垫垫木，松动时未及时紧固。

2. 缆索吊未按规定进行验收，起吊司机离开操作平台。

3. 慢行条件下施工时，无防护人员值班。

4. 未对既有铁路桥墩(台)采取加固措施。

5. 上扣件时同一根横梁上两侧同时作业，扳手同时接触轨道。

6. 未按规定设置作业牌、慢行标志。

7. 工字钢穿入时触电。

8. 抽取横梁作业时违反施工规程。

9. 抽换轨枕时，带动线路横移。

10. 抽轨枕换便梁的横梁时，造成电路短路。

二、安全注意事项

1. 连接构件及支垫垫木等应有专人检查，发现松动应及时紧固。

2. 吊物起重时，缆索吊应按规定进行验收，应检查确保缆索吊满足使用要求，严禁起吊司机离开操作平台。严格执行“十不吊”。

3. 慢行条件下施工时，应设置防护员、联络员值班，接驻站联络员列车预报后，复诵车次、时间、站名、线别，以防止误听，并做好记录，吹响喇叭(或口笛)，通知作业人员做下道准备。

4. 应对既有铁路桥墩(台)采取防护加固措施。提前备好木锲，设专人按设计将横抬梁上焊接曲线超高垫槽，以保证线路超高的正常状态，空隙处用木楔打牢，顶进时松开木楔，停顶及过车时打紧。

5. 上扣件时同根横梁上两侧不能同时作业，防止扳手同时接触轨道联电。

6. 施工范围两侧应按规定设置作业牌、慢行牌、慢行灯(夜间)、减速地点标。

7. 工字钢穿入时，采用钢丝绳或铁丝等导电物进行前段拉拽时，工字钢过每股主轨应有专人采用长胶垫进行主轨的防护，以免引发触电。

8. 横抬梁支点挡背牢固度应保持良好，滑条钢板上涂油，防止摩擦力过大，拖动工字钢时带动线路横移。为避免横纵梁纵横移动，在工作坑后对应横抬梁位置的原地面上设两个地锚，并用钢丝绳及倒链将横抬梁与地锚连接；并在边跨的外侧支点上各插入一组 H 型钢，作为辅助横抬梁。

9. 在抽轨枕换工便梁的横梁时，必须在钢轨下垫大块绝缘橡胶垫板，防止横梁将两根钢轨的电路短路影响信号和行车。连接吊轨卡螺栓，扣轨梁连接螺栓都不高于基本轨面。

续上表

<table>
<tr><td colspan="6">10. 加固范围应向框架桥两侧延伸与桥高等长的距离。框架两侧线路在架空纵梁端部还应采用桩基进行承托和防护，避免土体坍塌。
11. 纵横梁应连接牢固，横梁底部道砟应捣固密实，纵梁端部应用短枕木支垫牢固。穿插横抬梁及安装连接构件时应防止轨道电路短路。
12. 扣轨应用扣轨卡紧固，并向两端延伸桥高的 1.5 倍；与枕木固定的 U 形螺栓不得超过轨面高度。
13. 顶进前应对横抬梁采取前顶后拉等措施，防止顶进时线路横移。
14. 横抬梁前面埋设枕木支顶，要求支顶牢固，顶进过程中应派人观察支顶情况，发现松动立即进行加固。
15. 方木纵横梁铺设后，必须用扒钉连接、固定。在模板接缝处，应相应地增加一道纵梁，以便更好地固定模板。
16. 纵横梁的铺设必须在满堂支架搭设完毕，可调托架调到设计标高，经检查合格后进行。铺设时先铺设横梁，然后铺纵梁，横梁横向布置，纵梁纵向布置。
17. 纵梁和横梁接缝处，应前后错开至少 1.5 m，不应置于同一截面上。当横梁两方木接缝在两托架中间时，方木悬出托架的距离必须相等，并采取相应的加固措施。</td></tr>
<tr><td colspan="6">重点强调：
1. 顶进前应对横抬梁采取前顶后拉等措施，防止顶进时线路横移。
2. 缆索吊应按规定进行验收，严禁起吊司机离开操作平台。
3. 上扣件时同根横梁上两侧不能同时作业，防止扳手同时接触轨道联电。</td></tr>
<tr><td>审核人</td><td></td><td>交底人</td><td></td><td>接受交底负责人</td><td></td></tr>
<tr><td colspan="6">作业班组全体签名：</td></tr>
</table>

框架桥下穿铁路顶进中铁路便梁加固线路安全交底

编号：

施工单位	
工程名称	
分部分项工程	
工　　种	

交底内容：

一、主要危险源与危害因素

1. 恶劣天气时，继续强行作业。

2. 未在铁路路肩上设置列车慢行牌及专职防护员。

3. 机械设备发生侵限、失稳。

4. 钢丝绳未按规定进行验收。

5. 模板接缝处，缺设一道纵梁。

6. 未采取防止高空物体坠落防护措施。

7. 挖孔桩孔口雨水灌入。

8. 施工中的泥浆，直接排入城市排水系统和河流。

二、安全注意事项

1. 施工时遇大雨、暴雨等影响作业的恶劣天气，人员和机械应迅速撤至安全地区，不得强行作业。

2. 应按批准后的慢行计划、规定距离在铁路线路路肩上设置列车慢行牌，并在施工地点派专职防护员。

3. 安全保护区内的施工应纳入铁路营业线施工管理，机械设备设置专人监护，防止侵限。打桩机、旋挖钻、吊机等高大机械设备应采取防失稳措施，确保机械设备的安全性能不缺失、不下降。

4. 打桩作业时，应先检查钢丝绳有无损坏，吊桩、吊锤等受力的钢丝绳的断丝根数在一个节距内超过10%或磨损超过公称直径7%或压扁超过公称直径70%应更换。

5. 方木纵横梁铺设后，必须用扒钉连接、固定。在模板接缝处，应相应的增加一道纵梁，以便更好地固定模板。

6. 高处作业时，应及时架设防护栏杆；所用的物料，均应堆放平稳。作业人员应随身携带工具包，使用后的工具放入工具包内，严禁随手乱放；作业场所应随时保持干净整洁，作业过程中产生的各类余料、废料或拆下的物件均应随时清理、规整、固定，不得随意放置。

7. 挖孔桩孔口应按规定设置截水沟、挡水埂，防止雨水灌入，且应采取防止人员、物体坠落的措施。

8. 施工中的泥浆，必须经处理，不得直接排入城市排水系统和河流。

9. 区间施工时，在施工地点两端20 m设置移动停车信号牌，施工地点两端防护员分别在距离工地点规定距离处面向施工地点的左钢轨上设置第一个响墩，依次向内方20 m右股钢轨，40 m左股钢轨设第二、第三个响墩，再向内方20 m，站在第三个响墩同侧瞭望条件较

续上表

<table>
<tr><td colspan="6">好的路肩上，手持展开的红色信号旗进行防护。下图为时速 120 km 的铁路线路施工防护示意图。
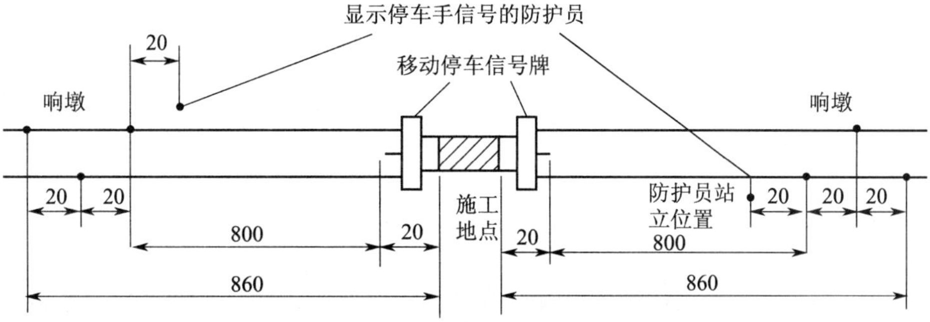

时速 120 km 的铁路线路施工防护示意图(单位：m)

10. 便梁铁路运输和装卸时，必须按照铁路部门批准的施工计划进行；电气化区段采用机械装卸便梁时，应申请接触网停电；人工装卸时，枕木垛应搭设稳固，滑轨应有足够的强度和刚度。
11. 便梁组装应严格按确定的便梁定位线和组装程序进行，不得侵限；轨下应绝缘良好。
12. 施工过程中，由专职线路工 24 小时不间断检查线路状况，发现问题，及时解决，发现重大安全隐患，及时通知驻站联络员及防护员拦停列车，全力抢修。
13. 在电气化铁路区段，作业人员及其携带的物件与接触网带电部分的距离必须保持在 2 m 以上，不足 2 m 时，应在接触网停电后作业。在距接触网带电部分 2～4 m 的范围内施工时，接触网可不停电，但须有设备管理单位的有关人员在场监护。在接触网支柱及接触网带电部分 5 m 范围以内的金属结构上均须装设接地线。
14. 雨期及洪水期施工，施工现场应及时排除积水，人行道的上下坡应挖步梯或铺砂。脚手板、斜道板、跳板上应采取防滑措施。加强对支架、脚手架和土方工程的检查，防止倾倒和坍塌。</td></tr>
<tr><td colspan="6">重点强调：
1. 施工时遇大雨、暴雨等影响作业的恶劣天气时，不得强行作业。
2. 钢丝绳的质量、磨损，均应按规定验收合格后方可使用。
3. 在模板接缝处，应相应的增加一道纵梁，以便更好地固定模板。</td></tr>
<tr><td>审核人</td><td></td><td>交底人</td><td></td><td>接受交底
负责人</td><td></td></tr>
<tr><td colspan="6">作业班组全体签名：</td></tr>
</table>

框架桥下穿铁路顶进作业安全交底 编号：

施工单位	
工程名称	
分部分项工程	
工　　种	

交底内容：

一、主要危险源与危害因素

1. 未按安全规定进行开挖作业。

2. 人工拆除支点桩。

3. 未采取降水、预防线路下沉等措施，带水顶进。

4. 未设置防护信号牌或信号牌不明确。

5. 施工侵入行车安全限界。

6. 传力柱上方站人。

7. 工作状态下，检修顶进设备。

8. 未对顶进前后的线路进行加固处理。

9. 顶进后背上和施工设计安全规定范围内，堆放重物。

二、安全注意事项

1. 挖掘机等机械在坑顶进行挖掘出土作业时，机身距基坑边缘的安全距离应视基坑深度、坡度、土质情况而定，或机身距基坑边缘的安全距离不小于 1.0 m，挖土机械铲斗不得碰撞线路加固设施和桥涵主体结构。堆放材料及机具时距基坑边缘不小于 0.8 m。人工清理开挖工作面时，挖土机械应退出开挖面；严禁人、机同时开挖。

2. 需拆除的支点桩应采用机械破碎或静态爆破。如采用爆破作业时，必须严格执行《爆破作业安全操作规程》要求。

3. 顶进作业应保持地下水位在基底 1 m 以下，严禁带水顶进，降水作业应控制线路下沉。应避免在雨季施工，无法避开雨季施工时，应有防洪、排水及线路抢修措施。

4. 应保证防护信号牌的内容及形式正确，位置准确，设好防护后再动工。线路状态达到放行列车条件，再撤除防护，开通线路。

5. 在施工中遇有突发性威胁行车安全或侵限事件，不能确保列车慢行安全时，应及时拦停列车，进行紧急处置，严禁盲目或冒险放行列车。

6. 施工现场使用的电气设备应符合防火要求，不应在电力架空线路下支搭临时建筑。

7. 顶进时安排专人密切观察传力柱的变化，如有拱起、弯曲等变形应立即停止顶进，进行调整。为防止传力柱崩出伤人，应采用填土压重等措施，传力柱上方严禁站人。

8. 顶进过程中，当液压系统发生故障时，严禁在工作状态下检查和调整。

9. 顶进后背上和施工设计安全规定范围内不得堆放材料、机具和停放机械设备。

10. 顶进土体难以确保稳定，易于坍塌时，需在顶进前对土体进行注浆固化。顶进就位后，框架桥边墙外侧应采用注浆或其他措施填充和固化顶进过程中受扰动的路基。

11. 顶进挖土作业必须注意：

续上表

<table>
<tr><td colspan="6">(1)必须坚持勤挖快顶原则。
(2)严禁掏洞取土或逆坡挖土。
(3)列车通过时严禁挖土。
(4)顶进设备发生故障时不得挖土。
(5)顶进暂停期内不得挖土。
(6)没有防范措施,雨天不得挖土。
12. 桥体顶入路基后,应 24 小时连续顶进。当列车通过时,施工人员及机械必须撤离挖土工作面。顶进过程中,应配备足够抢修人员和料具等。
13. 运输线路或道路应保持平整、畅通,并设专人按标准规定的要求进行维修和养护。线路或道路两侧的废渣和杂物应随时清除。</td></tr>
<tr><td colspan="6">重点强调:
1. 为防止传力柱崩出伤人,应采用填土压重等措施,传力柱上方严禁站人。
2. 挖掘出土作业时,挖土机械铲斗不得碰撞线路加固设施和桥涵主体结构。
3. 在施工中,不能确保列车慢行安全时,应及时拦停列车,进行紧急处置,严禁盲目或冒险放行列车。
4. 顶进过程中,当液压系统发生故障时,应在设备停止工作状态下检查和调整。</td></tr>
<tr><td>审核人</td><td></td><td>交底人</td><td></td><td>接受交底
负责人</td><td></td></tr>
<tr><td colspan="6">作业班组全体签名:</td></tr>
</table>

倒虹吸施工安全交底

编号：

<table>
<tr><td>施工单位</td><td colspan="5"></td></tr>
<tr><td>工程名称</td><td colspan="5"></td></tr>
<tr><td>分部分项工程</td><td colspan="5"></td></tr>
<tr><td>工　　种</td><td colspan="5"></td></tr>
<tr><td colspan="6">交底内容：
一、主要危险源与危害因素
1. 在未熄火的大型机械作业半径内休息或停留。
2. 焊接作业没有清除周围易燃易爆物品。
3. 基坑四周没有设置防护栏和危险警示牌。
4. 违章用电。
5. 倒虹吸管竖井上口未加盖，下口无防护栏。
二、安全注意事项
1. 管节接头及进出口砌缝应严密不漏水，填土覆盖前保证不通水。
2. 倒虹吸管进出口竖井完工后，上口应及时加盖，下口应设栅栏，以免人员掉入。
3. 配备足够的安全防护用具：安全帽、红绿旗、警示牌、标志、红色警示灯、铁丝网。
4. 焊接作业区域必须清除周围易燃易爆物品，清除干净前不得作业。
5. 边坡开口线四周设防护网或安全标志。
6. 严禁人员在未熄火的大型机械作业半径内休息或停留。
7. 夜间一定要确保照明设备或设施的正常运转，遵守用电规程。
8. 作业人员必须正确佩戴好安全防护用具。
9. 露天使用的电器设备被雨淋过后必须经过技术人员测试和干燥处理后方可使用。
10. 施工现场不得使用裸露导线。</td></tr>
<tr><td colspan="6">重点强调：
1. 焊接作业区域必须清楚周围易燃易爆物品，未清除干净不得作业。
2. 严禁人员在未熄火的大型机械作业半径内休息或停留。</td></tr>
<tr><td>审核人</td><td></td><td>交底人</td><td></td><td>接受交底
负责人</td><td></td></tr>
<tr><td colspan="6">作业班组全体签名：</td></tr>
</table>

第二节　上跨结构物施工安全交底

渡槽施工安全交底

编号：

施工单位	
工程名称	
分部分项工程	
工　　种	

交底内容：

一、主要危险源与危害因素

1. 高处作业人员未正确佩戴好安全防护用具。

2. 酒后作业；疲劳作业；带病作业。

3. 上下重叠作业。

4. 机械上料时，铲斗移动范围内有人。

5. 浇筑混凝土时人员站在模板上作业。

6. 机械吊运模板时，下方有人员停留或通过。

7. 拆除或安装脚手架时没有设置安全防护栏和警示牌。

8. 焊接作业周围未清除干净易燃易爆物品。

9. 渡槽施工时，在没有防护措施的情况下，其下方有人员、车辆通行。

二、安全注意事项

1. 高处作业人员必须穿软底轻质鞋，所需材料事先准备齐全，工具事先放在工具袋内，拴稳挂牢。

2. 从事高处作业人员必须随时体检，发现不宜登高的病症，不应从事高处作业。

3. 高处作业人员必须正确佩戴好安全帽、系好安全带。

4. 禁止上下重叠作业，若无法错开时，应先采取安全防护措施。

5. 机械上料时，在铲斗移动范围内不得站人，铲斗下方严禁人员停留或通行。

6. 人工搬运支立较大模板时，由专人指挥，使用的绳索要有足够强度，绑扎牢固。支立模板时，应先固定底部再进行支立，防止滑动或倾覆。

7. 用机械吊运模板时，吊运下方不得站人和通行。模板下放距地面 1 m 时，作业人员方可靠近操作。

8. 模板拆除时禁止重叠作业。3 m 以上模板在拆除时，应用绳索拉住或用起吊设备缓慢送下。

9. 脚手架要设置栏杆，设置的安全设施应经常检查，确保操作人员和小型机械安全通行。

10. 钢筋调直及冷拉场地应设置防护挡板，作业时非作业人员不得进入现场。

11. 电焊机应放在干燥、通风良好的地点，周围严禁存放易燃易爆物品。

12. 更换场地移动电器设备时，必须断开电源才能移动。

13. 浇筑混凝土时，应搭设作业平台和斜道，人员不得站在模板上作业。

14. 渡槽施工时，其下有人、车通行时，应按工程师要求设置防护措施。

15. 预制的渡槽梁在起吊、架设时，应防止与墩台及已架设的渡槽梁发生碰撞。

续上表

<table>
<tr><td colspan="6">重点强调：
1. 高处作业人员必须正确佩戴好安全帽、系好安全带。
2. 禁止上下重叠作业，若无法错开时，应先采取安全防护措施。
3. 机械上料时，在铲斗移动范围内不得站人，铲斗下方严禁人员停留或通行。
4. 电焊机应放在干燥、通风良好的地点，周围严禁存放易燃易爆物品。</td></tr>
<tr><td>审核人</td><td></td><td>交底人</td><td></td><td>接受交底负责人</td><td></td></tr>
<tr><td colspan="6">作业班组全体签名：</td></tr>
</table>

跨线桥悬臂灌注施工安全交底　　编号：

施工单位	
工程名称	
分部分项工程	
工　　种	

交底内容：

一、主要危险源与危害因素

1. 施工时人员未佩戴安全帽、安全带，未穿防滑鞋。

2. 高空作业人员未拴安全绳。

3. 支架搭设材料放置不当。

4. 随意拆除搭架基本结构杆件。

5. 垂直运输设施与支架之间的转运安全距离不足。

6. 挂篮和模板安装施工时，违章冒险作业。

7. 挂篮悬浇施工时，下方有人员行走和放置各种设备。

8. 用电缆线拖拉振捣器。

9. 混凝土振捣时，作业人员未佩戴绝缘手套，穿绝缘鞋。

10. 焊接带电的设备未切断电源。

11. 恶劣天气，人员未离开挂篮。

12. 未严格执行挂篮使用规范。

13. 单人拆卸较长、较重的部件。

二、安全注意事项

1. 施工人员施工时应佩戴安全帽、安全带，穿防滑鞋。

2. 高空作业人员应拴好安全绳，安全绳应高挂抵用，严禁低挂高用。

3. 支架搭设材料应做到随上随用，防止放置不当掉落伤人。

4. 在进行撬、拉、推等操作时，作业人员要注意采取正确的姿势，站稳，或一手把持固定的结构或支持物上，以免用力过猛身体失去平衡发生坠落或将物件甩出。

5. 严禁人员在架面上打闹嬉戏、退着行走和跨坐在外防护横杆上休息。不得在架面上抢行、跑跳，相互避让时应注意身体不要失衡。

6. 因架上作业的需要，必须拆除某些杆件时，要报施工主管和技术人员，征得同意后，方可拆除基本结构杆件。

7. 垂直运输设施(如汽车吊等)与支架之间要保持足够的转运安全距离。

8. 挂篮和模板安装施工时，风级大于6级时，严禁违章冒险作业。

9. 挂篮悬浇施工时，其垂直下方不得有人员行走和放置各种设备。

10. 振捣作业转移时，电机电缆线的长度和高度要有足够的安全距离，严禁用电缆线拖、拉振捣器。

11. 混凝土振捣时，施工人员要佩戴绝缘手套，穿绝缘鞋。

12. 焊接现场不得堆放易燃易爆物品；焊接带电的设备时，要切断电源。

13. 大雨、大雾和风力6级(含)以上等恶劣天气，人员应撤离挂篮，不得继续进行施工作业。

续上表

<table>
<tr><td colspan="6">14. 拆卸脚手板、杆件及其他较长、较重的部件时，必须要两人或多人一组进行。禁止单人进行拆卸作业，防止把持杆件不稳、失衡而发生事故。拆除水平杆件时，松开连接后，水平杆取下。拆除立杆时，在把稳上端后，再松开下端连接取下。
15. 挂篮应符合使用和安全规范：
(1)在挂篮周围设置密封护栏，防止高空操作时，物件工具掉下伤人。
(2)避巨风。当风力达 7 级以上，则挂篮施工必须停止。
16. 跨铁路架设桥梁和设备过孔，应封锁铁路线路。跨电气化铁路区段，当梁底与接触网承力索距离不足 2 m 时，应停电作业。
17. 跨公路架设桥梁和设备过孔，应封闭公路，禁止通行。
18. 稳定性较差、迎风面积较大的梁、构件，在铁路封锁(或公路封闭)时间内不能做永久固定时，必须增加临时支撑，使其稳固或将其捆绑牢固。防止梁或构件滚翻或跌落。
19. 夜间施工现场必须配备足够的照明，确保施工人员安全。
20. 汽车泵送混凝土浇筑时，输送管道头应紧固可靠，不漏浆，安全阀完好，出料管道在布料时要稳，以防撞伤辅助人员，检修时必须卸压，以防在拆管时混凝土喷出伤人。</td></tr>
<tr><td colspan="6">重点强调：
1. 高空作业人员应拴好安全绳，安全绳应高挂抵用，严禁低挂高用。
2. 在挂篮周围设置密封护栏，防止高空操作时，物件工具掉下伤人。
3. 拆卸脚手板、杆件及其他较长、较重的部件时，禁止单人进行拆卸作业，防止把持杆件不稳、失衡而发生事故。
4. 严禁人员在架面上打闹嬉戏、退着行走和跨坐在外防护横杆上休息。不得在架面上抢行、跑跳，相互避让时应注意身体不要失衡。
5. 混凝土振捣时，施工人员要佩戴绝缘手套，穿绝缘鞋。严禁用电缆线拖、拉振捣器。</td></tr>
<tr><td>审核人</td><td></td><td>交底人</td><td></td><td>接受交底
负责人</td><td></td></tr>
<tr><td colspan="6">作业班组全体签名：</td></tr>
</table>

跨线桥梁体架设施工安全交底　　编号：

施工单位	
工程名称	
分部分项工程	
工　　种	

交底内容：

一、主要危险源与危害因素

1. 施工地点缺设安全警示标志。

2. 线路未封锁(封闭)，即违规架梁。

3. 高空作业缺少防护；向铁路(或公路)下方四周内乱扔杂物。

二、安全注意事项

1. 跨铁路营业线机械施工时，在收到线路已经封锁通知前，不得违规开工。跨既有公路机械施工时，在收到已经封闭公路的通知前，不得违规开工。

2. 电气化铁路区段，当梁底与接触网承力索距离不足 2 m 时，应停电作业。

3. 在吊梁、安梁、运梁过程中施工现场不得放行非操作人员进入施工场所。

4. 架梁施工人员严禁向铁路(或公路)下方范围内乱扔杂物。

5. 吊装、架梁时，起重机和架桥机应定位准确，起重能力应满足作业半径、吊重等安全要求。

6. 稳定性较差、迎风面积较大的梁、构件，在封锁(或封闭)时间内不能做永久固定时，必须增加临时支撑，使其稳固或将其捆绑牢固。防止梁或构件滚翻或跌落。

7. 应定期检查钢丝绳，钢丝绳任何一个断面内的断丝量不得超过此断面总根数的 5%，钢丝绳应在滑槽内并排摆紧密整齐，不得有互压乱绕现象。

8. 在架梁过程中，现场施工人员要灵活、要协调一致，严防力量不均衡而导致设备倾覆而发生事故。

重点强调：

1. 跨铁路营业线机械施工时，在收到线路已经封锁通知前，不得违规开工。跨既有公路机械施工时，在收到已经封闭公路的通知前，不得违规开工。

2. 在安梁过程中，严防力量不均衡而导致设备倾覆而发生事故。

3. 架梁施工人员严禁向铁路(或公路)下方范围内乱扔杂物。

审核人		交底人		接受交底负责人	

作业班组全体签名：

人行天桥拆除作业安全交底

编号：

施工单位	
工程名称	
分部分项工程	
工　　种	

交底内容：

一、主要危险源与危害因素

1. 地下光电缆调查不明，盲目施工。

2. 拆除顺序错误。

3. 起重机臂下站人。

4. 吊卸梁片前未试吊。

5. 起吊梁片时速度忽快忽慢。

6. 梁片下放时忽快忽慢或突然制动。

二、安全注意事项

1. 若施工作业面邻近铁路营业线，应遵守铁路营业线施工的有关规定，设立铁路专职安全防护员，确保列车行车安全。若施工作业面邻近既有公路，亦应设立公路专职安全防护员。

2. 施工前应严格探明光电缆的走向及光电缆的埋置深度，在光电缆走向 2 m 范围内严禁机械开挖，并对机械作业人员进行防光电缆挖断的工前教育。

3. 施工前，所有施工人员应参加安全教育，接受安全交底，严格遵守作业纪律，服从现场施工负责人的统一指挥。

4. 根据现场情况，拆除施工时应由专人统一指挥，机械作业人员应服从指挥人员指挥，不得擅自作业。

5. 应设置安全防护网，安全网支架采用钢管架搭设，钢管架搭设须牢固，确保天桥破除施工过程中混凝土块不至于飞溅到铁路营业线(或既有公路)，影响到行车安全。

6. 为确保拆除施工过程中天桥的整体稳定，拆除须严格按顺序进行，拆完上部梁片后在再拆下部墩身。

7. 拆除完一定跨数的梁片后，须对墩墩身进行竖向垂直观测，确定墩身是否会产生偏压变形。若发现墩身有变化应及时上报项目部人员，并及时采取相应措施。

8. 为能够全面准确地掌握现场的施工情况，每个施工人员均应配备手机，方便项目部与现场施工人员的联系。

9. 严禁作业人员酒后上岗。

10. 吊装作业，施工人员应做好自身防护工作，戴好安全帽，起重机臂下严禁站人。

11. 吊装区域四周设置围栏，设置警示标志，无关人员不得进入施工区域。

12. 高空作业严禁向下抛物。

13. 梁片在吊卸前都要进行试吊，轻起，严格检查钢丝绳的磨损情况，卡环紧固情况，抬吊时两台吊机协调一致，不能过快，要平稳进行。

14. 在梁片起吊时，速度要均匀，构件要平稳。

15. 梁片下放时须慢速轻放，禁止忽快忽慢和突然制动。

续上表

<table>
<tr><td colspan="6">重点强调：
1. 施工前应严格探明光电缆的走向及光电缆的埋置深度，在光电缆走向 2 m 范围内严禁机械开挖。
2. 拆除须严格按顺序进行，拆完上部梁片后在再拆下部墩身。
3. 起重机臂下严禁站人。
4. 梁片在吊卸前都要进行试吊，轻起，严格检查钢丝绳的磨损情况，卡环紧固情况，抬吊时两台吊机协调一致，不能过快，要平稳进行。
5. 在梁片起吊时，速度要均匀，构件要平稳。
6. 梁片下放时须慢速轻放，禁止忽快忽慢和突然制动。</td></tr>
<tr><td>审核人</td><td></td><td>交底人</td><td></td><td>接受交底负责人</td><td></td></tr>
<tr><td colspan="6">作业班组全体签名：</td></tr>
</table>

第八章　预应力工程施工安全交底

预应力钢筋缠丝机张拉作业安全交底　　　　编号：

施工单位	
工程名称	
分部分项工程	
工　　种	

交底内容：

一、主要危险源与危害因素

1. 醉酒人员进入施工现场进行张拉作业。

2. 使用的钢筋锈蚀严重或有划痕现象。

3. 施加预应力的机具设备、锚具、夹具、连接器和预应力钢丝、钢绞线或钢筋不匹配。

4. 作业中随意用坚硬重物撞击已缠绕的钢筋。

5. 电气接线与拆卸由非电工操作。

6. 砂轮锯断料时操作人员未戴眼镜，钢渣乱飞乱溅。

7. 张拉作业现场无人值守，非作业人员随意进入施工现场。

二、安全注意事项

1. 严禁作业人员酒后作业。

2. 施工前应严格检查钢筋，确认施工时使用的钢筋无锈蚀、划痕现象。

3. 施加预应力时使用的机具设备、锚具、夹具、连接器和预应力钢丝、钢绞线或钢筋应互相匹配。

4. 预应力筋必须在技术人员的要求控制应力进行张拉，严禁超控制应力张拉。

5. 作业中严禁用坚硬重物撞击已缠绕的钢筋。

6. 电气接线与拆卸必须由专业电工操作。

7. 缠丝过程中，机械出现故障必须停机、断电后，方可进行处理。

8. 缠丝过程中负责测量预应力钢筋张拉应力人员必须及时监测，发现问题及时采取措施。

9. 张拉作业必须在具有施工经验的技术人员主持并由作业组长统一指挥下进行。

10. 钢丝、钢绞线、热处理钢筋和冷拉Ⅳ级钢筋，必须采用砂轮锯或切断机断料，不得采用气割、电弧切割。断料过程中必须严格在安全技术人员指导下做好安全防护工作，严禁断料时钢渣乱飞乱溅。

11. 张拉作业现场必须有专人值守，严禁非作业人员入内；张拉构件的两端必须在技术人员指导下设置防护设施及安全标志，严禁随意拆除防护设施及安全标志。

12. 缠丝过程中应随时对缠丝机中心柱、回转臂、回转吊臂、缠丝小车吊架等连接部位的牢固情况和动力设备、安全装置的状态进行检查，发现问题及时处理。

续上表

<table>
<tr><td colspan="6">13. 每根钢筋的端头和末尾必须锚固牢固，在缠丝过程中必须按技术人员要求的长度或位置安设锚具，并随时对已经锚固好的锚点进行检查。
14. 张拉操作中若出现异常现象(如油表振动剧烈、发生漏油、电机声音异常、发生断丝、滑丝等)，应立即停机进行检查。
15. 缠丝小车行走轨迹外 2.5 m 处，必须在技术人员指导下搭设防止钢筋弹出的防护栏杆柱，严禁拆除作业现场的围挡和安全标志；作业现场必须有专人警戒，非作业人员禁止进入围挡内。
16. 缠丝机及其配套装置应完好，安装装置应齐全有效；电气接线与拆卸必须由电工操作，并应符合施工用电安全技术交底的要求。
17. 预应力钢筋的接头宜采用电动绑扎机进行。绑扎前，应先安设锚具将预应力钢筋锚固，绑扎接头位置距离锚固中心的距离、搭接长度、绕丝绑扎长度均不得小于技术人员要求的数值。
18. 浇筑混凝土时，振捣器不得撞击钢丝(钢束)。用卷扬机滑轮组张拉小型构件时，张拉完成后应切断电源和卡固钢丝绳。
19. 钢筋张拉时，螺栓端杆、套筒螺栓必须有足够的长度，夹具必须安装牢固，防止锚夹不牢而滑出。
20. 孔洞处预应力钢筋切断工作要经技术人员同意。作业前，孔洞处应在技术人员指导下安设防止预应力钢筋切断后回弹伤人的防护措施；剪切预应力钢筋时，人员应站在孔洞侧面，避开预应力钢筋回弹方向。</td></tr>
<tr><td colspan="6">重点强调：
1. 严禁醉酒人员进入施工现场进行张拉作业。
2. 施工前必须检查钢筋，确认钢筋无锈蚀划痕现象。
3. 严禁施加预应力的机具设备、锚具、夹具、连接器和预应力钢丝、钢绞线或钢筋不匹配。
4. 严禁作业中用坚硬重物撞击已缠绕的钢筋。
5. 电气接线与拆卸必须由专业电工操作。
6. 砂轮锯断料时必须在技术人员指导下做好安全防护措施，戴好安全防护用品。
7. 张拉作业现场必须有人值守，严禁非作业人员进入施工现场。</td></tr>
<tr><td>审核人</td><td></td><td>交底人</td><td></td><td>接受交底
负责人</td><td></td></tr>
<tr><td colspan="6">作业班组全体签名：</td></tr>
</table>

预应力钢筋电热法张拉安全交底　　　　编号：

施工单位	
工程名称	
分部分项工程	
工　　种	

交底内容：

一、主要危险源与危害因素

1. 施加预应力的机具设备、锚具、夹具、连接器和预应力筋不匹配。

2. 安装预应力筋时使用的钢筋接头质量不符合要求。

3. 张拉作业时，操作人员站在张拉端的正前方。

4. 非电工人员进行电气的接线与拆线。

5. 张拉过程中，系统线路或预应力筋（束）发生碰火现象时仍继续施工。

6. 张拉端头安装的夹具夹紧能力不够（易发生锚夹不牢而滑出伤人）。

二、安全注意事项

1. 张拉作业人员必须经过安全教育培训，经考核合格后方可进入施工现场作业。

2. 张拉作业必须在具有施工经验的技术人员主持并在作业组长统一指挥下进行。

3. 预应力筋必须按照设计规定的控制应力进行张拉，严禁超控制应力张拉。

4. 施加预应力时使用的机具设备、锚具、夹具、连接器和预应力筋应互相匹配。

5. 采用预埋金属管道作张拉孔道的结构，不得进行电热法张拉。

6. 张拉前必须按照电热张拉系统线路图安装电热设备和连接导线。

7. 安装预应力筋前应检测钢筋的每个接头，确认连接牢固，符合质量要求。

8. 张拉作业时，操作人员应站在张拉端的侧面，不得站在正前方。

9. 张拉时，作业人员必须按规定佩戴绝缘手套、穿绝缘鞋等劳动保护用品。

10. 预应力筋的电热张拉温度不得高于350℃，重复张拉不得超过3次。

11. 预应力筋电热法张拉断电、锚固后，钢筋端部应按技术员要求设置防钢筋端头弹出锚固肋的锁固装置。

12. 电热张拉前，应在技术人员指导下在预应力钢筋固定肋的两侧1.0 m处，分别设置预防钢筋弹出的防护架及其挡板。

13. 预应力筋应采用砂轮锯或切断机断料，不得采用气割、电弧切割，断料时要在技术人员指导下做好安全防护工作，作业人员穿好工作服，戴好安全用品。

14. 张拉作业现场必须有专人值守，非作业人员严禁入内；张拉构件的两端应在技术人员指导下设置防护设施及安全标志，且不得随意拆除。

15. 正式张拉前应进行试张拉，待符合施工条件后方可进行正式张拉。

16. 张拉过程中必须有专人检查和测试电热设备、一次和二次导线的电压、电流、预应力筋张拉孔道温度、通电时间等，发现不符合施工设计规定应及时处理。

17. 张拉过程中，系统线路或预应力筋（束）发生碰火现象，应立即切断电源，查找分析原因，经采取措施确认正常后，方可恢复作业。

18. 施工所用电热设备应完好，二次线路导电夹具与预应力筋连接应紧密，预应力筋束

续上表

<table>
<tr><td colspan="6">绝缘处应良好；电气接线与拆线必须由电工进行。
19. 张拉时和张拉完毕后，对张拉锚两端，应妥善保护，不得压重物。严禁撞击锚具、钢束及钢筋。人员不得在梁端附近作业或休息。
20. 施工中浇筑混凝土时，振捣器不得撞击预应力筋。
21. 张拉端头的夹具应有足够的夹紧能力，夹具安装要牢固，防止锚夹不牢而滑出。</td></tr>
<tr><td colspan="6">重点强调：
1. 施加预应力的机具设备、锚具、夹具、连接器和预应力筋必须相匹配。
2. 安装预应力筋时必须使用质量合格的钢筋接头。
3. 严禁在张拉作业时操作人员站在张拉端的前方。
4. 预应力筋束绝缘必须良好；严禁非电工人员进行电气的接线与拆线。
5. 张拉过程中，系统线路或预应力筋（束）发生碰火现象，应立即切断电源，查找分析原因，经采取措施确认正常后，方可恢复作业。
6. 张拉端头的夹具应有足够的夹紧能力，夹具安装要牢固，防止锚夹不牢而滑出。</td></tr>
<tr><td>审核人</td><td></td><td>交底人</td><td></td><td>接受交底
负责人</td><td></td></tr>
<tr><td colspan="6">作业班组全体签名：</td></tr>
</table>

预应力筋后张法张拉安全交底

编号：

施工单位	
工程名称	
分部分项工程	
工　　种	

交底内容：

一、主要危险源与危害因素

1. 醉酒人员进入施工现场进行张拉作业。

2. 砂轮锯断料时操作人员未戴眼镜，钢渣乱飞乱溅。

3. 张拉作业过程前或张拉过程中，预应力筋的两端站人。

4. 张拉钢束完毕，人工拆卸销子时，强击销子。

5. 张拉完毕，管道尚未灌浆前，施工人员在梁端附近作业或休息。

6. 钢筋张拉时，螺栓端杆、套筒螺栓长度不够。

二、安全注意事项

1. 张拉设备操作人员必须经过安全技术培训并且考核合格后才能上岗。

2. 严禁醉酒人员进入施工现场。

3. 经技术人员确定结构混凝土强度应达到设计规定后方能进行张拉作业。

4. 预应力筋必须按照设计规定的控制应力进行张拉，严禁超控制应力张拉。

5. 张拉机械应符合安全规定，施工作业过程中严禁私拉乱接电线。

6. 施加预应力的机具设备、锚具、夹具、连接器和预应力钢丝、钢绞线或钢筋应互相匹配。

7. 张拉作业时须在技术人员主持并在作业组长统一指挥下进行。

8. 穿筋使用卷扬机、穿束机械时，应安装在稳固的基座上并埋设牢固地锚；卷扬机、穿束机操作人员的作业位置应能看清拖动引线，不能直视时，应设立专门的联络手段。

9. 钢丝、钢绞线、热处理钢筋和冷拉Ⅳ级钢筋，要采用砂轮锯或切断机断料，不得采用气割、电弧切割；采用砂轮锯断料时操作人员要穿好工作服，并戴眼镜，防止钢渣落入眼睛；同时为防止钢渣飞溅他人，砂轮锯断料时必须在技术人员的指导下采取措施防止钢渣飞溅。

10. 张拉操作中若出现异常现象(如油表振动剧烈、发生漏油、电机声音异常、发生断丝、滑丝等)，应立即停机进行检查。

11. 预应力筋应符合下列要求：

(1)油泵运行中和液压系统带压状态，严禁拆卸压力表与管路系统。

(2)张拉作业过程前及张拉过程中，预应力筋的两端严禁站人；张拉作业时，作业人员应站在千斤顶的两侧，以防锚具及销子弹出伤人。

(3)张拉作业应按施工设计规定，逐级、缓慢、均匀地升压加载至技术人员要求的张拉吨位的压力表读数范围内。

(4)采取应力控制法张拉时，应校核预应力筋的伸长值，如实际伸长大于计算值的10%或者小于计算值的5%，应停止张拉，待查明原因后方可继续作业。

续上表

<table>
<tr><td colspan="6">12. 张拉钢束完毕，退销时应采取安全防护措施，以防销子弹出伤人。人工拆卸销子时，不得强击。
13. 张拉时和张拉完毕后，对张拉锚两端，应妥善保护，不得压重物。张拉完毕，管道尚未灌浆前，梁端应设围护和挡板。严禁撞击锚具、钢束及钢筋。人员不得在梁端附近作业或休息。
14. 钢筋张拉时，螺栓端杆、套筒螺栓必须有足够的长度，夹具应有足够的夹紧能力，防止锚夹不牢而滑出。
15. 灌浆应由孔道最低处的灌浆口开始压浆，灌浆初始压力不得超过 0.1 MPa；灌浆应逐级、缓慢升压并不得超过控制压力。管道压浆时，操作人员戴防护眼镜和其他防护用品。关闭阀门时，作业人员应站在侧面，以确保安全。</td></tr>
<tr><td colspan="6">重点强调：
1. 张拉设备操作人员必须经过安全技术培训考核合格后才能上岗作业。
2. 严禁醉酒人员进入施工现场进行张拉作业。
3. 砂轮锯断料时操作人员必须穿好工作服，并戴眼镜，防止钢渣落入眼睛；同时为防止钢渣飞溅他人，砂轮锯断料时必须在技术人员的指导下采取措施防止飞溅。
4. 严禁张拉作业过程前或张拉过程中，预应力筋的两端站人。
5. 张拉钢束完毕，退销时必须在技术人员指导下采取安全防护措施，以防销子弹出伤人。人工拆卸销子时，不得强击。
6. 在张拉完毕后，管道尚未灌浆前，严禁施工人员在梁端附近作业或休息。
7. 钢筋张拉时，螺栓端杆、套筒螺栓必须有足够的长度，夹具应有足够的夹紧能力，防止锚夹不牢而滑出。</td></tr>
<tr><td>审核人</td><td></td><td>交底人</td><td></td><td>接受交底
负责人</td><td></td></tr>
<tr><td colspan="6">作业班组全体签名：</td></tr>
</table>

无黏结预应力施工安全交底

编号：

施工单位	
工程名称	
分部分项工程	
工　　种	

交底内容：

一、主要危险源与危害因素

1. 无黏结预应力筋在运输、存放和安装过程中保护措施不当。

2. 多根无黏结预应力筋相互扭绞。

3. 张拉完毕后未及时对锚固区进行保护处理。

二、安全注意事项

1. 施工前施工人员应接受安全交底，施工中应明确分工，统一指挥。上岗前要做好安全检查工作，由班组长负责，责任到人，互相监督，施工人员进入现场应戴好安全帽，操作人员应精力集中，遵守有关安全操作规程。

2. 机械、电器设备应专人操作。电(气)焊操作工应有操作证。

3. 无黏结预应力筋在运输、存放和安装过程中应采取可靠措施，防止产生任何损伤。

4. 无黏结预应力筋的护套表面应光滑，无裂缝、凹陷、可见钢绞线轮廓、气孔及机械损伤等缺陷。

5. 无黏结预应力筋下料宜采用砂轮切割机成束切割。切割钢绞线使用的砂轮切割机要设安全护罩，以免断片伤人。

6. 风动钻机管路连接应牢靠，避免脱开甩出伤人。

7. 无黏结预应力筋的铺放和安装应符合下列规定：

(1)铺放前应检查其规格、数量及是否有破损，并应在逐根确认其端部组装配件可靠无误后，方可铺放。

(2)安装时应按设计规定的位置，采用定位钢筋控制定位，并应保持顺直、牢固，浇筑混凝土时不应出现移位和变形。

(3)当与其他构件位置有矛盾时，不应将无黏结预应力筋垂直位置抬高或降低。

(4)当集束配置多根无黏结预应力筋时，应保持平行走向，防止其相互扭绞。

8. 注浆管路应畅通，不得有堵塞现象，避免浆液突然喷出伤人，注浆管路不使用时要及时注压清水冲洗干净。

9. 无黏结预应力筋的张拉和防护应符合下列规定：

(1)施加预应力前应对结构或构件进行检验，符合要求后方可进行张拉。

(2)张拉过程中，人员站在侧面作业，严禁站在钢绞线和千斤顶后面进行作业。

(3)张拉完毕后应及时对锚固区进行保护处理，采用防腐油脂通过灌注孔将张拉形成的空腔全部灌注密实。将多余的预应力筋切割后，应先在锚具部位套上内涂防腐油脂的塑料封端罩，再采用细石混凝土或微膨胀砂浆进行封堵。

(4)对不能使用细石混凝土或微膨胀砂浆封堵的部位，应将锚具全部涂以无黏结预应力筋涂料层相同的防腐油脂，并采用具有可靠防腐和防火性能的保护罩将锚具全部密封。

续上表

<table>
<tr><td colspan="6">重点强调：
1. 无黏结预应力筋在运输、存放和安装过程中应采取可靠措施，防止产生任何损伤。
2. 当集束配置多根无黏结预应力筋时，应保持平行走向，防止其相互扭绞。
3. 张拉完毕后应及时对锚固区进行保护处理，采用防腐油脂通过灌注孔将张拉形成的空腔全部灌注密实。</td></tr>
<tr><td>审核人</td><td></td><td>交底人</td><td></td><td>接受交底负责人</td><td></td></tr>
<tr><td colspan="6">作业班组全体签名：</td></tr>
</table>

第九章　桥涵维修加固施工安全交底

第一节　一般方法加固施工安全交底

涂膜封闭法裂缝加固施工安全交底　　　　编号：

施工单位	
工程名称	
分部分项工程	
工　　种	

交底内容：

一、主要危险源与危害因素

1. 作业人员未穿戴好安全防护用品。

2. 使用手持式电动角磨机时，磨切对着有人方向和易燃易爆危险物品。

3. 使用无安全防护罩的角磨机；擅自拆卸角磨机。

4. 作业时马凳、爬梯安放不牢靠。

二、安全注意事项

1. 粘结剂的原料应密封贮存，远离火源，避免阳光直接照射。

2. 粘结剂配制和使用场所，必须保持通风良好。

3. 作业人员应穿好工作服，戴好防护眼镜、防护口罩、手套。

4. 工作场所应配备各种必要的灭火器以备救护。

5. 高处作业时，作业人员应系好安全带。

6. 使用手持式电动角磨机打磨混凝土表层的浮浆和起砂层时应注意：

(1)使用前应仔细检查保护罩、辅助手柄，必须完好无松动。插头插上之前，务必检查机器开关是否处在关闭的位置。

(2)装好砂轮片前注意是否出现有受潮现象和缺角等现象，并且安装必须牢靠无松动，严禁不用专用工具而用其他外力敲打砂轮夹紧螺母。

(3)使用的电源插座必须装有漏电开关装置，并检查电源线有无破损现象。

(4)在使用前必须要开机试转，检查打磨片运行是否平稳正常，检查碳刷的磨损程度，由专业人员适时更换，确认无误后方可正常使用。

(5)磨切方向严禁对着周围的工作人员及一切易燃易爆危险物品，以免造成不必要的伤害。

(6)要切记不可用力过猛，要徐徐均匀用力，以免发生打磨片撞碎的现象，如出现打磨片卡阻现象，应立即将角磨机提起，以免烧坏角磨机或因打磨片破碎，造成不安全隐患。

续上表

<table>
<tr><td colspan="6">(7)严禁使用无安全防护罩的角磨机,对防护罩出现松动而无法紧固的角磨机严禁使用并由专人及时修理,严禁当事人擅自拆卸角磨机。
(8)角磨机工作时间较长而机体温度大于50℃以上并有烫手的感觉时,请立即停机待自然冷却后再行使用。
7. 自制马凳和登高用的爬梯要牢靠,防止人员操作时意外摔伤。</td></tr>
<tr><td colspan="6">重点强调:
1. 作业人员应穿好工作服,戴好防护眼镜、防护口罩、手套。
2. 使用手持式电动角磨机打磨混凝土表层的浮浆和起砂层时,磨切方向严禁对着周围的工作人员及一切易燃易爆危险物品,以免造成不必要的伤害。
3. 严禁使用无安全防护罩的角磨机,对防护罩出现松动而无法紧固的角磨机严禁使用并由专人及时修理,严禁当事人擅自拆卸角磨机。
4. 自制马凳和登高用的爬梯要牢靠,防止人员操作时意外摔伤。</td></tr>
<tr><td>审核人</td><td></td><td>交底人</td><td></td><td>接受交底负责人</td><td></td></tr>
<tr><td colspan="6">作业班组全体签名:</td></tr>
</table>

低压注浆法裂缝加固施工安全交底

编号：

施工单位	
工程名称	
分部分项工程	
工　　种	

交底内容：

一、主要危险源与危害因素

1. 使用封缝胶作业人员未戴好防护手套。

2. 封缝胶溅于眼睛时未用水冲洗并立即就医。

3. 作业时马凳、爬梯安放不牢靠。

二、安全注意事项

1. 封缝胶存放于干燥、通风、远离火源处；不宜倒置、暴晒、雨淋及不得与尖锐东西碰撞。

2. 缝中如被泥土粉尘堵塞，可用小型工业吸尘器吸出。沿裂缝两边约 5 cm 的混凝土表面要用湿布擦去尘土，但要注意缝中不得进水。

3. 使用封缝胶前作业人员应戴好防护手套，若不慎粘于皮肤上应用丙酮或酒精清洗；若不慎溅于眼睛应先用大量清水冲洗并立即就医。

4. 保持封缝胶干燥，避免潮湿条件下施工。

5. 注浆嘴注意不要堵塞。

6. 封缝胶涂抹过程中尽量避免小气泡并密封完全。

7. 高处作业时，作业人员应系好安全带。

8. 自制马凳和登高用的爬梯要牢靠，防止人员操作时意外摔伤。

9. 封缝胶一定要按推荐比例混合并保证搅拌均匀，胶应在适用期内用完，25℃适用期大于 90 分钟。

10. 固化过程中，要避免扰动，防止淋雨。

重点强调：

1. 使用封缝胶前作业人员应戴好防护手套，若不慎粘于皮肤上应用丙酮或酒精清洗；若不慎溅于眼睛应先用大量清水冲洗并立即就医。

2. 自制马凳和登高用的爬梯要牢靠，防止人员操作时意外摔伤。

审核人		交底人		接受交底负责人	

作业班组全体签名：

粘贴钢板加固施工安全交底　　编号：

施工单位	
工程名称	
分部分项工程	
工　　种	

交底内容：

一、主要危险源与危害因素

1. 徒手剪切钢板。

2. 在剪床上剪切钢板时，两手离刀口很近或置于压紧装置下部。

3. 钻孔前未用钢筋混凝土保护层测试仪查明横隔板钢筋分布，盲目钻孔。

二、安全注意事项

1. 加固混凝土构件的结合面应打磨平整，用钢丝刷将表面刷毛或用喷砂技术处理表面，再用压缩空气清除浮尘。对混凝土表面出现剥落、疏松、蜂窝和腐蚀等现象的部位应予以凿除，面积较大时，在凿除后应用聚合物水泥砂浆修复平整。粘贴前用丙酮擦洗干净。

2. 钢板切割边缘要求表面光滑，无毛刺、咬口及翘曲等缺陷，钢板粘合面可用喷砂或平砂轮打磨至有一定的粗糙度；钢板外露面必须除锈至呈现金属光泽。切割钢板过程中应注意：

(1)手工剪切应戴好手套，以免剪切时刺伤手。

(2)剪切时，操作人员要协调配合，剪切人员应听从定位对线人员指挥。

(3)剪切机启动前，必须清除周围一切可能妨碍正常工作或安全操作的物件，工作台上不得放置杂物工具，以免轧入造成事故，所有辅助托架应放置平稳、牢固。

(4)操作人员应熟悉所用设备的保养与使用规则，开机前应检查设备各部位情况，确认良好后，方可开机。

(5)剪切时，必须按操作程序进行，不能过载或将数块板料重叠剪切。

(6)在剪床上剪切时，两手不能离刀口很近，不能置于压紧装置的下部，以免被压伤。

(7)操作人员应熟悉所用冲、剪设备技术性参数，并在其参数限制范围进行剪切和冲压，严禁设备超载工作。

(8)多人操作时，应指定专人控制脚踏板开关，并听其指挥。

(9)设备处于工作状态时，严禁手伸入上、下刀口或上、下模具之间。

(10)设备启动后，不得进行检修和清洁工作，当发现设备工作不正常时，应立即停车，切断电源进行检修。

(11)上、下刀刃或模具入口应保持锋利，当发现设备工作不正常时，应立即停车，切断电源进行检修。

(12)各润滑点必须在规定时间加注润滑油，在剪刀口处不得加油，应保持干燥，否则当剪切板料较厚，尤其是剪切脆性材料时容易打滑，造成事故。

(13)在剪床上禁止两人或多人同时剪切板料。

(14)锯切时，锯条应松紧适当，防止工作中锯条从锯弓上崩出伤人。

续上表

(15)使用的锉刀应装有牢固光滑的把手,不得使用无柄锉刀,不应在锉刀和锉柄上涂油、沾油,也不要用沾油的手来摸被锉工件表面,以防打滑,造成事故。锉削时铁屑应用刷子清除,不准用嘴吹,以防飞入眼内。 3. 根据设计要求,先在混凝土构件的锚固螺栓安装位置钻孔,钻孔前应用钢筋混凝土保护层测试仪查明横隔板钢筋分布,避免钻孔碰伤原混凝土构件的受力钢筋。 4. 钻孔后用压缩空气清孔,填入环氧树脂胶泥,安装锚固螺栓,环氧树脂胶泥达到强度后方可安装钢板。 5. 钢板粘贴面应先除锈、打毛,用丙酮擦净后随即安装。 6. 将混凝土表面按照设计要求进行处理,将选配好的胶粘剂均匀地涂抹在清洁的混凝土和钢板条粘结面上。立面涂胶应自上而下进行。 7. 钢板加压的顺序应由中间向两边对称进行。对粘贴后的钢板进行涂装防护处理。 8. 钢板周围用环氧砂浆或专用材料密封,以防止灌注时渗漏。 9. 采用干式粘钢时胶粘剂涂抹应均匀、刮平,避免粘贴时形成气泡,随即将钢板条贴在混凝土面上,进行加压使钢板密贴在混凝土表面。 10. 采用灌注式粘钢时胶粘剂应按由下往上的顺序进行注灌,灌注压力应不小于设计要求。
重点强调: 1. 手工剪切钢板应戴好手套,以免剪切时刺伤手。 2. 在剪床上剪切钢板时,两手不能离刀口很近,不能置于压紧装置的下部。 3. 钻孔前应用钢筋混凝土保护层测试仪查明横隔板钢筋分布。

审核人		交底人		接受交底负责人	
作业班组全体签名:					

植筋加固施工(风钻成孔)安全交底

编号：

施工单位	
工程名称	
分部分项工程	
工　　种	

交底内容：

一、主要危险源与危害因素

1. 钻孔前未用钢筋混凝土保护层测试仪查明横隔板钢筋分布。

2. 风钻带病运转。

3. 钻孔时，钻杆上下、左右摆动；钻杆下方或两侧站人。

4. 发现空压机异常仍继续作业。

5. 电动空气压缩机运转中，遇停电未切断电源。

6. 锚固剂配制作业时，人员未佩戴手套、口罩、护目镜等防护用品；锚固剂溅入眼睛后未立即就医。

二、安全注意事项

1. 作业人员作业前应接受安全交底，佩戴好安全帽、防护眼镜、防尘口罩，高处作业时还应系好安全带。

2. 成孔前应用钢筋混凝土保护层测试仪查明钢筋分布，避免成孔作业碰伤原混凝土构件的受力钢筋。

3. 风钻在工作中出现故障时，应立即检修或更换，不许带病运转。

4. 钻孔前应充分准备好所使用的钻具，如风钻、钻杆、钻头等。钻杆要直、水针孔要正，并要完整无损，钻头应锋利。

5. 检查风钻、风水管是否完好，转动方向是否正常，风水管是否畅通。

6. 钻孔前用手镐或钢钎将眼窝找好。

7. 供水管内无水时，不得钻孔，处理后方可作业。

8. 钻孔时先开水后开风，停钻时应先停风后停水。开动后要注意钎子的进度，每隔一定时间要把钎子退出一定距离，以免泥浆卡钎。

9. 在钻孔过程中，工作人员必须精力集中，注意观察钻进情况。

10. 钻孔中，发现有钻头合金片脱落、钻杆弯曲或中心孔不导水时，必须及时更换。

11. 钻孔中，出现粉尘飞扬时要停止钻进，检查水管是否有水，钻头、钻杆中心孔是否畅通，处理后再钻孔。

12. 高处钻孔时应设置牢固可靠的脚手架或工作台，必要时工作人员宜佩戴保险带。

13. 钻孔时，钻杆不要上下、左右摆动，以保持钻进方向，钻杆下方两侧不要站人，以免钻杆折断伤人。每台风钻只准 2～3 人操作，风钻开动时把钎人员不得和风钻钎子站成一直线，防止断钎伤人。

14. 使用风钻钻完眼后，应将钻孔工具、设施撤出工作面，存放在安全地点；将风、水管阀门关闭，软管盘放整齐。

续上表

15. 钻孔完毕，检查孔深、孔径合格后将孔内粉尘用压缩空气吹出，然后用毛刷将孔壁刷净，再次压缩空气吹孔，应反复进行3～5次，直至孔内无灰尘碎屑，最后用棉布蘸丙酮擦净孔壁，将孔口临时封闭。若有废孔，擦净后应用植筋胶填实。

16. 使用空压机压缩空气清孔应注意如下事项：

(1)空压机停置后，应保持水平，轮胎应楔紧。

(2)空压机作业环境应保持清洁和干燥。贮气罐须放在通风良好处，半径15 cm以内不得进行焊接或热加工作业。

(3)空压机拖运前，应检查行走装置的紧固、润滑等情况，拖行速度不超过20 km/h。

(4)作业前应对空压机做全面检查。开启送气阀前，应将输气管道连接好，输气管道应保持通畅，不得扭曲，并通知有关人员后，方可送气，在出气口前不准有人员工作或站立。

(5)每工作2小时需将油水分离器、中间冷却器、后冷却器内的油水排放一次，贮气罐内的油水每班必须排放一至两次。

(6)发现下列情况之一时，应立即停机检查，找出原因并待故障排除后，方可作业。

① 漏水、漏电或冷却水突然中断。

② 压力表、温度表、电流表的指示值超过规定。

③ 排气压力突然升高，排气阀、安全阀失效。

④ 机械有异响或电动机电刷发生强烈火花。

(7)运转中如因缺水致使气缸过热而停机时，不得立即添加冷水，必须待气缸体自然降温至60℃以下方可加水。

(8)电动空气压缩机运转中，如遇停电，应立即切断电源，待来电后重新启动。

(9)停机时，应先卸去载荷，然后分离主离合器，再停止内燃机或电动机的运转。

(10)停机后，关闭冷却水阀门，打开放气阀，放出各级冷却器和贮气罐内的油水和存气。当温低于5℃时，应将各部门存水放净，方可离去。

(11)不得用汽油或煤油清洗空气压缩机的滤清器和芯及气缸和管道的零件，不得用燃烧方法清除管道的油污。

17. 采用角磨机除锈时，应按照其安全操作规程进行作业。

18. 锚固剂配制作业应注意：

(1)充分搅拌、彻底清洁钻孔，未固化前严禁触动杆体。

(2)施工时人员必须配备手套、口罩、护目镜等防护用品。

(3)若不慎弄到皮肤或衣物上，可用丙酮清洗并用大量清水冲洗。

(4)若不慎溅入眼睛，应立即就医。

19. 手锤击打方式入孔时，一手应扶住钢筋或螺栓，以保证对中并避免回弹。手锤对面不要有人。

20. 日平均气温25℃以上12小时内不得扰动钢筋，日平均气温25℃以下24小时内不得扰动钢筋，若有较大扰动宜重新植筋。

21. 施工场所平均温度低于0℃，可采用碘钨灯、电炉或水浴等增温方式对胶进行使用前预热，预热至30～50℃使用，应注意不得让水混入。

续上表

<table>
<tr><td colspan="6">重点强调：
1. 成孔前应用钢筋混凝土保护层测试仪查明钢筋分布，避免成孔作业碰伤原混凝土构件的受力钢筋。
2. 风钻在工作中出现故障时，应立即检修或更换，不许带病运转。
3. 钻孔时，钻杆不要上下、左右摆动，以保持钻进方向，钻杆下方两侧不要站人，以免钻杆折断伤人。
4. 发现空压机异常，应立即停机检查，找出原因并待故障排除后，方可作业。
5. 电动空气压缩机运转中，如遇停电，应立即切断电源，待来电后重新启动。
6. 锚固剂配制作业时，必须配备手套、口罩、护目镜等防护用品。若不慎将锚固剂溅入眼睛，应立即就医。</td></tr>
<tr><td>审核人</td><td></td><td>交底人</td><td></td><td>接受交底
负责人</td><td></td></tr>
<tr><td colspan="6">作业班组全体签名：</td></tr>
</table>

植筋加固施工(电锤成孔)安全交底 编号:

施工单位	
工程名称	
分部分项工程	
工　　种	

交底内容:

一、主要危险源与危害因素

1. 钻孔前未用钢筋混凝土保护层测试仪查明横隔板钢筋分布。

2. 操作人员未戴好防护眼镜;面部朝上作业时未戴防护面罩。

3. 单手操作电锤。

4. 操作人员站在梯子上工作,梯子无地面人员扶持。

5. 电锤外壳接地不良。

6. 锚固剂配制作业时,工作人员未佩戴手套、口罩、护目镜等防护用品;锚固剂溅入眼睛后未立即就医。

二、安全注意事项

1. 作业人员作业前应接受安全交底,佩戴好安全帽、防护眼镜、防尘口罩,高处作业时还应系好安全带。

2. 成孔前应用钢筋混凝土保护层测试仪查明钢筋分布,避免成孔作业碰伤原混凝土构件的受力钢筋。

3. 采用电锤成孔时,应注意:

(1)操作人员要戴好防护眼镜,以保护眼睛,当面部朝上作业时,要戴上防护面罩。

(2)长期作业时人员要塞好耳塞,以减轻噪声的影响。

(3)长期作业后钻头处在灼热状态,在更换时应注意灼伤肌肤。

(4)作业时应使用侧柄,双手操作,以防堵转时反作用力扭伤胳膊。

(5)站在梯子上工作或高处作业应做好防高处坠落措施,梯子应有地面人员扶持。

(6)作业前,应确认现场所接电源与电锤铭牌是否相符,是否接有漏电保护器。

(7)钻头与夹持器应适配,并妥善安装。

(8)在高处作业时,要充分注意下面的物体和行人安全,必要时设警戒标志。

(9)确认电锤上开关是否切断,若电源开关接通,则插头插入电源插座时电动工具将立刻转动,从而可能导致人员伤害危险。

(10)若作业场所在远离电源的地点,需延伸线缆时,应使用容量足够,安装合格的延伸线缆。延伸线缆如通过人行过道应高架或采取好防止线缆被碾压损坏的措施。

(11)应经常检查电锤外壳的接地。

4. 钻孔完毕,检查孔深、孔径合格后将孔内粉尘用压缩空气吹出,然后用毛刷将孔壁刷净,再次用压缩空气吹孔,应反复进行3～5次,直至孔内无灰尘碎屑,最后用棉布蘸丙酮擦净孔壁,将孔口临时封闭。若有废孔,擦净后用植筋胶填实。

5. 采用角磨机除锈时,应按照其安全操作规程进行作业。

续上表

<table>
<tr><td colspan="6">6. 锚固剂配制作业应注意：
(1)充分搅拌、彻底清洁钻孔，未固化前严禁触动杆体。
(2)施工时必须配备手套、口罩、护目镜等防护用品。
(3)若不慎弄到皮肤或衣物上，可用丙酮清洗并用大量清水冲洗。
(4)若不慎溅入眼睛，应立即就医。
7. 手锤击打方式植筋入孔时，一手应扶住钢筋或螺栓，以保证对中并避免回弹。手锤对面不得有人。
8. 日平均气温 25℃以上 12 小时内不得扰动钢筋，日平均气温 25℃以下 24 小时内不得扰动钢筋，若有较大扰动宜重新植筋。
9. 施工场所平均温度低于 0℃，可采用碘钨灯、电炉或水浴等增温方式对胶进行使用前预热，预热至 30～50℃使用，应注意不得让水混入。</td></tr>
<tr><td colspan="6">重点强调：
1. 成孔前应用钢筋混凝土保护层测试仪查明钢筋分布，避免成孔作业碰伤原混凝土构件的受力钢筋。
2. 操作人员要戴好防护眼镜，以保护眼睛，当面部朝上作业时，要戴上防护面罩。
3. 作业时应使用侧柄，双手操作，以防堵转时反作用力扭伤胳膊。
4. 站在梯子上工作或高处作业应做好防高处坠落措施，梯子应有地面人员扶持。
5. 应经常检查电锤外壳的接地。
6. 锚固剂配制作业时，必须配备手套、口罩、护目镜等防护用品。若不慎将锚固剂溅入眼睛，应立即就医。</td></tr>
<tr><td>审核人</td><td></td><td>交底人</td><td></td><td>接受交底
负责人</td><td></td></tr>
<tr><td colspan="6">作业班组全体签名：</td></tr>
</table>

粘贴碳纤维材料加固施工安全交底

编号：

施工单位	
工程名称	
分部分项工程	
工　　种	

交底内容：

一、主要危险源与危害因素

1. 碳纤维与电气设备接触；碳纤维与电气设备距离太近时未采取可靠保护措施。

2. 粘结剂材料污染生活水源。

3. 空压机倾斜停置，轮胎未楔紧。

4. 电动空气压缩机运转中遇停电，未立即切断电源。

二、安全注意事项

1. 作业人员作业前应接受安全交底，戴好防护面罩、手套，穿好工作服，高处作业时还应系好安全带。

2. 碳纤维为导电材料，施工时应使其远离电气设备，或采取可靠保护措施。

3. 各种粘结剂应在其说明书规定的环境温度中密封储存，并远离火源，且避免日光直射。

4. 粘结剂的配制应在室内进行，其操作环境及施工现场均应保持良好通风。

5. 各种粘结剂材料不得污染生活水源。废弃物不得倒入下水道，应按环保要求集中处理。

6. 当施工现场气温低于 5℃时，应使用适用于低温条件下的特殊粘结剂或采取加温处理措施；如果气温长期低于 5℃，应暂时停止施工。

7. 使用空压机应注意如下事项：

(1)空压机停置后，应保持水平，轮胎应楔紧。

(2)空压机拖运前，应检查行走装置的紧固、润滑等情况，拖行速度不超过 20 km/h。

(3)作业前应对空压机做全面检查。开启送气阀前，应将输气管道连接好，输气管道应保持通畅，不得扭曲，并通知有关人员后，方可送气，在出气口前不准有人员工作或站立。

(4)发现异常应立即停机检查，找出原因并待故障排除后，方可作业。

(5)运转中如因缺水致使气缸过热而停机时，不得立即添加冷水，必须待气缸体自然降温至 60℃以下方可加水。

(6)电动空气压缩机运转中，如遇停电，应立即切断电源，待来电后重新启动。

(7)停机时，应先卸去载荷，然后分离主离合器，再停止内燃机或电动机的运转。

(8)停机后，关闭冷却水阀门，打开放气阀，放出各级冷却器和贮气罐内的油水和存气。当温低于 5℃时，应将各部件存水放完，方可离去。

续上表

<table>
<tr><td colspan="6">重点强调：
1. 碳纤维为导电材料，施工时应使其远离电气设备，或采取可靠保护措施。
2. 各种粘结剂材料不得污染生活水源。
3. 空压机停置后，应保持水平，轮胎应楔紧。
4. 电动空气压缩机运转中，如遇停电，应立即切断电源，待来电后重新启动。</td></tr>
<tr><td>审核人</td><td></td><td>交底人</td><td></td><td>接受交底
负责人</td><td></td></tr>
<tr><td colspan="6">作业班组全体签名：</td></tr>
</table>

第二节 上部结构加固施工安全交底

体外预应力加固施工安全交底 编号：

施工单位	
工程名称	
分部分项工程	
工 种	

交底内容：

一、主要危险源与危害因素

1. 在混凝土面上拖拽预应力筋。

2. 油泵操作时操作人员未戴防护眼镜。

3. 张拉时，千斤顶后面站人。

4. 张拉完毕，人工强击拆卸销子。

二、安全注意事项

1. 外套管的安装应连接平滑且应完全密封，在安装过程中应防止外套管受到机械损伤。由多根预应力筋组成的体外预应力束的外套管，其管内应采用防腐油脂保护。

2. 体外预应力束的锚固区和转向块应与主体结构同时施工，预埋的锚固件及管道的位置和方向应符合设计规定。转向块的偏角制造误差应小于1.2°，安装误差应不超过±5%，否则应采用可调节转向块。

3. 体外预应力束的端部应垂直于承压板，曲线段的起点至张拉锚固点的直线长度不宜小于600 mm。穿束时应采取保护措施。

4. 严禁在混凝土面上拖拽预应力筋，防止损坏其保护层而减弱防腐能力。

5. 体外预应力束的张拉顺序应严格按设计规定进行，张拉时应保证结构或构件对称均匀受力，避免发生侧向弯曲或失稳。

6. 与张拉作业无关的人员严禁进入张拉现场。

7. 张拉前，检查张拉设备、工具是否符合施工及安全要求。高压油泵与千斤顶之间的连接点、接口必须完好无损，油泵操作人员要戴防护眼镜。操作人员要确定联络信号，宜采用对讲机进行联络。

8. 张拉时，千斤顶后面不得站人，以防预应力钢绞线拉断或裂断酿成重大事故。

9. 张拉操作中若出现异常现象(如油表振动剧烈，发生漏油，电机声音异常，发生断丝、滑丝等)，应立即停机进行检查。

10. 张拉完毕，退销时应采取安全防护措施，人工拆卸销子，不得强击，对张拉施锚两端，应妥善保护，不得压重物，管道尚未灌浆前，梁端应设围护和挡板。

11. 体外预应力束张拉完成后，应对其锚具设置全密封防护罩，并应在防护罩内灌注油脂或其他可清洗的防腐蚀材料。

续上表

<table>
<tr><td colspan="6">重点强调：
1. 严禁在混凝土面上拖拽预应力筋。
2. 油泵操作人员要戴防护眼镜。
3. 张拉时，千斤顶后面不得站人。
4. 张拉完毕，退销时应采取安全防护措施，人工拆卸销子，不得强击，对张拉施锚两端，应妥善保护，不得压重物。</td></tr>
<tr><td>审核人</td><td></td><td>交底人</td><td></td><td>接受交底
负责人</td><td></td></tr>
<tr><td colspan="6">作业班组全体签名：</td></tr>
</table>

环氧树脂处理混凝土表层缺陷
作业安全交底

编号：

施工单位	
工程名称	
分部分项工程	
工　　种	

交底内容：

一、主要危险源与危害因素

1. 手工凿除混凝土时，人员未佩戴防护眼镜。

2. 电炉、烘箱绝缘不良。

3. 将桶装的环氧树脂放在炉上熔解。

4. 熔解环氧树脂过程中操作人员离岗。

5. 用鼻子闻催化剂等有毒有害物品；将易燃品置于炉旁；工完未洗手。

二、安全注意事项

1. 手工凿除病害区域松散混凝土时，人员应佩戴防护眼镜。

2. 采用角磨机打磨处理待修补区域表面时，应遵守角磨机的安全操作规程。

3. 使用电炉、烘箱前，要检查电气设备绝缘和接地以及通风设备是否良好，发现漏电或故障时要及时修理。

4. 熔解环氧树脂时不准超过额定温度。操作人员离开时必须切断电源。

5. 严禁将桶装的环氧树脂放在炉上熔解，熔解环氧树脂时要有安全防护措施，以防火灾。

6. 熔解环氧树脂的容器内，环氧树脂不能装得太满，外面不许残留环氧树脂，温度不能太高，熔解过程中不准操作人员离开。

7. 禁止用鼻子闻催化剂等有毒有害物品，严禁将易燃品放在炉旁，工完应洗手。易燃品及有毒有害物品必须加盖妥善放置。

8. 工作前开动通风机，并在抽风罩下操作。通风装置失效时，应停止工作。

9. 烘箱内预热模子，烘环氧树脂等物品时操作人员要戴好防护手套。要轻装轻放，防止烫伤。

10. 用丙酮清洗裂缝，界面不得有油污、粉尘等。

重点强调：

1. 手工凿除病害区域松散混凝土时，人员应佩戴防护眼镜。

2. 使用电炉、烘箱前，要检查电气设备绝缘和接地以及通风设备是否良好，发现漏电或故障时要及时修理。

3. 严禁将桶装的环氧树脂放在炉上熔解。

4. 熔解环氧树脂过程中不准操作人员离开。

5. 禁止用鼻子闻催化剂等有毒有害物品。严禁将易燃品放在炉旁，工完应洗手。

审核人		交底人		接受交底负责人	

作业班组全体签名：

桥面铺装层更换作业安全交底

编号：

施工单位	
工程名称	
分部分项工程	
工　　种	

交底内容：

一、主要危险源与危害因素

1. 作业人员疲劳作业；酒后作业。

2. 两风镐之间工作距离过小。

3. 任意将风镐气管弯绕或压任何物件；硬撬风镐。

4. 高压风和高压水面朝着有人方向。

5. 未先行撤除或固定有坠落可能的材料物品。

6. 高处作业时工具随意放置；抛掷拆卸下的物料。

7. 遇恶劣天气，仍进行桥面铺装挂篮与吊篮高处作业。

二、安全注意事项

1. 所有操作人员禁止疲劳作业，禁止酒后作业，不得连班。

2. 所有操作人员的劳动安全防护用品必须佩戴齐全有效，尤其持振动泵人员必须戴好安全帽、绝缘手套，穿绝缘鞋和防护服。桥面铺装高空作业人员应戴好安全帽，穿紧口工作服、防滑鞋，腰系安全带，防止钢筋等物挂扯衣物。

3. 先对施工段进行封闭交通，未封闭交通的应进行围挡施工。

4. 凿除桥面混凝土及铰接缝混凝土采用人工风镐凿除，不得使用大型机械凿除，以免损伤桥梁主体结构。

5. 使用风镐应注意：

(1)工作前应全面检查风镐与气管连接密合情况。

(2)风镐应由熟练工进行操作，必要时指派专人操作，轮流替换，操作人员必须具有高度的责任心。

(3)现场施工人员一定要戴好防护眼镜、安全帽、穿好工作鞋方能进行工作。

(4)风镐与风镐之间工作距离不小于 3 m，在风镐工作期间，该范围内其他作业应停止，以防石屑飞溅。

(5)风镐气管不准任意弯绕或压任何物件，使用风镐严禁硬撬。

(6)空压机操作人员、风镐操作人员，都应坚守岗位，注意力集中，发现问题应及时提出和解决。

6. 凿开原桥面后，对部分断裂和损坏的，应先将破碎、强度低的混凝土凿除清理，露出新鲜混凝土面，凿除的废料应及时清理运走。

7. 凿除原桥面铺装后，先用高压风机吹，再用高压水冲洗一次，以利新旧混凝土的良好接合。高压风和高压水严禁朝着有人方向。

8. 凿除原有桥面铺装时，注意保护防撞护栏底部钢筋。

9. 振动泵的操作必须由专人负责，禁止其他人员开动，使用振动泵前，要检查所用振动泵的电缆，确保不破损、不漏电，漏电保护安全有效，灵敏可靠。

续上表

10. 用塔吊、料斗浇筑混凝土，在塔吊放下料斗时，操作人员要主动避让，并应站立稳当，防止料斗碰人坠落。 11. 使用振动泵前应检查电源电压，必须经过二级漏电保护，电源线不得有接头，观察机械运转是否正常。振动泵移动时，不能硬拉电线，更不能在钢筋和其他锐利物上拖拉，防止割破拉断电线而造成触电事故。 12. 桥面铺装施工现场的安全标志、工具、仪表、电气设施和各种设备，必须在施工前加以检查，对不宜暴晒、受潮的物品还应有遮阳防潮措施，确认其防护措施完好后，方能投入使用。 13. 从事桥面铺装高空作业的人员必须定期进行身体检查，诊断患有心脏病、贫血、高血压、癫痫病、恐高症及其他不适宜高处作业疾病的人员，不得从事高处作业。施工现场还应配备必要的防暑降温等物品，防止发生中暑、生病等情况。 14. 桥面铺装高空作业场所有坠落可能的材料物品，应一律先行撤除或予以固定。所用物件均应堆放平稳，不妨碍通行和装卸。工具应随手放入工具袋，拆卸下的物件及余料和废料均应及时清理运走，清理时应采用传递或系绳提溜方式，禁止抛掷。 15. 遇有6级以上强风、浓雾和大雨等恶劣天气，不得进行桥面铺装挂篮与吊篮高处作业。台风暴雨后，应对桥面高空作业安全设施逐一检查，发现有松动、变形、损坏或脱落、漏雨、漏电等现象，应立即修理完善或重新设置。 16. 施工区域必须有临边防护措施，设置必要的围挡，所有安全防护设施和安全标志等任何人都不得损坏或擅自移动和拆除。因作业必须临时拆除或变动安全防护设施、安全标志时，必须经有关施工负责人同意，并采取相应的可靠措施，作业完毕后立即恢复。 17. 桥面铺装作业时，必须搭设安全稳固的作业平台，挂篮、吊篮、临时架体必须有拆装方案和防护措施，并进行必要的验算和审核，避免桥面铺装和挂篮、吊篮施工垂直交叉作业。 18. 夜间施工时必须有足够的照明，有专人进行交通指挥，设专职和兼职安全员，施工区域禁止无关人员进入，预防突发事件的发生。 19. 各作业区域均配备专职安全员，对施工现场进行安全监护，施工中如对桥面铺装高空作业的安全技术设施发现有缺陷和隐患时，应立即报告，及时解决。危及人身安全时，必须立即停止作业，有效执行事故报告和应急救援预案。

续上表

<table>
<tr><td colspan="6">重点强调：
1. 所有操作人员禁止疲劳作业，禁止酒后作业，不得连班。
2. 风镐与风镐之间工作距离在 3 m 以外。
3. 风镐气管不准弯绕或压任何物件，使用风镐严禁硬撬。
4. 高压风和高压水严禁朝着有人方向。
5. 桥面铺装高空作业场所有坠落可能的材料物品，应一律先行撤除或予以固定。所用物件均应堆放平稳，不妨碍通行和装卸。工具应随手放入工具袋，拆卸下的物件及余料和废料均应及时清理运走，清理时应采用传递或系绳提溜方式，禁止抛掷。
6. 遇有 6 级及以上强风、浓雾和大雨等恶劣天气，不得进行桥面铺装挂篮与吊篮高处作业。</td></tr>
<tr><td>审核人</td><td></td><td>交底人</td><td></td><td>接受交底负责人</td><td></td></tr>
<tr><td colspan="6">作业班组全体签名：</td></tr>
</table>

更换支座施工安全交底

编号：

施工单位	
工程名称	
分部分项工程	
工　　种	

交底内容：

一、主要危险源与危害因素

1. 夜间更换支座。

2. 超高超载使用千斤顶。

3. 将千斤顶作为支撑物使用。

4. 抛掷传递支座。

5. 脚手架上支座更换时，脚手架下站人。

二、安全注意事项

1. 新进场的人员必须参加岗前安全教育，未经安全教育的工人不得上岗作业。

2. 严禁作业人员酒后作业或在施工现场喝酒，必须爱护现场的安全标志牌、安全设施，不得随意变动。

3. 严禁夜间更换支座。

4. 对所有起重设备及部件，如千斤绳、卡环、索具、手拉葫芦、油泵、液压管道、扁担梁等，在使用前必须进行检查，确保安全可靠，千斤顶要进行标定。

5. 准备好高空作业防护用具并检查安全可靠，如安全带，临时作业平台、吊篮等。现场使用的脚手架，在使用前必须经过安全检查验收，确保安全可靠。

6. 支座更换作业必须按照报批的施工方案顺序和方法进行，如有特殊情况需变更作业方法，应报请项目负责人批准后方可进行作业。

7. 支座更换前，必须检查各部位及设备是否处于正常状况。尤其是施工用脚手架及其护栏高度和上铺站人的竹箱板质量、搭设稳定性等，必须仔细检查，将存在问题消除在施工作业前。经检查验收合格后，作业人员才能正式开工作业。

8. 千斤顶使用时，应严格遵守其主要参数中的规定，切忌超高超载。否则当起重高度或起重吨位超过规定值时，油缸顶部会发生严重漏油。

9. 如手动泵体的油量不足时，需先向泵中加入应为经充分过滤后的液压油才能工作。

10. 桥梁顶升，移动支座安装时，现场要配备专业的指挥员和专职安全员作统一的管理工作。

11. 合理选择千斤顶的着力点，底面要垫平，放置应平稳，以免负重下陷或倾斜。

12. 禁止将千斤顶作为支撑物使用。

13. 多只千斤顶同时顶升时，除应正确安放千斤顶外，还应使用多顶分流阀，且每台千斤顶的负荷应均衡，注意保持起升速度同步。

14. 千斤顶使用时，千万不要超过规定行程和剧烈振动，以免损坏千斤顶而发生危险。

续上表

15. 更换和拆除支座应采用手拉葫芦慢速吊上吊下，确保安全。其他轻一些的材料下传或上递时，应采用尼龙绳下传或上递，严禁进行抛掷。 16. 脚手架上支座更换时，柱下马道一定范围严禁站人，防止掉物伤人。无关人员严禁进入施工作业区域。 17. 脚手架在使用过程中，应定期或不定期检查其是否处于安全状态，发现问题应及时消除。 18. 现场用电时，必须由专职电工负责安装和管理，非专职电工禁止私拉乱接，确保用电安全。 19. 设备放置在脚手架上时，必须将其固定在脚手架上，并由专人负责管理，防止设备掉落损伤和坠落伤人。					
重点强调： 1. 严禁夜间更换支座。 2. 千斤顶使用时，应严格遵守其主要参数中的规定，切忌超高超载。 3. 禁止将千斤顶作为支撑物使用。 4. 更换和拆除支座应采用手拉葫芦慢速吊上吊下。其他轻一些的材料下传或上递时，应采用尼龙绳下传或上递，严禁进行抛掷。 5. 脚手架上支座更换时，柱下马道一定范围严禁站人。					
审核人		交底人		接受交底负责人	
作业班组全体签名：					

铰缝施工安全交底

编号：

施工单位	
工程名称	
分部分项工程	
工　种	

交底内容：

一、主要危险源与危害因素

1. 手工凿除混凝土时人员未戴防护眼镜。

2. 从高空向下抛掷物品。

二、安全注意事项

1. 手工凿除铰缝原有混凝土时，作业人员应佩戴防护眼镜。

2. 采用角磨机打磨处理时，应遵守角磨机的安全操作规程。

3. 钢筋绑扎应注意：

(1)钢筋断料、配料、弯料等工作应在地面进行，不准在高空操作。

(2)搬运钢筋要注意附近有无障碍物、架空电线和其他临时电气设备，防止钢筋在回转时碰撞电线或发生触电事故。

(3)起吊钢筋时，规格必须统一，不准长短参差不一，不准一点吊。

(4)切割机使用前，须检查机械运转是否正常，有无漏电；电源线须进漏电开关，切割机后方不准堆放易燃物品。

(5)雷雨时必须停止露天操作，预防雷击钢筋伤人。

4. 电焊工应按照相应的安全操作规程进行作业。

5. 严禁从高空向下抛掷任何物品。高空向下吊运物品时，其物品必须系牢，并应有专人负责指挥，下面设围栏警戒区。

6. 混凝土浇筑及振捣应注意：

(1)混凝土浇筑应严格按照施工方案确定的浇筑顺序进行施工，不得随意浇筑。

(2)吊运混凝土要有专人负责指挥，吊斗落斗前，其下方的作业人员必须躲开，严禁吊斗碰撞模板。

(3)混凝土振捣时，操作人员必须戴绝缘手套，穿绝缘鞋，防止触电。

(4)作业转移时，电机电缆线要保持足够的长度和高度，严禁用电缆线拖、拉振捣器。

重点强调：

1. 手工凿除铰缝原有混凝土时，作业人员应佩戴防护眼镜。

2. 严禁从高空向下抛掷任何物品。高空向下吊运物品时，其物品必须系牢，并应有专人负责指挥，下面设围栏警戒区。

审核人		交底人		接受交底负责人	

作业班组全体签名：

钢桥防锈与涂装作业安全交底

编号：

施工单位	
工程名称	
分部分项工程	
工　　种	

交底内容：

一、主要危险源与危害因素

1. 油漆、调合剂等物品随意露天放置。
2. 现场使用的油漆、调合剂存放点未设置安全警示标志。
3. 涂装作业使用的空压机、砂箱、吊篮等安放不牢固。
4. 施工人员在调制油漆时吸烟。
5. 油漆喷涂作业时，未佩戴防护口罩。
6. 脚手架移位时，上方施工人员连同脚手架一起滑移。
7. 在通风条件较差的环境中进行油漆涂装作业时，未采取通风防护措施。
8. 对于未使用完的油漆、调合剂等物品，未采取保护措施，随意摆放在施工现场。
9. 油漆涂装作业时，未对下方设备或材料采取保护措施。
10. 作业人员携带易燃易爆危险品高空作业。

二、安全注意事项

1. 喷砂除锈的工作场地附近，应安装防护设施和“禁止通行”的警示牌。
2. 涂装作业使用的空压机、砂箱、吊篮等必须安放牢固。
3. 施工现场必须设置油漆存放仓库，严禁油漆、调合剂等物品随意露天放置。
4. 作业人员应配备足够的劳动保护用品；作业中严禁吸烟、携带易燃易爆危险品。
5. 钢梁涂装使用的脚手架和上、下步梯均应牢固可靠。脚手架移位时，上方施工人员不得连同脚手架一起滑移。
6. 涂漆区禁止明火，并应设禁止烟火的标志；涂漆作业场所的耐火等级、防火间距、防爆和安全疏散措施应符合规范要求。
7. 涂漆作业场所应通风良好，宜在室外；在室内作业应采取通风措施；涂漆区必须按消防部门规定设置。
8. 涂漆作业场地出入口至少应有两个，且其中之一必须直接通向露天，门应向外开，其内的通道宽度不得小于 1.2 m。
9. 涂漆作业前应检查钢梁杆件固定状况，确认稳固后，方可作业。
10. 油漆涂装作业时，应对下方没备或材料采取保护措施。
11. 未使用完的油漆、调合剂等物品应采取保护措施，不得随意摆放在施工现场。

续上表

<table>
<tr><td colspan="6">重点强调：
1. 涂漆区禁止明火，并应设禁止烟火的标志；涂漆作业场所的耐火等级、防火间距、防爆和安全疏散措施应符合规范要求。
2. 涂漆作业场所应通风良好，宜在室外；在室内作业应采取通风措施；涂漆区必须按消防部门规定设置。
3. 涂漆作业场地出入口至少应有两个，且其中之一必须直接通向露天，门应向外开，其内的通道宽度不得小于 1.2 m。
4. 涂漆作业前应检查钢梁杆件固定状况，确认稳固后，方可作业。
5. 作业人员应配备足够的劳动保护用品；作业中严禁吸烟、携带易燃易爆危险品。
6. 涂装作业使用的空压机、砂箱、吊篮等必须安放牢固。</td></tr>
<tr><td>审核人</td><td></td><td>交底人</td><td></td><td>接受交底
负责人</td><td></td></tr>
<tr><td colspan="6">作业班组全体签名：</td></tr>
</table>

斜拉索更换施工安全交底　　编号：

施工单位	
工程名称	
分部分项工程	
工　　种	

交底内容：

一、主要危险源与危害因素

1. 斜拉索放松过程中，随意放索，没有成对进行。

2. 新索张拉时一步到位，没有均匀缓慢分级张拉。

3. 在换索时，没有按规定采用限制交通的措施（大型超重汽车易造成桥面坍塌破坏，造成人员伤亡与经济损失）。

二、安全注意事项

1. 斜拉索的放松是换索工作的关键，为了保证塔梁的受力均衡、对称，放索时一般要求成对进行，而且松张拉杆时必须准备好配套的千斤顶、油泵、张拉杆、连接件。

2. 拆除旧索和更换新索时应仔细检查塔上、梁内原挂索、张拉时的预埋件是否可以利用，必须满足安全规范，同时对于塔内的人梯及平台，如果和挂索、张拉相碰触，影响施工时可先拆除，待全部换索完毕后再恢复。

3. 换索及张拉的千斤顶必须满足张拉及换索的吨位要求，同时必须进行标定，与相应的油压表配套使用。

4. 新索张拉时应均匀缓慢分级张拉，对称索张拉时应同步。

5. 每对索更换后应及时封闭拉索索道管，防止雨水及杂物进入管内。

6. 在换索时考虑到大桥结构的总体受力情况，采用限制交通的措施，允许通行 10 t 以内的车辆，严格禁止大型载重车辆通行。

7. 在主梁拉索导管出口端部安装阻尼减振器。

8. 挂索及张拉时要采取有效措施，防止拉索外层 PE 护套在施工过程中损坏，如果损坏应及时修补。

9. 吊装 PE 管过程中，应系好安全带。

10. 拉索端加罩不锈钢防护罩，内填防腐材料，提高拉索长期使用的防护能力。

11. 主梁和塔上拉索导管内填充聚氨酯发泡材料，以阻止水分的进入。

12. 梁上拉索导管出口处采用亚光不锈钢防雨罩，加强此部位的防护效果。

13. 拉索下端采用不锈钢卷筒防护，下端嵌入索座内，接缝处涂防水胶防水。

重点强调：

1. 为了保证塔梁的受力均衡、对称，放索时一般要求成对进行。

2. 新索张拉时必须在相关技术人员监管下，均匀缓慢分级张拉，对称索张拉时应同步。

审核人		交底人		接受交底负责人	

作业班组全体签名：

第三节 下部结构加固施工安全交底

盖梁及墩柱加固施工安全交底 编号：

施工单位	
工程名称	
分部分项工程	
工　　种	

交底内容：

一、主要危险源与危害因素

1. 登高时马凳或爬梯安放不牢。

2. 电锤成孔违章用电。

3. 锚固剂溅入眼睛人员未立即就医。

4. 注浆法外包钢加固墩柱时，灌浆后再对型钢进行锤击、焊接。

5. 钢板进行防锈涂装刷油漆时，作业人员未戴防毒口罩。

二、安全注意事项

1. 作业前，作业人员应接受安全交底。

2. 进入施工现场，作业人员应戴好安全帽。高处作业时，作业人员还应系好安全带。

3. 自制马凳和登高用的爬梯要牢靠，防止人员操作时意外摔伤。

4. 接长盖梁施工，凿除连接部位的混凝土保护层时，作业人员应戴好护目镜和防尘口罩。

5. 新接长的钢筋与原主筋焊接时，应遵守相应的焊接安全操作规程。

6. 加宽盖梁应植筋时，若采用电锤成孔，应注意用电安全。锚固剂配制作业必须配备手套、口罩、护目镜等防护用品；若不慎锚固剂溅入眼睛，应立即就医。手锤击打钢筋方式入孔时，一手应扶住钢筋或螺栓，以保证对中并避免回弹；手锤对面不得有人。

7. 外包钢加固墩柱应符合下列规定：

(1)采用注浆法外包钢加固时，构件表面应打磨粗糙、无油污。注浆压力不应低于0.1 MPa，灌浆后严禁再对型钢进行锤击、焊接。

(2)采用干式外包型钢加固时，型钢与构件之间应用水泥砂浆填实。施焊钢板(缀条)时，应用夹具夹紧型钢。用螺栓套箍时，拧紧螺帽后可将螺母与垫板点焊。

(3)钢板进行防锈涂装刷油漆时，作业人员应戴好防毒口罩，工作场所应配备各种必要的灭火器以备救护。

续上表

<table>
<tr><td colspan="6">重点强调：
1. 自制马凳和登高用的爬梯要牢靠，防止人员操作时意外摔伤。
2. 加宽盖梁应植筋时，若采用电锤成孔，应注意用电安全。
3. 锚固剂配制作业必须配备手套、口罩、护目镜等防护用品；若不慎锚固剂溅入眼睛，应立即就医。
4. 采用注浆法外包钢加固墩柱时，灌浆后严禁再对型钢进行锤击、焊接。
5. 钢板进行防锈涂装刷油漆时，作业人员应戴好防毒口罩。</td></tr>
<tr><td>审核人</td><td></td><td>交底人</td><td></td><td>接受交底负责人</td><td></td></tr>
<tr><td colspan="6">作业班组全体签名：</td></tr>
</table>

墩台身套箍加固施工安全交底

编号：

施工单位	
工程名称	
分部分项工程	
工　　种	

交底内容：

一、主要危险源与危害因素

1. 马凳和登高用的爬梯安放不牢。

2. 封缝胶溅于眼睛未用大量清水冲洗且未立即就医。

3. 凿除混凝土或混凝土凿毛时，作业人员未戴护目镜。

4. 防锈涂装刷油漆时，作业人员未戴防毒口罩。

二、安全注意事项

1. 作业前，作业人员应接受安全交底。

2. 进入施工现场，作业人员应戴好安全帽。高处作业时，作业人员还应系好安全带。

3. 自制马凳和登高用的爬梯要牢靠，防止人员操作时意外摔伤。

4. 墩台身裂缝应压浆封闭处理，压浆封闭处理时应注意：

(1)使用封缝胶前作业人员应戴好防护手套，若不慎粘于皮肤上应用丙酮或酒精清洗；若不慎溅于眼睛先用大量清水冲洗并立即就医。

(2)固化过程中，要避免扰动，防止淋雨。

5. 凿除缺陷部分的混凝土和墩台身表面凿毛时，作业人员应戴好护目镜。

6. 钢套箍施工应符合下列规定：

(1)采用注浆法钢套箍加固时，注浆压力不应低于0.1 MPa。灌浆后严禁再对型钢进行锤击、焊接。

(2)采用干式钢套箍加固时，型钢与构件之间应用水泥砂浆填实。施焊钢套箍时，应用夹具夹紧型钢。用螺栓套箍时，拧紧螺帽后可将螺母与垫板点焊。

(3)钢套箍进行防锈涂装刷油漆时，作业人员应戴好防毒口罩，工作场所应配备各种必要的灭火器以备救护。

重点强调：

1. 自制马凳和登高用的爬梯要牢靠，防止人员操作时意外摔伤。

2. 使用封缝胶前作业人员应戴好防护手套，若不慎粘于皮肤上应用丙酮或酒精清洗；若不慎溅入眼睛先用大量清水冲洗并立即就医。

3. 凿除缺陷部分的混凝土和墩台身表面凿毛时，作业人员应戴好护目镜。

4. 钢套箍进行防锈涂装刷油漆时，作业人员应戴好防毒口罩。

审核人		交底人		接受交底负责人	

作业班组全体签名：

桥台加固施工安全交底

编号：

施工单位	
工程名称	
分部分项工程	
工　　种	

交底内容：

一、主要危险源与危害因素

1. 注浆加固时，注浆压力超过注浆管和止浆设施的最大额定值。

2. 注浆管接头连接不牢。

3. 注浆作业台架或支架安放不牢靠。

4. 用吹风管将管内石屑吹出时，眼睛正对管口。

5. 单手操作电锤施钻植筋孔。

6. 锚固剂不慎溅入眼睛，未立即就医。

二、安全注意事项

1. 作业人员作业前应接受安全交底，佩戴好安全帽、防护眼镜、防尘口罩，高处作业时还应系好安全带。

2. 浆砌片石桥台采用注浆加固时，应注意：

(1)必须在技术人员指导下安装流量计和压力表，并注意观察，严禁注浆压力超过注浆管和止浆设施的最大额定值。注浆管接头应连接牢固，防止爆管伤人。

(2)不得违章用电，工作面光照要良好。

(3)注浆作业台架、支架固定牢固，人员佩戴好安全帽，系好安全带，穿好防滑鞋。

(4)用吹风管将管内石屑吹出时，管口不要面对眼睛，以免造成眼睛伤害。

3. 侧墙及台身前缘采用现浇钢筋混凝土补强，在原石砌台身内植入连接钢筋，植筋作业应注意：

(1)采用电锤成孔时，操作人员要戴好防护眼镜，以保护眼睛，当面部朝上作业时，要戴上防护面罩。作业时应使用侧柄，双手操作，以防堵转时反作用力扭伤胳膊。作业前，应确认现场所接电源与电锤铭牌是否相符，是否接有漏电保护器。确认电锤上开关是否切断，若电源开关接通，则插头插入电源插座时电动工具将立刻转动，从而可能导致人员伤害危险。若作业场所在远离电源的地点，需延伸线缆时，应使用容量足够，安装合格的延伸线缆。延伸线缆如通过人行过道应高架或做好防止线缆被碾压损坏的措施。应经常检查电锤，外壳应有良好的接地。

(2)锚固剂配制作业时，作业人员须戴好手套、口罩、护目镜等防护用品，若不慎锚固剂溅入眼睛，应立即就医。

(3)手锤击打方式植筋入孔时，一手应扶住钢筋或螺栓，以保证对中并避免回弹。手锤对面不得有人。

4. 基础因不均匀沉降产生裂缝，应先加固地基基础，再封闭裂缝。

5. 台后填土不密实时，采用换填法进行处理时，应重做台后防排水系统。

6. 桥台加固时由技术人员观测台身的稳定性，必要时应在技术人员的指导下增加临时支撑防止桥台滑移或倾覆。

续上表

<table>
<tr><td colspan="6">重点强调：
1. 浆砌片石桥台采用注浆加固时，严禁注浆压力超过注浆管和止浆设施的最大额定值。注浆管接头应连接牢固，防止爆管伤人。
2. 注浆作业台架、支架固定牢固。
3. 用吹风管将管内石屑吹出时，管口不要面对眼睛，以免造成眼睛伤害。
4. 采用电锤施钻植筋孔时，操作人员要戴好防护眼镜，以保护眼睛，当面部朝上作业时，要戴上防护面罩。作业时应使用侧柄，双手操作，以防堵转时反作用力扭伤胳膊。
5. 锚固剂配制作业时，若不慎锚固剂溅入眼睛，应立即就医。</td></tr>
<tr><td>审核人</td><td></td><td>交底人</td><td></td><td>接受交底负责人</td><td></td></tr>
<tr><td colspan="6">作业班组全体签名：</td></tr>
</table>

增大桥梁基础加固施工安全交底　　编号：

施工单位	
工程名称	
分部分项工程	
工　　种	

交底内容：

一、主要危险源与危害因素

1. 超深、超宽开挖基坑。

2. 未采取保护原基础的措施。

3. 开挖基坑时掏挖或切割坡脚。

4. 吊斗升降出土时，坑内作业人员未躲避。

5. 凿除原基础缺陷混凝土或结合面凿毛时，作业人员未戴护目镜。

6. 单手操作电锤成孔。

7. 锚固剂配制作业时，作业人员未按规定戴好防护用品；锚固剂溅入眼睛时，未立即就医。

二、安全注意事项

（一）基坑开挖

1. 基坑应严格按设计要求开挖，不得超深、超宽，避免基坑坍塌。

2. 应在技术人员的指导下，在基坑顶面四周开挖排水沟，防止地表水流入基坑。

3. 应采取措施保护原基础，使其不受基坑开挖、抽排水的影响。

4. 开挖放坡时严禁掏挖。

5. 开挖边坡土方，严禁切割坡脚，以防导致边坡失稳；当山坡坡度陡于1∶5，不得在挖土上侧堆土。

6. 采用垂直运输出土时，应每班检查吊斗绳索、挂钩、机具等是否完好牢固。装土或卸土后必须将斗门关好，斗门扣件要做好防脱措施。吊斗升降时，坑内作业人员应躲离吊斗升降移动范围以外。吊斗不使用时，应及时摘下，不得悬挂。

7. 当发现坑沿顶面出现裂缝、坑壁松塌或遇涌水、涌砂时，应立即停止施工并上报。

（二）增大基础

1. 增大基础时，应将原基础存在的缺陷清理至密实部位，凿除缺陷混凝土或结合面凿毛时，作业人员应戴好护目镜。

2. 按设计要求植筋，并与新增的钢筋骨架连成整体，确保新旧混凝土结合牢固。植筋作业应注意：

（1）采用电锤成孔时，操作人员要戴好防护眼镜，以保护眼睛，当面部朝上作业时，要戴上防护面罩。作业时应使用侧柄，双手操作，以防堵转时反作用力扭伤胳膊。作业前，应确认现场所接电源与电锤铭牌是否相符，是否接有漏电保护器。确认电锤上开关是否切断，若电源开关接通，则插头插入电源插座时电动工具将立刻转动，从而可能导致人员伤害危险。若作业场所在远离电源的地点，需延伸线缆时，应使用容量足够，安装合格的延伸线缆。延伸线缆如通过人行过道应高架或做好防止线缆被碾压损坏的措施。应经常检查电锤，外壳应有良好的接地。

续上表

<table>
<tr><td colspan="6">(2)锚固剂配制作业时,作业人员须戴好手套、口罩、护目镜等防护用品,若不慎锚固剂溅入眼睛,应立即就医。
(3)手锤击打方式植筋入孔时,一手应扶住钢筋或螺栓,以保证对中并避免回弹。手锤对面不得有人。</td></tr>
<tr><td colspan="6">重点强调:
1. 基坑应严格按设计要求开挖,不得超深、超宽,避免基坑坍塌。
2. 应采取措施保护原基础,使其不受基坑开挖、抽排水的影响。
3. 开挖放坡时严禁掏挖,严禁切割坡脚。
4. 吊斗出土作业,吊斗升降时,坑内作业人员应躲离吊斗升降移动范围以外。吊斗不使用时,应及时摘下,不得悬挂。
5. 凿除原基础缺陷混凝土或结合面凿毛时,作业人员应戴好护目镜。
6. 严禁单手操作电锤成孔。
7. 锚固剂配制作业时,作业人员须戴好手套、口罩、护目镜等防护用品,若不慎锚固剂溅入眼睛,应立即就医。</td></tr>
<tr><td>审核人</td><td></td><td>交底人</td><td></td><td>接受交底
负责人</td><td></td></tr>
<tr><td colspan="6">作业班组全体签名:</td></tr>
</table>

承台加固施工安全交底

编号：

施工单位	
工程名称	
分部分项工程	
工　　种	

交底内容：

一、主要危险源与危害因素

1. 水上作业人员未穿救生衣、未穿防滑鞋。

2. 土石围堰基坑开挖施工中，遇有流砂、涌砂或支撑变形等异常情况，未立即停止挖掘并撤出人员。

3. 起吊钢板桩的吊点位置过低；起吊钢板桩时无溜绳，未就位前桩位附近站人。

4. 混凝土凿毛和钢筋除锈，作业人员未戴护目镜和防尘口罩。

5. 电动工具绝缘不良。

二、安全注意事项

1. 水上作业人员应穿好救生衣，戴好安全帽，穿好防滑鞋；临边作业还应系好安全带。

2. 水中承台采用土石围堰开挖基坑加固施工时，应注意如下事项：

(1)当河床横坡较大时，应在技术人员指导下，在围堰外侧打设防滑桩。

(2)钢筋笼卵(片)石围堰，钢筋笼下水时应打桩固牢。

(3)施工中，遇有流砂、涌砂或支撑变形等异常情况，应立即停止挖掘，且作业人员立即撤出。在切实采取安全加固措施后，方可继续开挖。

(4)施工中，挖土、吊运、浇筑混凝土等作业，严禁碰撞支撑，并在不得在支撑上放重物。

3. 水中承台采用钢板桩围堰开挖基坑加固施工时，应注意如下事项：

(1)吊桩时吊点位置不得低于桩顶以下 1/3 桩长处。

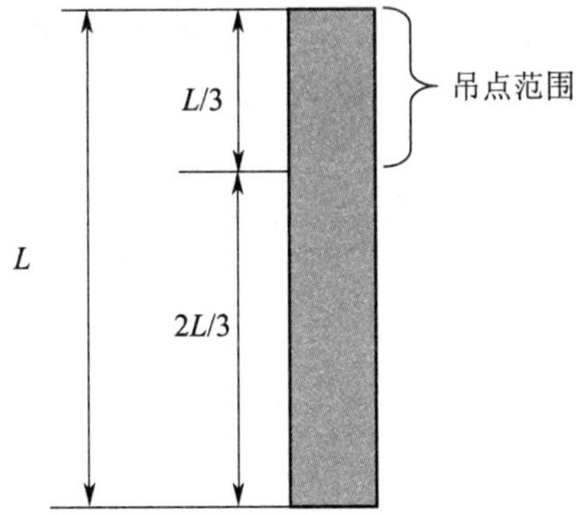

(2)为防止钢板桩围堰开挖基坑过程中漏水，在钢板桩插打之前认真检查钢板桩，对存在缺口或者锁扣破损的钢板桩严禁使用，并且在钢板桩锁扣处涂抹凡士林，以起到防水效果。

(3)严禁将吊具拴在钢板桩夹具上或捆在钢板桩上进行吊装。

(4)起吊钢板桩时，应拴好溜绳；吊起钢板桩未就位前，桩位附近不得站人。

(5)拔桩前应拴好溜绳，拔桩作业，机械作业范围及桩位附近不得站人。

续上表

<table>
<tr><td colspan="6">4. 地面承台加固开挖时应根据技术人员的技术交底，严格控制开挖范围，确保周围土体的稳定。
5. 结构水下部分加固施工应注意：
(1)对原结构结合面进行凿毛处理作业时，作业人员应戴好护目镜和防尘口罩。
(2)水下混凝土必须连续浇筑，不得中断。
(3)大雨、大雪、大雾、沙尘暴和风力 6 级(含)以上等恶劣天气，不得进行水下混凝土施工。
(4)采用立模灌浆法施工时，还应符合模板施工的有关安全规定。
6. 承台增大截面施工中，应注意如下事项：
(1)对原有钢筋进行除锈处理时，作业人员应佩戴护目镜和口罩。雨湿天气不宜除锈。
(2)逐根分区分层进行焊接过程中，应严格按照钢筋焊接的有关安全规定执行。
(3)电动工具的使用应符合国家标准的有关规定，工具的电源线、插头和插座应完好无损，维修和保管应由专人负责。
(4)所有成品配电箱和开关箱必须选用有关劳动部门认可的合格产品，所有用电设备必须通过开关箱控制，并设置漏电保护装置。用电设备开关箱必须实行“一机一闸”制，严禁一个开关直接控制两台及两台以上用电设备。</td></tr>
<tr><td colspan="6">重点强调：
1. 水上作业人员应穿好救生衣，戴好安全帽，穿好防滑鞋。
2. 土石围堰基坑开挖施工中，遇有流砂、涌砂或支撑变形等异常情况，应立即停止挖掘，且作业人员立即撤出。
3. 水中承台采用钢板桩围堰开挖基坑加固施工时，吊桩时吊点位置不得低于桩顶以下 1/3 桩长处。严禁将吊具拴在钢板桩夹具上或捆在钢板桩上进行吊装。起吊钢板桩时，应拴好溜绳；吊起钢板桩未就位前，桩位附近不得站人。拔桩前应拴好溜绳，拔桩作业，机械作业范围及桩位附近不得站人。
4. 对原结构结合面进行凿毛处理作业以及钢筋除锈处理作业，作业人员均应戴好护目镜和防尘口罩。
5. 电动工具应绝缘良好。</td></tr>
<tr><td>审核人</td><td></td><td>交底人</td><td></td><td>接受交底
负责人</td><td></td></tr>
<tr><td colspan="6">作业班组全体签名：</td></tr>
</table>

锚杆静压桩增补加固桥梁桩基施工安全交底

编号：

施工单位	
工程名称	
分部分项工程	
工　　种	

交底内容：

一、主要危险源与危害因素

1. 熬制硫磺胶泥时作业人员未穿戴好防护用品，赤膊光脚。

2. 单人安装桩架顶端连接板。

3. 偏心加压。

4. 同一基础压桩施工不对称；数台压桩机在一个独立基础上同时加压。

二、安全注意事项

1. 锚杆静压桩施工前作业人员应接受安全交底。

2. 机械设备必须实行专机专人持证操作，严格执行交接班制度和机具保养制度。

3. 熬制硫磺胶泥的操作人员必须穿戴好必要的防护用品，不准赤膊和光脚，防止胶泥溅伤；半成品胶泥的运输和贮存，应做到单独存放，防湿、避高温；熬胶工棚应做到防火、防漏和通风良好。

4. 锚杆静压桩施工用电，应认真执行施工现场用电安全规定。电动葫芦的电线应安置在桩架以外，严禁与电动葫芦的铁链相互摩擦，以致损坏机械及伤人；电动葫芦、液压泵的用电应配备专用电箱，并应配备漏电保护器；专用电箱应防漏、防潮，夜间施工应有足够照明。

5. 应经常检查和维修压桩机具。对设备、电路等进行全面检查，对压力表应定期检查、标定，合格后方可使用。

6. 安装锚杆静压桩桩架时，应首先固定桩架与锚杆的连接螺栓。桩架顶端连接板安装应两人同时操作（一人扶正连接板，一人安装连接板与桩架的螺栓）。安装连接板及电动葫芦，应搭设简易脚手架，铺好脚手板，电动葫芦的吊钩与桩架连接板上的挂钩要有保险装置。

7. 压桩架应保持竖直，锚固螺栓的紧固应均衡，并应一直保持紧固状态。

8. 桩段搬运起吊时，起桩架安装应稳妥，吊索与桩段应保持垂直，操作人员应扶住桩段两头，使桩段保持平稳。拉动葫芦的操作人员站立位置应与桩段离开一段距离，以防桩段坠落伤人。

9. 就位的桩节应保持竖直，使千斤顶、桩节及压桩孔轴线重合，不得偏心加压。

10. 压桩时千斤顶位置应置于钢梁中心，钢梁应置于钢销中心，钢销后跟应顶紧桩架孔，防止钢销脱孔造成事故。

11. 整根桩应一次连续压到设计高程，当中途必须停止时，桩端应停留在软弱土层中，且停压的时间间隔不宜超过 24 小时。

12. 同一基础压桩施工应对称进行，不应数台压桩机在一个独立基础上同时加压。

13. 压桩应以压力控制为主，桩长控制为辅。压桩达到设计荷载后应持压稳定 30 分钟。

14. 每天下班后，应由专人负责关闭、切断电源。

续上表

<table>
<tr><td colspan="6">重点强调：
1. 熬制硫磺胶泥的操作人员必须穿戴好必要的防护用品，不准赤膊和光脚，防止胶泥溅伤。
2. 桩架顶端连接板安装应两人同时操作。
3. 就位的桩节应保持竖直，使千斤顶、桩节及压桩孔轴线重合，不得偏心加压。
4. 同一基础压桩施工应对称进行，不应数台压桩机在一个独立基础上同时加压。</td></tr>
<tr><td>审核人</td><td></td><td>交底人</td><td></td><td>接受交底
负责人</td><td></td></tr>
<tr><td colspan="6">作业班组全体签名：</td></tr>
</table>

基础冲刷水上抛石防护施工安全交底 编号：

施工单位	
工程名称	
分部分项工程	
工　　种	

交底内容：

一、主要危险源与危害因素

1. 挖掘机司机未穿救生衣。

2. 挖掘机操控室门处于关闭状态。

3. 运石船定位或离开速度过快。

4. 挖掘机旋臂内站人。

5. 挖掘机在运石船上进行抛石作业时，左右舷抛石不均匀。

二、安全注意事项

1. 施工前，应由技术人员测量水流流速、流向，以确定抛石的位置，作业人员不得凭直觉抛石。

2. 施工前应先检查船机设备和挖掘机设备，确保其处于良好的工作状态。

3. 挖掘机司机操作时必须穿救生衣，且挖机操控室门必须处于开启状态。

4. 船的定位必须满足船舶在施工区域内的移动要求，以及船舶在施工中的剧烈摇晃状态下的安全要求。

5. 运石船开始进行定位或离开施工区时，必须慢车驾驶。

6. 运石船必须准备足够的钢缆，确保运石船与运石船的绑系牢固。

7. 运石船的载重吨位必须满足挖掘机工作中的重量和块石载重量的要求。运石船必须无艉板，且钢板满足挖掘机行走的要求。

8. 块石抛筑后应及时测量河床底部水深及断面形状，由技术人员计算出块石的到位率，同时进行水深检测，以免船舶搁浅。

9. 挖掘机水上抛石过程中，挖掘机旋臂内严禁站人，以免旋转过程中出现安全事故。

10. 挖掘机在运石船上进行抛石作业时，应注意左右舷均匀抛石，以免船体倾斜过大而发生危险。

11. 抛石作业完毕后应立即检查运石船板上是否因挖掘机行走有损伤，如有应立即修补。

12. 当施工停止后，挖掘机应立即行走至船舶中部，放好挖斗，并用钢缆将挖掘机固定，以免风、浪等恶劣天气造成事故。

13. 为确保抛石施工安全，所有块石运输严禁使用 300 t 以下的运输船和“三无”船舶（无船名船号、无船舶证书、无船籍港的船舶）。

续上表

<table>
<tr><td colspan="6">重点强调：
1. 挖掘机司机操作时必须穿救生衣，且挖机操控室门必须处于开启状态。
2. 运石船开始进行定位或离开施工区时，必须慢车驾驶。
3. 挖掘机水上抛石过程中，挖掘机旋臂内严禁站人。
4. 挖掘机在运石船上进行抛石作业时，应注意左右舷均匀抛石。</td></tr>
<tr><td>审核人</td><td></td><td>交底人</td><td></td><td>接受交底
负责人</td><td></td></tr>
<tr><td colspan="6">作业班组全体签名：</td></tr>
</table>

化学静压注浆加固地基施工安全交底　　编号：

<table>
<tr><td>施工单位</td><td colspan="5"></td></tr>
<tr><td>工程名称</td><td colspan="5"></td></tr>
<tr><td>分部分项工程</td><td colspan="5"></td></tr>
<tr><td>工　　种</td><td colspan="5"></td></tr>
<tr><td colspan="6">交底内容：
一、主要危险源与危害因素
1. 进入施工现场作业人员未戴安全帽，高处作业未系安全带。
2. 注浆过程中，遇注浆压力突然上升时，带压处理。
二、安全注意事项
1. 施工前，作业人员应接受安全交底，进入施工现场，应戴好安全帽，高处作业应系好安全带。
2. 浆体应经过搅拌机充分拌匀后才能开始压注，并应在注浆过程中不停缓慢搅拌，搅拌及压注时间应小于浆液初凝时间。
3. 化学静压注浆加固施工的环境温度应该满足加固设计的要求，保证浆液不冻结。如施工环境温度不能满足加固设计的要求，应在施工现场采取措施，否则不得施工。
4. 盛浆桶和注浆管不要暴露于阳光下，防止浆液凝固，搅拌好的浆液静置时间不能过长。
5. 需要加固的土层上面，应有足够厚度的覆盖土层，否则应采取措施，防止浆液上冒。
6. 注浆压力应严格控制，使浆液能填充密实，但应避免因压力过大而破坏地基。
7. 注浆过程中，注浆压力突然上升时，必须停止注浆机运转，卸压后方可处理。
8. 注浆作业要连续进行，缸内应经常保持足够存料。作业开始或中途停止作业 30 分钟以上时，应用水冲洗注浆设备，钟形阀等密封部件要常保持严密，防止跑风。
9. 注浆完毕后，用压风或水吹洗注浆缸和注浆管，保持设备和注浆管的干净。
10. 注浆顺序应严格按照加固设计文件中明确的位置和顺序进行，避免在注浆加固过程中产生偏压，影响既有结构物的安全。
11. 注浆加固过程中应严防堵浆现象的发生。如果在注浆加固过程中发生堵浆现象，应在已经注入的浆体凝固前重新下管注浆，重新下管注浆与原注浆的搭接长度不得小于 1 m。
12. 水泥搅拌时应采取防尘措施。</td></tr>
<tr><td colspan="6">重点强调：
1. 进入施工现场的作业人员应戴好安全帽，高处作业应系好安全带。
2. 注浆过程中，注浆压力突然上升时，必须停止注浆机运转，卸压后方可处理。</td></tr>
<tr><td>审核人</td><td></td><td>交底人</td><td></td><td>接受交底负责人</td><td></td></tr>
<tr><td colspan="6">作业班组全体签名：</td></tr>
</table>

第十章　特殊场所作业安全交底

第一节　占道与跨越道路施工安全交底

交通疏解安全交底　　　　编号：

施工单位	
工程名称	
分部分项工程	
工　　种	

交底内容：

一、主要危险源与危害因素

1. 在施工场地进出车辆时，无专人在路口疏解车辆、行人交通。

2. 施工场地围挡施工时，施工人员未穿反光衣，在围挡前方、后方未设施工缓行标志。

二、安全注意事项

1. 施工场地进、出口处应设立警示标牌，围挡顶部安装警示灯并在主要周边交通线路上、便桥地段布设限速、禁停等标志标牌。

2. 在施工场地进出车辆时，应安排专职交通指挥员，在路口疏解车辆、行人交通。

3. 施工前，组织施工人员进行技术交底和安全教育。

4. 施工场地围挡施工时，所有人员均佩戴安全帽，穿反光衣，在围挡前方、后方 200 m 处设立施工缓行标志，用拉绳(带三角彩旗)进行简单围挡。

5. 监控量测地表测量项目在车辆较少的夜间进行时，安排一人指挥交通，所有人员必须穿反光衣。

6. 施工机械停放在施工围挡内，不得停放在围挡外面、道路边，以免造成交通堵塞。

重点强调：

1. 在施工场地进出车辆时，应有专人在路口疏解车辆、行人交通。

2. 施工场地围挡施工时，所有人员均佩戴安全帽，穿反光衣，在围挡前方、后方 200 m 处设立施工缓行标志，用拉绳(带三角彩旗)进行简单围挡。

3. 施工机械停放在施工围挡内，不得停放在围挡外面、道路边，以免造成交通堵塞。

审核人		交底人		接受交底负责人	

作业班组全体签名：

占道施工安全交底

编号：

<table>
<tr><td>施工单位</td><td colspan="5"></td></tr>
<tr><td>工程名称</td><td colspan="5"></td></tr>
<tr><td>分部分项工程</td><td colspan="5"></td></tr>
<tr><td>工　　种</td><td colspan="5"></td></tr>
<tr><td colspan="6">交底内容：
一、主要危险源与危害因素
1. 夜间作业时未悬挂示警红灯。
2. 夜间作业时，照明没有覆盖所有工作区域。
二、安全注意事项
1. 通行孔道两侧应设防护桩和警示标志。通行孔道两端应设限高、限宽标志和警示灯。
2. 在社会道路、公路上不断绝交通施工时，应在技术人员指导下用围挡等把作业区和道路通行区隔离开。
3. 占道施工时，所有人员应穿明显的、具有反光标志的安全背心，并设置安全警示标志。
4. 在夜间和阴暗环境施工作业时，照明必须覆盖所有工作区域，并加设警示灯。
5. 作业结束恢复原地貌后，方可撤除安全标志、警示灯。
6. 采用手推车运输时，应在专供手推车行驶的道路上行驶。并要用红白相间的栏杆等隔离设施，与机动车行车道隔开。
7. 应经常清扫通车路段的路面，防止车辆碾飞土石伤人或雨后泥泞影响通车。
8. 应在单向通车路段车辆驶出(入)前方设置指示方向和减速慢行的标志。
9. 在居民点或公共场所附近开挖沟槽时，应在技术人员指导下设护栏及相关安全标志对沟槽进行围护，开挖作业影响了正常交通的，应在技术人员指导下设临时通道，夜间应设置照明灯和警示灯。
10. 听从指挥，按时到岗，施工人员不得随意离开施工现场。
11. 严格遵守劳动纪律和作业纪律，认真执行保休制度，班前充分休息，严禁班前、班中饮酒；严禁脱岗、串岗、私自替班或换班，不得做与工作无关的事情。
12. 禁止在围挡外放置任何物资设备，要严格遵守时间要求。</td></tr>
<tr><td colspan="6">重点强调：
1. 占道施工时所有作业人员必须穿反光背心。
2. 禁止酒后上岗工作。</td></tr>
<tr><td>审核人</td><td></td><td>交底人</td><td></td><td>接受交底负责人</td><td></td></tr>
<tr><td colspan="6">作业班组全体签名：</td></tr>
</table>

跨越道路施工安全交底

编号：

施工单位	
工程名称	
分部分项工程	
工　　种	

交底内容：

一、主要危险源与危害因素

1. 施工时，班组擅自更改作业方案。

2. 机械操作人员擅离岗位；酒后作业。

3. 施工时遇到6级（含）以上大风时，仍然进行作业。

4. 机械带故障运转或超负荷运转。

5. 简支梁施工时，前后两吊点升降速度不一致。

6. 在高压电线区域施工。

二、安全注意事项

1. 应根据道路交通的实际需要设置施工标志、路栏、锥形交通路标等安全设施，并采取防护棚等防坠落设施以防止落物伤及行人和车辆。

2. 夜间施工时应有反光或施工警告灯光信号，必要时应使用信号或旗手管制交通。

3. 车道没有禁行时，支架、支墩应设置防撞墩加以保护。

4. 施工时，要严格按照既有的施工方案进行，班组不得擅自更改作业方案。

5. 机械操作人员在施工进程中要注意力集中，严禁擅离岗位。

6. 机械操作人员施工前严禁饮酒。

7. 当发现机械出现异常情况时要立即停止使用，并报知技术人员；严禁机械超负荷运转。

8. 施工作业完毕后，施工人员应当迅速清除道路上的障碍物，消除安全隐患。

9. 跨越道路施工时，吊车司机要听从正确的路面指挥。

10. 简支梁施工时，简支梁前后两吊点升降速度要保持一致。

11. 吊车臂下严禁站人，停止施工后，吊臂收回。

12. 在周围高压电线区域施工时，机械操作人员要密切配合指挥人员的正确指挥。

13. 风力增大遇到6级（含）以上时，需要停止施工，进行安全撤离。

续上表

<table>
<tr><td colspan="6">重点强调：
1. 施工时，更改作业方案必须经技术人员同意。
2. 机械操作人员在施工进程中不得擅离岗位，不得操作与操作证不相符的机械，不得将机械设备交给无本机操作证的人员操作。
3. 驾驶员或操作人员严禁酒后操作机械，严禁机械带故障运转或超负荷运转。
4. 简支梁施工时，前后两吊点必须升降速度一致。
5. 施工时必须考虑施工区域周围的高压电线。
6. 遇到 6 级(含)以上大风时，禁止作业。</td></tr>
<tr><td>审核人</td><td></td><td>交底人</td><td></td><td>接受交底负责人</td><td></td></tr>
<tr><td colspan="6">作业班组全体签名：</td></tr>
</table>

上路作业人员安全交底

编号：

施工单位	
工程名称	
分部分项工程	
工　　种	

交底内容：

一、主要危险源与危害因素

1. 上路的作业人员未配备反光背心。

2. 作业人员上在道路上随意穿行；与车辆抢行；斜穿道路。

3. 夜间施工无照明，交通导改后未在圈定的施工范围内工作。

4. 人员随意扒挂施工车辆；依车卧息或避风。

5. 道路上打桩、开挖沟槽、吊装钢板梁等作业时，未配备交通协管员，或作业人员不服从协管员的指挥。

二、安全注意事项

1. 上路的作业人员必须配备齐全的安全防护用品（工作服、安全帽、反光背心等），且必须正确佩戴，特殊工种按规定戴好防护用品。

2. 上路施工作业人员，进场前必需经过安全培训，所有进场人员需进行安全生产预演。

3. 作业人员在道路上穿行时，应做到"一看二停三通过"，禁止与车辆抢行。不得斜穿道路，不许嬉笑打闹，不许滋事闹事，更不许与过往车辆、行人争斗及抛物击车。

4. 现场指挥人员应佩戴警哨，发现紧急情况吹哨预警，现场作业人员必须服从指挥。

5. 施工现场夜间施工时，要有足够照明，施工人员须在交通导改后在圈定的施工范围内工作，不能超出施工围挡范围。

6. 断路施工、交通导行工作须在项目经理部统一指导下进行，在未完成交通导行工作前，任何车辆及施工人员不得提前进入道路内施工。

7. 施工材料运输时要避让来往车辆及行人，前后或左右设专人执小红旗进行交通指挥，防止刮碰车辆及行人。

8. 施工人员不得随意扒挂施工车辆，不得依车卧息或避风。

9. 施工现场内使用的机动车及机械运输设备，非操作人员不得使用。

10. 交通协管人员在交通导行中，交通设施的码放应遵守以下原则：首先放置锥形桶，防撞桶，圈定施工作业范围，在此基础上按要求码放标志、标牌和各种限速道路变窄等设施，夜间施工时要加置警示灯。

11. 施工要按照交通管理部门批准的时间进行，施工时各种交通保障措施要落实，各种交通标志、标牌、警示牌及锥形桶要按标准码放。

12. 断路施工及交通导行开始时，锥形桶的码放要采取渐变的方法，即顺码的方法以来车方向右侧慢速车道为码放起点，逐渐变线码入快速车道，最终达到断行或导行目地。渐变距离要根据国家标准要求的距离，不得小于标准距离。导行结束时，所用各种交通设施须逆向回收，以保证安全。

13. 交通设施摆放后，要有专人负责看护，发现被车辆撞坏或其他自然因素损坏要即使更换或维修，保证其使用功能。

续上表

14. 进行道路上施工，打桩、沟槽开挖、钢板梁吊装等作业时，须配备交通协管员，负责交通安全工作，施工作业人员要服从协管员的指挥。 15. 停放在主路、辅路上的施工车辆，须开启安装于车辆顶部爆闪灯。 16. 机动车驾驶员对车辆要经常地进行维修、保养，保证其正常使用，禁止酒后驾车及疲劳驾驶。 17. 施工区域内的施工车辆及各种运输车辆，施工现场内要慢速行驶，注意来往人员，保证施工人员的安全。 18. 材料码放要稳固，防止倾倒伤人、伤物，并不得影响车辆、行人正常通行。 19. 道路上管线施工，沟槽开挖要用硬制材料进行围挡，夜间围挡上警示灯要保证明亮，损坏的要及时更换，施工围挡外不得随意堆物、堆料，不得占用公共道路，不得影响社会交通。 20. 夜间道路基坑、管线开挖，白天需要恢复交通的，要在需放行交通的路段铺设钢板，钢板铺设要平，钢板上无钢刺，防止扎破车轮。对宽度较大的基坑、沟槽，铺设钢板前下面要用工字钢或方木支撑牢固。 21. 需要在围挡外道路上作业时，必须三人以上，并在作业处逆行车方向 8 m 的地方放置反光锥形护筒。 22. 道路上进行清扫、围挡冲洗、擦拭作业要根据交通具体情况放置交通设施，并设专人看管。 23. 作业人员在道路中施工时，应设一人持指挥棒或小红旗指挥车辆避让。夜间施工时，指挥人员应持荧光指挥棒指挥车辆避让。 24. 进入主路、辅路及交通路口、道口作业的卫生保洁人员要穿闪光服，戴安全帽，工作中应有专人负责指挥交通工作。 25. 用于交通导改的各种交通标志，要保证其表面清洁，具有夜间指示作用的反光膜表面要经常进行擦洗，防止被污物、泥浆封严影响其警示功能，交通设施损坏的要及时修复。 26. 在道路上进行桩基、承台、墩柱、盖梁施工须提前设置围挡，围挡前要按交通导改的要求放置标牌、警示灯、锥形桶、防撞桶及限速标志与设施。 27. 搭建的围挡要经常进行安全检查，出现问题应及时修理，防止在自然力的作用下倾倒。

续上表

<table>
<tr><td colspan="6">重点强调：
1. 上路的作业人员必须配备齐全的安全防护用品(工作服、安全帽、反光背心等)，且必须正确佩戴，特殊工种按规定戴好防护用品。
2. 作业人员在道路上穿行时，应做到“一看二停三通过”，禁止与车辆抢行。不得斜穿道路，不许嬉笑打闹，不许滋事闹事，更不许与过往车辆、行人争斗及抛物击车。
3. 夜间施工时，要有足够照明，施工人员须在交通导改后在圈定的施工范围内工作，不能超出施工围挡范围。
4. 施工人员不得随意扒挂施工车辆，不得依车卧息或避风。
5. 进行道路上施工，打桩、沟槽开挖、钢板梁吊装等作业时，须配备交通协管员，负责交通安全工作，施工作业人员要服从协管员的指挥。
6. 进入主路、辅路及交通路口、道口作业的卫生保洁人员要穿闪光服，戴安全帽，工作中应有专人负责交通指挥工作。</td></tr>
<tr><td>审核人</td><td></td><td>交底人</td><td></td><td>接受交底负责人</td><td></td></tr>
<tr><td colspan="6">作业班组全体签名：</td></tr>
</table>

第二节　水上水下作业安全交底

水上作业安全交底(通用)　　编号:

施工单位	
工程名称	
分部分项工程	
工　　种	

交底内容:

一、主要危险源与危害因素

1. 当6级及以上大风时,在未采取加固措施的情况下仍继续作业。

2. 作业前未对救生衣逐一进行安全检查。

3. 夜间作业照明不良。

4. 作业船只航行中不瞭望。

5. 人员在船头、船尾、船板上站立或骑坐。

6. 船只超载、偏载。

二、安全注意事项

1. 作业人员必须经专业培训及特殊培训,无证人员严禁上岗。

2. 水上作业船只及设备必须检验合格后方可作业。

3. 租用的交通艇必须证照齐全,按规定配足救生器材,并标示成员定员标准及乘坐规定。

4. 施工使用的各种船只,按航政部门规定设置航运标志,并备有救生、消防设备,并加以保管。

5. 当6级及以上大风时,停止工作,并检查加固水面上的船只和锚缆等设施。如确有需要继续作业时,应采取有效措施。

6. 施工现场上游和下游必须按规定距离设置通航警示标志。

7. 临水区域设置防护设施,竖立有关安全警示标志。

8. 作业人员穿好救生衣,不得穿有筒胶鞋、高跟鞋、带钉易滑硬底鞋。

9. 船上流动作业人员及乘坐十人以下非机动小船的人员,穿好救生衣。

10. 每次作业前,作业人员应对所有的救生衣进行检查,确认其安全有效。

11. 禁止单人独自作业。定位船锚后,派人昼夜值班。

12. 船上在夜间应有照明设备,没有照明设备的船只,应备有防风灯及电池灯具。夜间作业须有足够照明。

13. 船与船之间搬运物件作业,须将两船靠至最近距离并注意浪涌影响。

14. 作业人员不得向施工水域抛弃施工生产废弃物、污油、污水和生活垃圾。

15. 作业船只航行中认真瞭望。当往来船只动态不明或声号不统一时,立即减速停船。必要时开倒船。

续上表

<table>
<tr><td colspan="6">16. 所打设栈桥、操作平台应有防护栏杆及防滑措施。
17. 运料船在作业船附近作业时，防止锚缆挂住叶轮和船舵被打坏。
18. 不得在船头、船尾、船板上站立和骑坐，非驾驶人员，不得私自操作。
19. 船按规定吨位装载，不偏载。装载的料具符合安全规定。船到位后，靠稳拴好，搭好跳板后，方可卸料。
20. 料船之间的空隙，铺脚手架或挂安全网，防止人员落水。
21. 有大风、暴雨时，应服从船长的指挥。
22. 遇有雾天、雷暴雨使视线不清时，作业船只只显示强烈灯光信号，并鸣锣、敲钟、喊话，引起过往船只的警惕。
23. 上游失去控制的船只或巨大漂游物威胁作业船只安全时，应立即派出机动船协助避让。</td></tr>
<tr><td colspan="6">重点强调：
1. 当 6 级及以上大风时，应停止工作，并应检查加固水面上的船只和锚缆等设施。
2. 每次作业前，作业人员应对所有的救生衣进行检查，确认其安全有效。
3. 夜间作业须有足够照明。
4. 作业船只航行中认真瞭望。当往来船只动态不明或声号不统一时，立即减速停船。必要时开倒船。
5. 船头、船尾、船板上人员不得站立和骑坐。
6. 船按规定吨位装载，不偏载。</td></tr>
<tr><td>审核人</td><td></td><td>交底人</td><td></td><td>接受交底负责人</td><td></td></tr>
<tr><td colspan="6">作业班组全体签名：</td></tr>
</table>

潜水作业安全交底(通用)　　　编号：

施工单位	
工程名称	
分部分项工程	
工　　种	

交底内容：

一、主要危险源与危害因素

1. 潜水员未随时与指挥人员保持畅通联系。

2. 潜水员下潜之前未对相关设备进行检查。

3. 年满50周岁以上的人员仍进行水下作业。

4. 水域动态及水压变化超出潜水员承受能力。

5. 潜水员在水下时，工作船上没有应急潜水员、应急潜水装置。

6. 潜水员不完全清楚技术人员所交代的安全要求，就进行下潜作业。

7. 潜水员水下工作时解开信号绳。

二、安全注意事项

1. 潜水员下潜时要保证身体各项体征满足相关要求，年满50周岁以上的人员不得进行水下作业。

2. 潜水作业前潜水员应掌握下潜任务、下潜环境、工作部位、水深、流速、流向等。

3. 潜水及加压前应对所要使用的潜水设备进行检查，确认良好后方可进行作业；下水后潜水人员能够保证时刻与水面指挥人员联系。

4. 潜水作业点的规定区域水面上不得进行起吊作业、船只通过。

5. 水面有超过4级浪时，不得进行潜水作业；潜水员饮酒后不能进行水下作业。

6. 潜水员真正下潜作业之前要进行试潜，一旦遇到潜水衣漏水等情况，及时出水更换；下潜后，若下潜水域动态、水压变化过大，给潜水员造成身体不适，要及时与指挥人员沟通出水。

7. 通风式重潜水作业时应注意：

(1)潜水员下潜或上升时，供气软管、信号绳、下潜导绳应分开。

(2)潜水员不得在杂乱杆件挡内穿越；不得穿越隔梁进入其他井孔。

(3)检查或排除机动船推进器上的绞缠物时，看守人员在机房内应认真看守。

(4)水下作业面高低悬殊较大时，供气软管和信号绳应适量收紧。

(5)信号绳和供气软管放出、收回的速度，应与潜水员下潜或上升的速度保持一致。

8. 轻潜水作业时应注意：

(1)作业前应该确定潜水时间。

(2)深潜水时必要的潜水减压设备必须能正常使用。

9. 水下作业点流速大于1 m/s时应注意：

(1)潜水员所佩戴的头盔面罩应加防护罩，压铅、潜水鞋、下潜导绳的坠砣应加重。

(2)潜水工作船应抛锚在潜水作业点上游。

续上表

<table>
<tr><td colspan="6">(3)下潜员应使用安全带，套在下潜导绳上下潜或上升；在水底，不得抛开导向绳，应减少用气量，行走时应面向上游。
10. 水下作业时，潜水员不可以解开信号绳。
11. 潜水水域有腐蚀、油污物质时，潜水员要穿戴满足环境要求的特殊防护用具。
12. 潜水员一旦出现抽筋、头晕脑胀等不适，千万不要慌乱。
13. 潜水员在水下时，工作船上的应急潜水员要随时待命，应急潜水装置要准备到位。
14. 水面上信号绳、气管看守人员，每隔5分钟要检查下潜人员的供气量、气压、纯度等指标，定时询问潜水员的主观感觉，了解工作进展情况。
15. 潜水员呼吸用的气体，气源纯度要达到相关要求，供应的气体量每分钟不小于80 L。</td></tr>
<tr><td colspan="6">重点强调：
1. 潜水员必须能够随时与指挥人员保持畅通联系。
2. 潜水员下潜之前必须对现场相关设备进行检查。
3. 年满50周岁以上的人员禁止进行水下作业。
4. 潜水员在水下时，工作船上必须有应急潜水员和应急潜水装置。
5. 潜水员水下工作时严禁解开信号绳。</td></tr>
<tr><td>审核人</td><td></td><td>交底人</td><td></td><td>接受交底负责人</td><td></td></tr>
<tr><td colspan="6">作业班组全体签名：</td></tr>
</table>

特殊环境(夜间、炎热、寒冷、4级以上浪)潜水作业安全交底

编号：

施工单位	
工程名称	
分部分项工程	
工　　种	

交底内容：

一、主要危险源与危害因素

1. 夜间潜水作业时,照明不良。

2. 炎热环境潜水前未检查储气筒是否充满压缩空气。

3. 炎热环境潜水作业时,在沉井或管柱内潜水,没有相应的通风设备。

4. 寒冷环境潜水前供气管路未使用压缩空气吹通几分钟,接头部位未用棉垫包裹。

5. 供气软管、信号绳与断冰接触处未采取防止磨损或割断的有效措施。

6. 潜水员行走的厚冰面、潜水梯的横撑,没有布设防滑的设施。

7. 水面有超过4级浪时,潜水员仍然进行潜水作业。

二、安全注意事项

1. 夜间潜水作业时,除潜水工作船、潜水平台有照明外,还应安装满足施工要求的照明灯具照在潜水点的水面上。

2. 夜间进行潜水作业,水面施工人员的工作应特别慎重细心,精力集中。

3. 夜间进行潜水作业,下潜作业人员必须携带水下照明设备。

4. 夜间进行潜水作业,水面施工人员应在聚光灯下,自始至终观察潜水员排出的气泡。

5. 炎热环境潜水作业时,潜水前应将储气筒充满压缩空气,储气筒上面应安装冷水管降温,待压缩空气冷却后再使用或用冷气泵供气;在沉井或管柱内潜水,应有通风设备。

6. 炎热环境潜水作业时,应认真检查胶管有无老化变质、接头是否牢固,整条胶管不得漏气。

7. 寒冷环境潜水作业时,潜水前和潜水后应用压缩空气吹除潜水软管内的积水,潜水头盔或面罩应使用淡水冲洗后置于暖室内。

8. 寒冷环境潜水作业时,潜水前供气管路应用压缩空气吹通几分钟,接头部位用棉垫包裹。

9. 水面有浮冰时,供气软管、信号绳与断冰接触处应有防止磨损或割断的措施。

10. 寒冷环境潜水作业时,下潜人员应穿着保暖服,使用保暖手套,出水后应该用温水暖手,切忌用过热的水暖手。

11. 寒冷环境潜水作业时,当潜水员感到呼吸困难,气量不够时,说明管腔内积水,可能冻结,下潜人员要停止工作上升出水。

12. 潜水梯的横撑、潜水员行走的路面或厚冰上,应有防滑的措施。

13. 水面有超过4级浪(浪高超过2.5 m)时,不得进行潜水作业。

续上表

重点强调： 1. 夜间潜水作业时，不仅潜水工作船、潜水平台有照明外，也必须安装照明度较大的灯具照在潜水点的水面上。 2. 寒冷环境潜水作业时，潜水前供气管路必须使用压缩空气吹通几分钟，接头部位应该用棉垫包裹。 3. 寒冷环境潜水作业时，遇到水面有浮冰时，供气软管、信号绳与断冰接触处必须有防止磨损或割断的措施。 4. 寒冷环境潜水作业时，潜水梯的横撑、潜水员行走的路面或厚冰上，应布设防滑的设施。 5. 水面有超过 4 级浪时，潜水员禁止进行潜水作业。					
审核人		交底人		接受交底负责人	
作业班组全体签名：					

特殊场所（水库中、沉井内、围堰内）潜水作业安全交底

编号：

施工单位	
工程名称	
分部分项工程	
工　　种	

交底内容：

一、主要危险源与危害因素

1. 水库中潜水施工时，看守闸门人员擅自离开岗位。

2. 潜水员在水库中潜水，未出水之前，开启闸门。

3. 沉井内壁有钢筋、扒钉头、铁钉头等外露。

4. 潜水员在沉井内潜水作业时穿越邻孔。

5. 手扶吸泥机作业时，用手和脚去探摸吸泥机头部或骑在吸泥机弯头上。

6. 在进行潜水作业时，沉井内及其附近同时进行起重吊装作业。

7. 潜水作业时，应急潜水员擅自离开岗位。

二、安全注意事项

1. 水库潜水作业前潜水员应掌握下潜任务、下潜环境、工作部位、水深等，并严格执行有关的安全操作规定。

2. 水库潜水作业前，有关人员应对潜水设备进行检查，确认良好后潜水员方可进行作业。

3. 发现水库底部较滑或者不平整时要降低行走步伐。

4. 在水库中潜水作业时所派的专人看守闸门点，在潜水员未出水之前，不得擅自离守岗位和开启闸门。

5. 围堰施工时，作业人员要对围堰变形、渗水和冲刷等情况进行观测，发现问题及时报告技术人员。

6. 井内水位应高于沉井外的水位，多孔沉井各孔内的水位应一致。

7. 井内壁不得有钢筋、扒钉头、铁钉头等外露；严禁潜水员穿越邻孔。

8. 井内吸泥清基，由潜水电话员指挥看守吸泥机和高压射水枪闸阀的施工人员。

9. 潜水员用手扶持吸泥机作业时，严禁用手和脚去探摸吸泥机头部或骑在吸泥机弯头上。

10. 潜水作业时，沉井内及相关区域内不得同时进行起吊作业。

11. 潜水员在水下时，工作船上的应急潜水员要随时待命。

续上表

<table>
<tr><td colspan="6">重点强调：
1. 在水库中潜水时，潜水员未出水之前，任何人不得开启闸门。
2. 在沉井内潜水时，下井前沉井内壁不得有钢筋、扒钉头、铁钉头等外露。
3. 在沉井内潜水时，潜水员严禁穿越邻孔。
4. 沉井内潜水作业时，不得同时进行起重吊装作业。
5. 潜水作业时，应急潜水员严禁擅自离开。</td></tr>
<tr><td>审核人</td><td></td><td>交底人</td><td></td><td>接受交底
负责人</td><td></td></tr>
<tr><td colspan="6">作业班组全体签名：</td></tr>
</table>

水下作业(起吊、焊割、爆破)安全交底　　编号：

施工单位	
工程名称	
分部分项工程	
工　　种	

交底内容：

一、主要危险源与危害因素

1. 不熟悉被吊物件的结构。
2. 在起吊时,未将物件拴牢。
3. 潜水员出水前,进行起吊作业。
4. 潜水员在所打捞的沉船、钢结构、圆筒等物件内穿行。
5. 潜水员在水中悬浮不定的物体上施工。
6. 水面看管电源的施工人员擅自离开岗位。
7. 爆破人员违规操作。
8. 装运炸药、雷管等易爆材料的船只不符合安全要求。
9. 潜水员未到达安全区域,就进行爆破工作。

二、安全注意事项

1. 水下起吊作业前,施工人员要熟悉所吊物件的结构,以及该物件的打捞方案。
2. 水下起吊作业前潜水员应将沉没物件拴牢,待潜水员上升出水后,方可起吊物件出水。
3. 水下起吊作业前打捞沉船、钢结构、圆筒等物件时,严禁潜水员在沉船、钢架、圆筒内穿行。
4. 潜水员不得在悬浮水中的物体上工作,不得从悬空物件和锚链下穿越。
5. 水下焊割施工时,施工人员要熟练掌握焊割技术和作业要领。
6. 电焊钳、割刀把、电缆等必须绝缘,头盔外面和领盘应涂一层绝缘漆或包裹一层薄橡胶。
7. 电氧切割时,应先引弧,后开氧气;关闭时先关电源,再停氧气。
8. 下潜人员应严防焊(割)条和焊(割)把触及头盔或面罩。
9. 看护人员必须严格掌握电闸刀的开关,未接到下潜人员的口令,严禁接通或断开电源,接到下潜人员“开电”的口令时,应立即合上电闸刀并重复口令,接到潜水人员“停电”的口令时,应立即断开电闸刀,再重复口令;严禁擅自离岗。
10. 除潜水员在水下进行焊接或切割作业时间外,其他时间必须关闭电源。
11. 水下爆破作业应注意:

(1)装炸药时禁止使用电话。

(2)同一起爆中,不得使用不同型号的雷管。

(3)炸药包密封后,潜水员应将炸药包随身带入水下,不得用绳传递。

(4)炸药放置时,应从上游到下游,从深水到浅水,严防与导爆线纠缠。

续上表

(5)发生“瞎炮”时应切断电源，15 分钟后再下潜取出。 12. 必须使用专业船只运输易燃易爆物品。 13. 起爆前，要确保潜水员已到达安全区域。					
重点强调： 1. 潜水员未到达安全区域之前，严禁起吊物件。 2. 打捞沉船、钢结构、圆筒等物件时，潜水员严禁在沉船、钢架、圆筒内穿行。 3. 水面看管电焊机电源开关的施工人员严禁擅自离开岗位。 4. 参加水下爆破的作业人员，严禁违规操作。 5. 严禁用非专业船只装运炸药、雷管等易爆材料。 6. 潜水员到达安全区域前，严禁爆破工作。					
审核人		交底人		接受交底负责人	
作业班组全体签名：					

水上水下施工作业安全交底

编号：

施工单位	
工程名称	
分部分项工程	
工　　种	

交底内容：

一、主要危险源与危害因素

1. 人员在作业船上嬉戏打闹。
2. 无关人员随意操作机械。
3. 船员违章操作船只。
4. 私拉私接电线。
5. 在船上吸烟。
6. 随意抛掷工具、硬物等。

二、安全注意事项

1. 水上作业时作业人员应穿救生衣，系安全绳，并将其系在牢固的地方(如贝雷梁、已施工好的钢管桩等)。
2. 履带吊装起重作业时，在技术人员的指导下按施工要求进行定位，并在履带吊履带下加铺垫板。
3. 船只在航行前，应检查各部位的机械与设施是否良好，不得带病作业。
4. 遇有雨、雾天，视线不清时，船只应显示规定的信号，必要时，应停止航行或作业。
5. 定位船及作业船锚碇后，应在涉及航域范围内设置警示标志。
6. 船只靠岸后，应在技术人员的指导下搭设跳板、扶手或安全网，经踏试稳定牢固，方可上下人或装卸货物。
7. 船运行中途遇有阵风、阵雨时，乘船人员不得走动或站立。
8. 打桩船、起重船施工前应了解作业区域的水深、流速、河床地质等有关情况。
9. 抛锚、就位应保持船体稳定。如用两艘船体连接时，必须连接牢固，稳定可靠。
10. 牵引或在旁侧拖带作业船只时，严禁超载，牵引用的钢丝绳必须连接牢固。
11. 交通船应按规定的载人数量渡运，严禁超员强渡。
12. 潜水员必须持证上岗，无证人员严禁从事潜水作业。
13. 潜水作业前，要充分了解作业现场的水深、流速、水质、地质、风速和水下生物、障碍物等情况。
14. 严格执行潜水作业安全操作规程，特别是从事水下用电等危险性较大的作业时，要重点熟悉掌握有关作业的安全操作规程。
15. 严禁潜水员酒后进行潜水作业，水下作业时不得进行与指定作业无关的活动，特别是不得接触水下不明的生物和物体，遇有不明情况应及时和水面联系。
16. 潜水作业区域和作业船舶，必须在明显处设信号旗、信号灯及醒目标志，任何无关船舶严禁进入潜水作业区域。

续上表

<table>
<tr><td colspan="6">17. 抛锚时,锚链滚滑附近不得站人。
18. 作业人员在作业船上不准嬉戏打闹。
19. 禁止各种违章操作。
20. 禁止私拉私接电线。
21. 禁止在船上吸烟。
22. 禁止随意抛掷工具、硬物等。</td></tr>
<tr><td colspan="6">重点强调:
1. 水上作业时作业人员应穿救生衣,系安全绳,并将其系在牢固的地方(如贝雷梁、已施工好的钢管桩等)。
2. 船只靠岸后,应搭设跳板、扶手或安全网,经踏试稳定牢固,方可上下人或装卸货物。
3. 潜水员必须持证上岗,无证人员严禁从事潜水作业。</td></tr>
<tr><td>审核人</td><td></td><td>交底人</td><td></td><td>接受交底负责人</td><td></td></tr>
<tr><td colspan="6">作业班组全体签名:</td></tr>
</table>

第三节 邻近铁路营业线施工安全交底

跨越营业线临时道口看守员安全交底 编号：

施工单位	
工程名称	
分部分项工程	
工 种	

交底内容：

一、主要危险源与危害因素

1. 列车到达前，未确认道口铺砌、轮缘槽、线路有无影响行车安全的障碍。

2. 将栏木置于半开半关的状态。

二、安全注意事项

1. 维护道口交通秩序，监视过往列车运行，确保铁路畅通和各种车辆及行人通过道口时的安全。

2. 认真执行规章制度，严格遵守劳动纪律，坚守岗位，集中精力，认真瞭望列车，适时开放栏木，显示规定信号，保证车辆行人安全。

3. 注意检查道口设备，及时清扫轮缘槽。经常保持信号、工具备品齐全有效。随时向通过道口的车辆行人进行安全宣传。

4. 要在便于瞭望处所，集中精力认真瞭望列车，并监视车辆行人，不得妨碍道口，天气恶劣或行人、车辆过多时，要坚持室外瞭望，并加强电话联系。

5. 接到电铃、电话的来车通知或发现列车开来，要手持信号旗或信号灯，立即出场，不得再作其他工作，有电话的要适时转告相邻道口。

6. 道口可以通行时，要疏通道口车辆和行人，指挥车辆依次驶出道口。

7. 根据列车、道口及车辆行人繁忙情况，适时落杆，天气恶劣时要适当提前落杆。

8. 确认道口线路无障碍后，要站在距外股钢轨 2 m 以外的安全处所或接车台上，昼间高举拢起的黄色信号旗，夜间用白色灯光，面向来车方向，显示安全信号，列车鸣笛回示后放下。

9. 列车安全通过后，要确认电铃、电话无通知，本线和邻线无列车开来时，方可开放栏木。

10. 特别笨重、巨大的物件和可能破坏铁路设备、干扰行车的物体通过道口时，应在技术人员指导下采取相应的防护措施。

11. 不准饮酒后上班、擅离岗位。不准做与工作无关的事情，如看书，听广播等。

12. 禁止将栏木置于半开半关的状态。

13. 履带机械通过临时道口时，必须铺垫厚 5 cm 以上的木质材料。

14. 光轮压路机通过临时道口时，必须铺垫双层草垫或木质材料。

15. 凡对道口设施、铁路轨道及设备有损坏作用的机械设备等，在未采取有效安全防护措施前，禁止通过临时道口。

续上表

<table>
<tr><td colspan="6">16. 道口看守员发现道口故障，危及安全无法立即排除时，应立即发出警报信号，关闭栏木，用对讲机通知邻近车站、机车司机，封锁区间或拦(扣)停列车，并迅速在故障地点设好停车信号。
17. 当道口栏木因故障不能放下，列车接近道口时，道口看守员应立即到公路上将汽车等机动车及非机动车、行人拦停，列车过完后放行。</td></tr>
<tr><td colspan="6">重点强调：
1. 道口看守员发现道口故障，危及安全无法立即排除时，应立即发出警报信号，关闭栏木，用对讲机通知邻近车站、机车司机，封锁区间或拦(扣)停列车，并迅速在故障地点设好停车信号。
2. 不准做与工作无关的事情，如看书，听广播等。</td></tr>
<tr><td>审核人</td><td></td><td>交底人</td><td></td><td>接受交底
负责人</td><td></td></tr>
<tr><td colspan="6">作业班组全体签名：</td></tr>
</table>

跨越营业线临时道口通行安全交底　　编号：

施工单位	
工程名称	
分部分项工程	
工　　种	

交底内容：

一、主要危险源与危害因素

1. 道口看守员擅自离岗。

2. 栏木放下后，趁车辆未来，强行穿越道口。

二、安全注意事项

1. 机械、车辆和行人通过临时道口时，必须听从道口看守人员和安全管理人员的指挥。

2. 凡道口栏杆关闭、音响器发出报警、道口信号显示红色灯光或道口看守人员示意列车即将通过等情况之一时，严禁通行，必须依次停在停止线以外，或停在距最外股钢轨 5 m 以外，不得影响道口栏杆的关闭，不得撞、钻、爬、越道口栏杆。

3. 履带机械通过临时道口时，必须铺垫厚 5 cm 以上的木质材料。

4. 光轮压路机通过临时道口时，必须铺垫双层草垫或木质材料。

5. 机动车通过铁路道口速度不得超过 15 km/h，工程机械不得超过 10 km/h，大型机械设备不得超过 5 km/h。

6. 任何施工车辆和机械设备不得在道口内超车或停留。

7. 凡对道口设施、铁路轨道及设备有损坏作用的机械设备等，在未采取有效安全防护措施前，禁止通过临时道口。

8. 严禁施工车辆在道口处交会。

9. 车辆通过电气化铁路道口前，还应注意对车辆高度(含载货部分)进行检查，任何部位与接触网带电部分的垂直距离不得小于 2 m。若发现超限，则要把超高部分卸载，防止车辆超高挂断接触网触电。

10. 钻机等高度较大设备通过电气化铁路道口前，应将设备进行拆解，以顺利通过道口。

11. 当道口栏木因故障不能放下，列车接近道口时，道口看守员应立即到公路上将汽车等机动车及非机动车、行人拦停，列车过完后放行。

12. 遇到恶劣天气(如大雨，浓雾等)，通过道口时要注意加强瞭望。

13. 当施工车辆或机械在道口发生故障时，应立即采取措施，将故障车辆或机械移走。

14. 过轨完毕立即拆除临时道口，防止其他车辆违章通过。

15. 道口看守员不得擅自离岗。

16. 栏木放下后，严禁强行穿越道口。

续上表

重点强调： 1. 机械、车辆和行人通过临时道口时，必须听从道口看守员或现场管理人员的指挥。 2. 严禁施工车辆在道口处交会。					
审核人		交底人		接受交底负责人	
作业班组全体签名：					

跨越营业线运输与作业安全交底　　编号：

施工单位	
工程名称	
分部分项工程	
工　　种	

交底内容：

一、主要危险源与危害因素

1. 重型、超高、履带式运输车辆等通过既有道口，未对道口设备采取保护措施。

2. 来车时，过轨作业人员未在规定距离范围外下道避车。

3. 在列车通过的时段内跨轨运输与作业。

二、安全注意事项

1. 因施工需要跨轨运输材料、设备时，原则上应从既有线道口或既有桥涵下面通过。经过既有道口时，应听从道口看守员指挥，遵守道口安全规定。

2. 重型、超高、履带式运输车辆或施工机械通过既有道口，有可能破坏铁路设备、干扰行车时，应在技术人员指导下对既有设备采取安全保护措施后再通过道口。

3. 如因道口及既有桥涵太远，需就地跨轨运输一般轻便施工材料及机具时（一人或两人可挑、可抬的），应集中固定地点，在列车通过的间隙时间进行。

4. 较笨重施工材料过轨（如 100 kg 以上片石、混凝土轨枕、钢轨等），应在有关技术人员指导下，利用列车通过间隔时间，工地用停车手信号防护，方可过轨施工，如电话发生故障联络中断，应立即排除线路障碍，并停止跨轨作业。

5. 较笨重施工机具（机械），需多人抬运过轨时，应与驻站联络员保持联系，按规定在作业两端做好施工防护，利用列车通过间隔进行过轨作业，如电话或对讲机发生故障，联络中断，应立即停止过轨作业，并排除线路障碍。

6. 重型机动车辆或施工机械过轨，原则上应从既有道口通过。如该地段确无道口或桥涵可通过时，应在有关技术人员指导下铺设临时道口，过轨时应与车站值班员联系。必要时应对线路进行防护方可过轨。过轨完毕立即拆除临时道口，防止其他车辆违章通过。

7. 挑、抬运输施工弃土、弃石过轨时，应在技术人员指导下将道床覆盖，以防道床污染。施工完毕后，应消除污染物，必要时要清筛道床。

8. 在列车通过的时段内不得跨越铁路营业线运输与作业。

续上表

<table>
<tr><td colspan="6">重点强调：
1. 挑、抬运输施工弃土、弃石过轨时，应在技术人员指导下将道床覆盖，以防道床污染。施工完毕后，应消除污染物，必要时要清筛道床。
2. 在列车通过的时段内不得跨越铁路营业线运输与作业。</td></tr>
<tr><td>审核人</td><td></td><td>交底人</td><td></td><td>接受交底负责人</td><td></td></tr>
<tr><td colspan="6">作业班组全体签名：</td></tr>
</table>

第四节 临边与悬空作业安全交底

临边防护安全交底 编号：

施工单位	
工程名称	
分部分项工程	
工　　种	

交底内容：

一、主要危险源与危害因素

1. 有坠落可能的物件，未先行撤除或加以固定。

2. 工具随手放置；拆卸下的物件、余料或废料任意乱置或向下丢弃；抛掷传递物件。

3. 大雨及风力 6 级（含 6 级）以上等恶劣天气时进行露天高处作业。

4. 未严格执行登高作业“六不准”规定。

5. 未严格执行高处作业“十不准”规定。

二、安全注意事项

1. 作业人员应掌握安全“三宝”（安全帽、安全带、安全网）的正确使用方法。

2. 高处搭设脚手架和无防护边缘上作业必须系挂安全带等可靠的个人防护装置。

3. 高处作业的安全标志、工具、仪表、电气设施和各种设备，必须在施工前加以检查。

4. 施工中对高处作业的安全技术设施，发现有缺陷和隐患时，必须及时报告先行撤除或加以固定。

5. 雨天和雪天进行高处作业时，必须穿戴好可靠的防滑、防寒和防冻安全防护用品。

6. 高度超过 2 m 的临边，孔隙口等应在技术人员的指导下安设护栏或安全网。

7. 高处作业人员不要用力过猛，防止失去平衡而坠落。

8. 对各种防护装置、防护设施和警告、安全标志等不得随意拆除和随意挪动。

9. 经医生检查认为不适合高处作业的人员，不得从事高处作业。

10. 登高作业“六不准”：(1)不准往下乱抛物品；(2)不准背向下走下扶梯；(3)不准穿拖鞋、凉鞋、高跟鞋；(4)不准嬉笑打闹；(5)不准靠在临时扶手或栏杆上；(6)不准在安全带未挂牢时作业。

11. 高处作业十不准：(1)高处作业没系安全带不准作业；(2)高处作业没戴安全帽不准作业；(3)高处作业没安装安全网不准作业；(4)高处作业不准赤臂作业；(5)高处作业不准穿硬底鞋（拖鞋）作业；(6)高处作业不准带病作业；(7)高处作业不准双层作业；(8)高处作业不准嬉戏；(9)高处作业的脚手架不准用劣质材料；(10)高处作业的物料不准抛投。

12. 遇有 6 级及以上强风、浓雾等恶劣天气，不得进行露天临边作业。

续上表

<table>
<tr><td colspan="6">重点强调：
1. 工具应随时放入工具袋,传递物件禁止抛掷。
2. 遇有 6 级及以上强风、浓雾等恶劣天气,不得进行露天临边作业。
3. 对各种防护装置、防护设施和警告、安全标志等不得随意拆除和随意挪动。
4. 严格执行登高作业“六不准”规定。
5. 严格执行高处作业“十不准”规定。</td></tr>
<tr><td>审核人</td><td></td><td>交底人</td><td></td><td>接受交底
负责人</td><td></td></tr>
<tr><td colspan="6">作业班组全体签名：</td></tr>
</table>

攀登作业安全交底

编号：

施工单位	
工程名称	
分部分项工程	
工　　种	

交底内容：

一、主要危险源与危害因素

1. 工具随手放置；拆卸下的物件、余料或废料任意乱置或向下丢弃；抛掷传递物件。

2. 大雨及风力 6 级（含 6 级）以上等恶劣天气时进行露天攀登作业。

3. 未严格执行登高作业“六不准”规定。

4. 未严格执行高处作业“十不准”规定。

二、安全注意事项

1. 进入现场，作业人员必须戴好安全帽，扣好帽带，并正确使用个人劳动防护用具。

2. 进行攀登作业时可使用梯子或采用其他攀登设施。

3. 不得任意利用吊车臂架等施工设备进行攀登。

4. 梯脚底部不得垫高使用，梯子的上端必须固定。

5. 梯子如需接长使用，必须有可靠的连接措施，且接头不得超过 1 处。

6. 折梯使用时，应提前检查铰链是否牢固，并应有可靠的拉撑措施。

7. 上下梯子时，必须面向梯子，且不得手持器物。

8. 作业人员应从规定的通道上下，不得在阳台之间等非规定通道进行攀登。

9. 登高作业“六不准”：(1)不准往下乱抛物品；(2)不准背向下走下扶梯；(3)不准穿拖鞋、凉鞋、高跟鞋；(4)不准嬉笑打闹；(5)不准靠在临时扶手或栏杆上；(6)不准在安全带未挂牢时作业。

10. 高处作业十不准：(1)高处作业没系安全带不准作业；(2)高处作业没戴安全帽不准作业；(3)高处作业没安装安全网不准作业；(4)高处作业不准赤臂作业；(5)高处作业不准穿硬底鞋（拖鞋）作业；(6)高处作业不准带病作业；(7)高处作业不准双层作业；(8)高处作业不准嬉戏；(9)高处作业的脚手架不准用劣质材料；(10)高处作业的物料不准抛投。

11. 大雨及风力 6 级以上（含 6 级）等恶劣天气时应立即停止露天攀登作业。

12. 拆卸下的物件及余料和废料均应及时清理运走，不得任意乱置或向下丢弃。

续上表

重点强调：

1. 严格执行登高作业“六不准”规定。
2. 严格执行高处作业“十不准”规定。
3. 遇有 6 级及以上强风、浓雾等恶劣天气，不得进行露天攀登作业。
4. 高处作业人员不要用力过猛，防止失去平衡而坠落。
5. 拆卸下的物件、余料及废料均应及时清理运走，不得任意乱置或向下丢弃。

审核人		交底人		接受交底负责人	

作业班组全体签名：

悬空作业安全交底　　　　编号：

施工单位	
工程名称	
分部分项工程	
工　　种	

交底内容：

一、主要危险源与危害因素

1. 工具随手放置；拆卸下的物件、余料或废料任意乱置或向下丢弃；抛掷传递物件。

2. 大雨及风力 6 级（含 6 级）以上等恶劣天气时进行露天悬空高处作业。

3. 未严格执行登高作业“六不准”规定。

4. 未严格执行高处作业“十不准”规定。

5. 高处作业用力过猛。

二、安全注意事项

1. 不得任意乱置或向下丢弃物件，传递物件禁止抛掷。

2. 高处作业的安全标志、工具、仪表、电气设施和各种设备，必须在施工前加以检查。

3. 悬空高处作业人员及搭设高处作业安全设施的人员必须持证上岗。

4. 施工中对高处作业的安全技术设施，发现有缺陷和隐患时，应及时报告。

5. 工具应随手放入工具袋，拆卸下的物件及余料和废料均应及时清理运走。

6. 雨天和雪天进行高处作业时，必须穿戴好可靠的防滑、防寒和防冻安全防护用品。

7. 高处作业人员不要用力过猛，防止失去平衡而坠落。

8. 在平台等处拆木模，撬棒要朝里，不要朝外，防止人员向外坠落。

9. 经医生检查认为不适合高处作业的人员，不得从事高处作业。

10. 登高作业“六不准”：(1)不准往下乱抛物品；(2)不准背向下走下扶梯；(3)不准穿拖鞋、凉鞋、高跟鞋；(4)不准嬉笑打闹；(5)不准靠在临时扶手或栏杆上；(6)不准在安全带未挂牢时作业。

11. 高处作业十不准：(1)高处作业没系安全带不准作业；(2)高处作业没戴安全帽不准作业；(3)高处作业没安装安全网不准作业；(4)高处作业不准赤臂作业；(5)高处作业不准穿硬底鞋（拖鞋）作业；(6)高处作业不准带病作业；(7)高处作业不准双层作业；(8)高处作业不准嬉戏；(9)高处作业的脚手架不准用劣质材料；(10)高处作业的物料不准抛投。

12. 遇有 6 级及以上强风、浓雾等恶劣天气，不得进行露天悬空高处作业。

续上表

<table>
<tr><td colspan="6">重点强调：
1. 工具应放入工具袋，传递物件禁止抛掷。
2. 遇有 6 级及以上强风、浓雾等恶劣天气，不得进行露天攀登与悬空高处作业。
3. 在平台等处拆木模，撬棒要朝里，不要朝外，防止人员向外坠落。
4. 严格执行登高作业“六不准”规定。
5. 严格执行高处作业“十不准”规定。</td></tr>
<tr><td>审核人</td><td></td><td>交底人</td><td></td><td>接受交底
负责人</td><td></td></tr>
<tr><td colspan="6">作业班组全体签名：</td></tr>
</table>